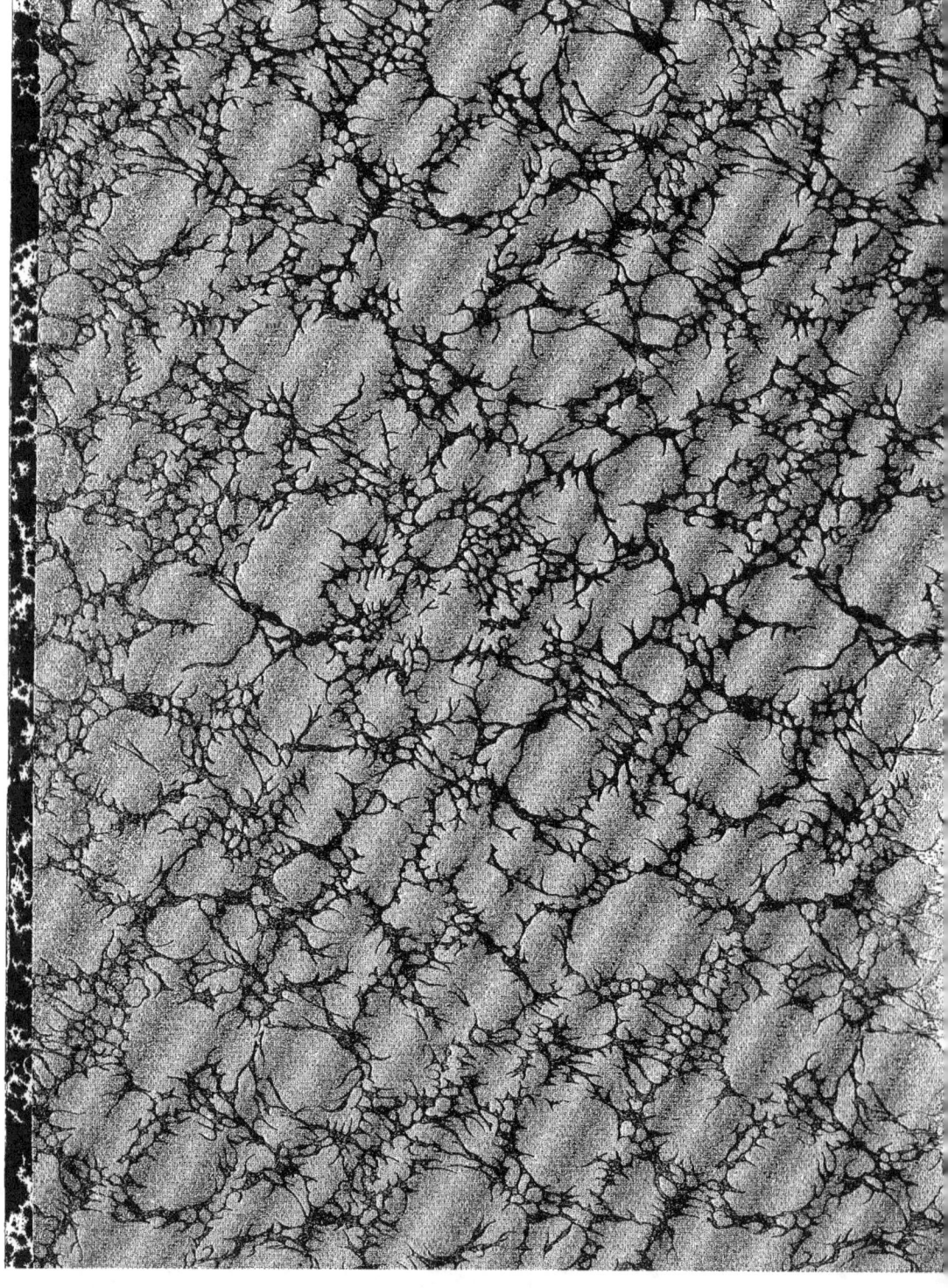

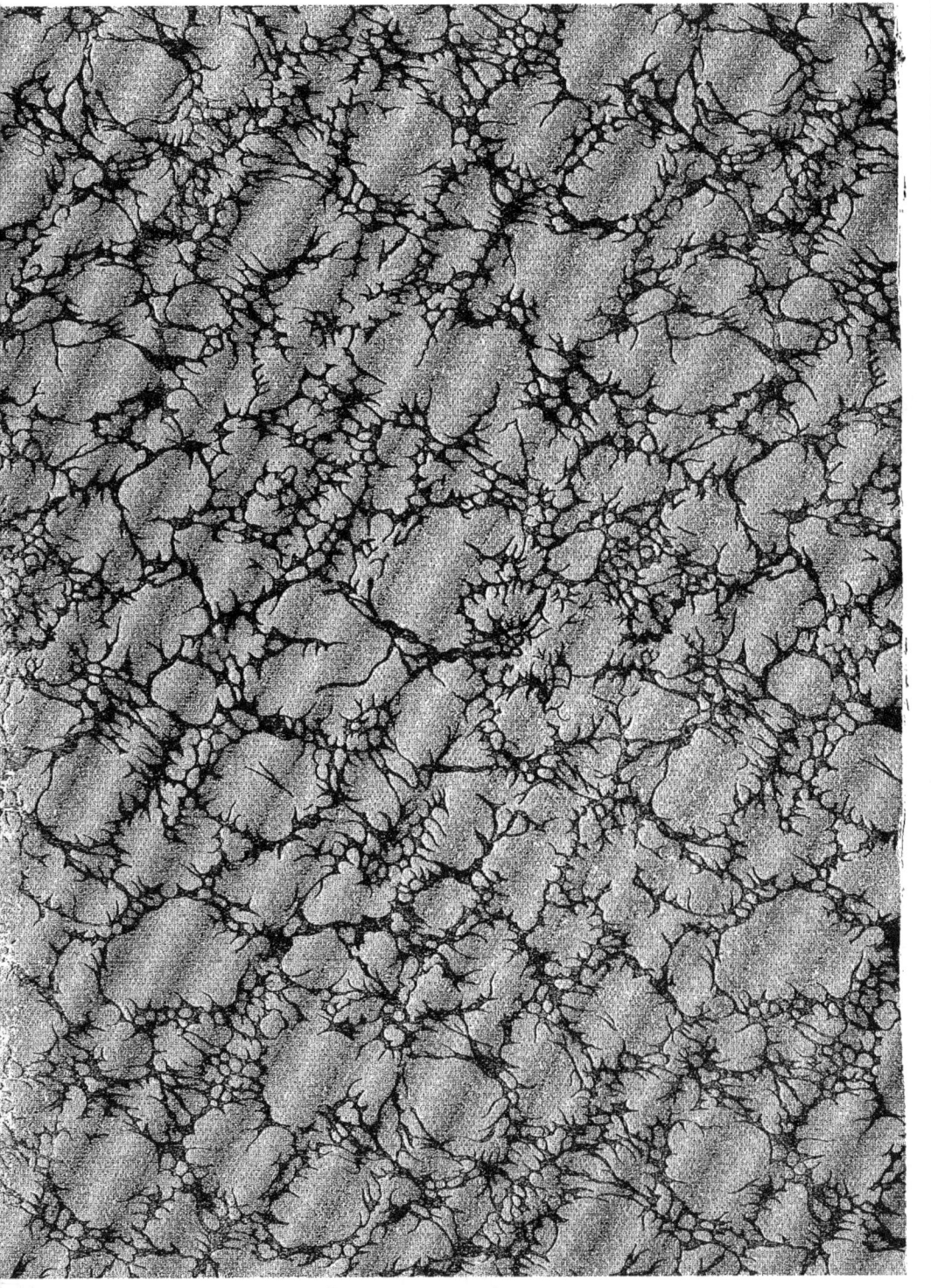

EXPLORATEURS
ET
TERRES LOINTAINES

PAR

M. DE MATHUISIEULX

TOURS

MAISON ALFRED MAME ET FILS

EXPLORATEURS

ET

TERRES LOINTAINES

1re SÉRIE IN-4o

OUVRAGES DU MÊME AUTEUR

MAISON ALFRED MAME ET FILS

De la montagne au désert. In-4°, 3ᵉ série.
En captivité chez les pirates tonkinois. Gr. in-8°, 2ᵉ série.
La Vagabonde. Gr. in-8° carré, 1ʳᵉ série.
Dans la brousse. In-8°, 3ᵉ série.
La Tour des Andes. In-8°, 3ᵉ série.
Récits exotiques. In-8°, 3ᵉ série.
Récits d'un explorateur. In-8°, 3ᵉ série.
Les Naufragées du Campana. In-12, 6ᵉ série.

LIBRAIRIE HACHETTE ET Cⁱᵉ

A travers la Tripolitaine. 1901, in-12.
La Tripolitaine d'hier et de demain. 1912, in-12.

Droits de reproduction et de traduction réservés pour tous les pays, y compris la Suède, la Norvège, la Hollande et le Danemark.

Bénarès. — Les bords du Gange. (Phot. communiquée par Ch. Trampus, Paris.)

EXPLORATEURS

ET

TERRES LOINTAINES

PAR

M. DE MATHUISIEULX

TOURS

MAISON ALFRED MAME ET FILS

LE LIVRE D'OR DES EXPLORATEURS

ET VOYAGEURS FRANÇAIS

PRÉFACE

Nous nous sommes efforcés de réunir ici des pages empruntées aux livres des explorateurs et voyageurs français qui ont le plus littérairement raconté leurs séjours hors de la métropole.

A notre connaissance, une pareille sélection n'a jamais été tentée, du moins sous cette forme. Il nous a semblé que nous devions combler cette lacune. Puisque l'on glane dans les œuvres d'imagination (poésie, roman, théâtre) pour en constituer des anthologies, nous en faisons autant des auteurs qui ont écrit, avec un talent souvent égal aux meilleurs, ce qu'ils ont vu et éprouvé.

Ces pèlerins scientifiques manient souvent la plume avec une dextérité qui avive l'intérêt de ce qu'ils nous apprennent, et l'opinion publique, qui leur est si favorable, est sanctionnée par les nombreux prix décernés par l'Académie française.

Mais nous ne cherchons pas ici à élever un monument

à leur gloire : leurs noms bien connus n'ont besoin d'aucune publicité. Notre but est de concourir à répandre dans la jeunesse française le goût des voyages et de l'expansion coloniale. Par l'attrait de ces lectures, nos jeunes compatriotes auront leur attention mieux éveillée que par les exposés techniques; ils ressentiront plus d'intérêt pour la vie active, où les journées se succèdent, tantôt heureuses et gaies, tantôt épuisantes et dangereuses, jamais banales.

Un recueil comme celui-ci ne saurait s'astreindre à une classification quelconque, ni selon l'importance des trajets effectués, ni par le groupement en régions, ni d'après la succession des dates. Certains explorateurs ont accompli des découvertes de la plus haute importance; mais ils se sont contentés de les raconter sous la forme lapidaire de rapports officiels, tandis que de simples voyageurs ont exprimé avec un charme saisissant et une divination étonnante les paysages et les peuples de leurs itinéraires plus modestes.

Telle région immense n'a fourni que des catalogues scientifiques ou économiques, alors qu'un coin des Balkans, ou quelques îlots de la mer Égée ont inspiré les plus brillantes pages de fins connaisseurs en beautés artistiques et en mentalités étranges de contemporains mal connus.

Enfin, telle année a vu les vitrines des libraires se couvrir deux et trois fois plus que l'année précédente.

Qu'importe l'ordre dans lequel on enferme les joyaux dans l'écrin, si l'on y peut mettre les plus beaux!

Mais, dans la réalisation matérielle de pareils choix, une difficulté se pose. On ne peut citer des ouvrages sans l'autorisation préalable de l'auteur et de l'éditeur. Nous avons trouvé une complète unanimité dans l'aimable empressement des auteurs à nous satisfaire. La plupart des éditeurs ont rivalisé de bienveillance avec eux. Et c'est un devoir extrêmement agréable pour nous d'exprimer aux uns et aux autres notre profonde gratitude.

Si généreux qu'il soit, un éditeur limite toujours l'étendue des citations qu'il accorde. De là, un gros embarras pour faire tenir les paysages ou les scènes dans les dimensions du cadre accordé. Il en résulte parfois qu'il faut renoncer à un épisode émouvant ou à un panorama éblouissant, faute de le pouvoir ajuster en son entier. Dans ces conditions, il ne peut être question de classification, ni de préséance. Les citations se succéderont donc au hasard, comme les croquis sur les pages d'un album.

L'abondance et la richesse des matières n'en souffrira cependant pas sensiblement. Mais, pour que la multiplicité de ces citations éparses soit toujours compréhensible, sans de fastidieuses recherches ou des efforts de mémoire, nous avons fait précéder chacune de ces citations de courtes notices qui rappellent ce qu'est l'auteur et où il en était au moment où nous lui cédons la parole.

Nous n'achèverons pas ces explications sans affirmer que ce livre contient de réels chefs-d'œuvre; nous en avons le droit, puisque notre modeste rôle de transcripteur n'y est pour rien. De savoir ce volume entre les mains de nos jeunes compatriotes est une joie et une récompense bien plus grandes que ne méritait la tâche à laquelle nous nous sommes consacrés avec tant de plaisir.

EXPLORATEURS
ET
TERRES LOINTAINES

ÉLISÉE RECLUS

Nul écrivain n'a plus de titres qu'Élisée Reclus à figurer en tête de ce recueil. On ignore généralement qu'il passa sa vie à parcourir le globe autant qu'à écrire sa monumentale *Géographie universelle*. L'œuvre écrite de ce savant atteste sa valeur scientifique par les dix-sept traductions qui en ont été faites. Le style du grand géographe est admirable par son élégance, sa précision et surtout par les couleurs vives dont il reflète ce qu'il nous peint. L'auteur n'a pu exercer précisément ainsi son beau talent d'écrivain que parce qu'il a contemplé un grand nombre des spectacles de la nature. C'est avec justesse que le *Temps* disait récemment :

« Dans la préface de son grand ouvrage, *la Terre*, il a raconté comment lui était venue l'idée de décrire les phénomènes de la vie du globe. Ce sont de belles et nobles pages. On y sent je ne sais quel souffle de Rousseau; mais c'est un Rousseau beaucoup plus viril et plus net. »

Voici comment Élisée Reclus racontait lui-même sa vocation de géographe.

« Le livre qui paraît aujourd'hui (1867), je l'ai commencé, il y a bientôt quinze années, non dans le silence du cabinet, mais dans la libre nature. C'était en Irlande, au sommet d'un tertre qui commande les rapides du Shannon, ses îlots tremblant sous la pression des eaux et le noir défilé d'arbres dans lequel le fleuve s'engouffre et disparaît après un brusque détour. Étendu sur l'herbe, à côté d'un débris de muraille qui fut autrefois un château fort, je jouissais doucement de cette immense vie des choses qui se manifestait par le jeu de la lumière et des ombres, par le frémissement des arbres et le murmure de l'eau brisée contre les rocs. C'est là, dans ce site gracieux, que naquit en moi l'idée de raconter les phénomènes de la terre. Depuis lors je n'ai cessé de travailler à cette œuvre, dans les diverses contrées où l'amour des voyages et les hasards de la vie m'ont conduit. J'ai eu le bonheur de voir de mes yeux et d'étudier à même presque toutes les grandes scènes de destruction et de renouvellement. Pour garder la netteté de ma vue et la probité de ma pensée, j'ai parcouru le monde en homme libre, j'ai contemplé la nature d'un regard à la fois candide et fier, me souvenant que l'antique Freya était en même temps la déesse de la terre et celle de la Liberté. »

C'est en visitant la Nouvelle-Grenade (aujourd'hui république de Colombie), qu'il a rédigé le *Voyage à la sierra Nevada de Sainte-Marthe*, auquel nous empruntons les citations qui vont suivre.

Il avait vingt-cinq ans. Il venait de parcourir l'Amérique du Nord, et il déroulait la voile dans laquelle il avait passé la nuit, pour contempler du pont de son navire les côtes du continent méridional, brusquement surgies dans l'aurore.

Sans bagages, sans autre arme défensive que la boucle de son ceinturon, il allait explorer à pied le massif verdoyant qui se dresse sur la mer où débouche le rio Magdalena. Nul n'a exprimé comme lui le charme langoureux de la vie exotique, sous la végétation tropicale.

LA VIE EXOTIQUE [1]

Comment blâmer ces populations de s'abandonner à la joie de vivre, lorsque tout les y invite? La faim et le froid ne les torturent jamais; la perspective de la misère ne se présente point devant leurs esprits; l'impitoyable industrie ne les pousse pas en avant de son aiguillon d'airain. Ceux dont tous les besoins sont satisfaits par la bienveillante nature ne cherchent guère à réagir contre elle par le travail et jouissent paresseusement de ses bienfaits : ils sont encore les enfants de la terre, et leur vie s'écoule en paix comme celle des grands arbres et des fleurs.

Sous nos tristes climats du Nord, pendant la saison d'hiver, bien des actes de la vie causent une véritable souffrance. Le matin surtout, il faut presque de la force d'âme pour se lever sans hésiter. Au moment du réveil, on a les membres enveloppés de couvertures, comme d'une triple atmosphère de chaleur. Dans la chambre, au contraire, tout semble contracté par le froid; des cristaux de glace

[1] Élisée Reclus, *Voyage à la Sierra Nevada de Sainte-Marie*, 1 vol. in-12, 4 fr. (Hachette et Cie, éditeurs. Paris.)

couvrent les vitres de leurs fleurs étincelantes; la blancheur mate qui les pénètre fait pressentir qu'une épaisse couche de neige est étendue sur la terre; des bouffées sifflantes de vent se plaignent au-dessus des toits et s'engouffrent dans la cheminée avec un murmure plaintif. Alors ceux qui n'ont pas à leur disposition toutes les ressources du confort doivent tout d'un coup relever leurs chaudes couvertures, bondir sur le plancher de la chambre glacée et plonger les mains dans l'eau froide. C'est à l'eau froide, au souffle glacé de l'hiver qu'il faut peut-être attribuer en grande partie la force inébranlable, la calme résolution des hommes du Nord. Celui qui brave le froid peut braver tous les dangers.

Combien au contraire le réveil est suave et délicieux dans les doux pays du Midi, dans une plaine comme celle de Sainte-Marthe! Les vagues parfums des corolles qui s'entr'ouvrent viennent flotter dans la chambre, les oiseaux battent de l'aile et gazouillent leurs mille chansons, l'ombre du feuillage se dessine sur la muraille blanche et joue avec les rayons naissants. L'atmosphère, si douce à l'intérieur des maisons, est en dehors plus douce encore, plus fraîche, plus vivifiante; le vent qui passe fait entrer la joie dans le corps et dans l'âme. Au milieu de cette nature qui s'éveille avec tant d'amour à la vie, il est impossible de ne pas revivre soi-même de toute l'ardeur de son être; sur le sein de cette terre si belle aux premiers rayons du soleil, on respire avec enivrement, on se sent renouvelé.

Dès le point du jour, les cavaliers et les piétons couvrent les chemins qui mènent au petit fleuve Manzanarès, ainsi nommé par les *conquistadores* en souvenir du ruisseau de Madrid, et chacun va choisir une anse ombragée pour y faire ses ablutions du matin. Le sentier que je prenais d'ordinaire passe à travers les jardins. Les hautes herbes en tapissent si bien les bords, les arbres pressés entrelacent si bien leurs branches en forme de voûte au-dessus de l'allée, qu'on pourrait se croire dans un immense berceau de verdure. Le soleil fait pénétrer çà et là une aiguille de lumière, et par de rares échappées apparaissent les feuilles en panache des cocotiers qui se balancent à dix mètres au-dessus des arbres du chemin. Les prunes des tropiques jonchent le sol, les émanations des fleurs épanouies et des fruits mûrs se répandent dans l'air. Souvent aussi une jolie Indienne passe, assise sur son âne, et on échange avec elle le salut d'usage : *Ave Maria! — Sin peccado concebida.*

Arrivés au pont de Manzanarès, monument remarquable dans son genre, puisqu'il est le seul de la province, mais qui se compose simplement d'un tablier en bois assez mal posé sur des culées déjà lézardées et penchantes, les groupes se séparent, chaque baigneur descend la berge en s'aidant des branches des caracolis ou des mimosas, et va s'étendre dans l'eau transparente sur le sable micacé de la rivière, semblable à une mosaïque d'or et d'argent. A cette heure matinale, tous les oiseaux chantent, les essaims de moustiques ne tourbillonnent pas encore dans l'air, la chaleur du soleil n'a pas traversé l'épais branchage des arbres, et l'eau, à peine descendue des montagnes, garde encore la fraîcheur du rocher. Après quelques minutes de ce bain délicieux et vivifiant, on remonte sur la rive, puis on se disperse au hasard dans les jardins avoisinants. Telles se passent les matinées à Sainte-Marthe.

Une grande partie de la journée est employée à faire

la sieste, du moins par les hommes, car les femmes, actives dans tous les pays du monde, n'interrompent que rarement leurs travaux de ménage.

Avec la soirée viennent les bals et les promenades. Les joueurs de tambourin et de castagnettes se réunissent au coin des rues, improvisent des concerts que des enfants imitent de loin à grand renfort de chaudrons et de crécelles. Les jeunes filles se rassemblent chez celle de leurs amies qui célèbre sa fête patronale, et dansent autour d'un reposoir décoré de fleurs et de guirlandes. Entre qui veut, soit pour danser, soit pour goûter aux rafraîchissements qui circulent aux frais de l'hôte et de ses niñas.

Grâce à la beauté des nuits, les promeneurs sont encore plus nombreux sur la plage que les danseurs dans les salles de bal; les groupes se mêlent, se détachent, se reforment; çà et là des chants se font entendre et marient leurs voix au bruit harmonieux des vagues. Ceux qui n'ont pas vu la splendeur des nuits tropicales ne peuvent se figurer combien sont douces les heures passées sous la lumière voilée « qui descend des étoiles »; ils ne savent pas à quel degré peut s'élever la jouissance exquise de l'être physique caressé par la limpide atmosphère qui le baigne : chaque mouvement est si doux à faire, qu'on pourrait se croire dégagé des chaînes de la pesanteur. Le ciel, où les étoiles scintillent avec une clarté quatre fois plus grande que dans la zone tempérée, est presque toujours libre de nuages, et l'on y peut contempler tout entière l'arche flambante de la voie lactée. A chaque instant, les étoiles filantes, beaucoup plus volumineuses en apparence que celles de nos climats et laissant derrière elles de longues traînées de diverses couleurs, traversent le ciel dans tous les sens. Parfois on dirait les fusées d'un feu d'artifice.

Les parfums des jardins et de la forêt augmentent encore l'influence presque enivrante des nuits tropicales. Les fleurs de chaque espèce s'ouvrent l'une après l'autre et versent dans l'air la senteur spéciale qui les distingue. Quelques-unes de ces odeurs, entre autres celle du palmier *Corud*, font une irruption soudaine et envahissent brusquement l'atmosphère; d'autres, plus discrètes, s'insinuent avec lenteur et s'emparent graduellement des sens; d'autres encore, imprimant une espèce de rythme aux vagues aériennes, jaillissent des fleurs par intervalles; mais toutes se succèdent dans un ordre régulier et produisent ainsi une vraie gamme de parfums. A l'imitation de Linné, qui parlait de construire une horloge de fleurs où les heures seraient marquées par l'épanouissement des corolles, Spix et Martuis, les célèbres explorateurs du Brésil, proposaient de disposer un jardin en une vaste horloge tropicale, où chaque division du temps eût été indiquée par une odeur différente, s'échappant d'une fleur entr'ouverte comme la fumée s'échappe de l'encensoir.

LE COLONEL BARATIER

Le colonel Baratier, l'héroïque *second* de la fameuse mission Marchand, manie la plume aussi brillamment que l'épée. C'est donc à lui qu'il incombe de représenter ici la valeur de l'homme de guerre, jointe à un mérite égal d'écrivain. Dans son beau livre, il nous fait assister avec une vive émotion à la mort généreuse du lieutenant de Chevigné.

LA MORT D'UN HÉROS [1]

A ceux qui refusent aux colonies d'être une terre où se préparent des « âmes » et affectent de n'y trouver qu'un terrain de concours pour le grade ou la croix; à ceux qui nient l'utilité du sacrifice; à ceux aussi qui doutent de la permanence en l'armée des vieilles vertus de la race, je dédie le récit des actes d'héroïsme que renferme ce livre, et je mets en tête, comme exemple pour tous, la mort de mon ami le lieutenant de Chevigné.

Au fort Bonnier[2], le clairon sonne le réveil. A l'autre

---

[1] *A travers l'Afrique*, par le colonel BARATIER. (Arthème Fayard, éditeur, 1 fr. 50.)
[2] A Tombouctou.

bout de la ville, du fort Hugueny, comme un écho, la trompette répond.

L'Orient cendré s'argente, les minarets des mosquées sortent de l'ombre; les maisons cubiques écrasées, aplaties dans l'obscurité, se redressent; un filet de lumière borde le contour des terrasses; une lueur indécise glisse le long des murs, pénètre dans les rues, fait briller les clous et les ferrures, ornements des portes... Tombouctou s'éveille. Et pendant que les marabouts, devant le soleil levant, rappellent au peuple prosterné la grandeur d'Allah, sur le fort Bonnier monte le drapeau de la France.

A ce moment, une compagnie de tirailleurs et deux pelotons de spahis sortent de la ville, défilent au pied du pavillon tricolore et le saluent : *Morituri te salutant!*

Combien reviendront, de ceux qui partent ainsi à la recherche du rezzou de Touareg signalé dans l'est, au bord du Niger? Les Touareg! guerriers légendaires, invisibles et toujours présents, survenant au galop de leurs chevaux ou de leurs méhara, tels une trombe soulevée par le vent, ouragan qui passe, renverse tout et s'évanouit à l'horizon, en fumée. Les Touareg! hommes voilés du désert, dont le *litham*[1] ajoute un mystère à celui de leur retraite.

A leur poursuite, le détachement s'élance. Il oblique vers le sud pour rejoindre le fleuve et cherche sa route à travers la prairie marécageuse due aux inondations annuelles; il s'écarte du désert, laissant à plusieurs kilomètres, dans le nord, cette mer aux lames de sable, ces dunes tourmentées propices aux embuscades. Vareuses

---

[1] Voile noir qui couvre la face et ne laisse voir que les yeux et le nez.

bleues des tirailleurs, vestes rouges des spahis s'éloignent dans la plaine; sur l'herbe, la marche des hommes, le mouvement des chevaux jettent, au hasard des reflets du soleil, l'éclair d'un sabre ou d'une baïonnette.

Les cavaliers qui forment l'avant-garde ont pris le galop pour gagner leur distance. Derrière eux, Tombouctou va

Tombouctou.

Kabara, un des ports de Tombouctou.

disparaître; ses contours dentelés se noient dans un rayonnement d'or, le drapeau français n'est plus qu'un point; la silhouette de la ville s'amincit, s'étire; tout se confond, tout s'efface; partout la prairie s'étend comme une nappe verte coupée d'îlots sablonneux, trouée de larges marais; et, dans la fixité radieuse du ciel, cette étendue flambée de clartés, mais immobile et sans ombres, paraît une solitude morne, presque sombre.

Aux côtés du lieutenant de Chevigné, qui commande les spahis, marche le lieutenant de Latour, le chef du 2ᵉ peloton.

Le soleil de midi répand une impression d'écrasement : les chevaux ont la tête basse, les cavaliers ferment les yeux, aveuglés par une brume ardente; dans l'universelle torpeur qui saisit la nature, les voix semblent étouffées, le tintement des étriers ou des sabres assourdi : c'est à peine si le cri d'un aigle-pêcheur, au-dessus du Niger, parvient à déchirer l'air de sa note stridente, prolongée, lamentable.

La colonne avance toujours. Bientôt les ombres se dessinent sur le sol, elles s'allongent; le soleil décline; l'herbe prend une teinte plus foncée; le couchant s'irradie de lueurs orangées, il est temps de songer au bivouac.

Au flanc d'une petite dune de sable, couronnée de palmiers nains aux éventails aigus, les faisceaux sont formés; les chevaux, attachés à la corde, secouent la musette remplie de mil; indigènes et Européens mangent leur ration d'endaubage; il n'est pas permis d'allumer de feux, dont la fumée décèlerait la présence de la troupe à l'ennemi.

La prairie s'assombrit de plus en plus, le ciel se décolore, un léger brouillard monte du fleuve, la nuit tombe.

Tirailleurs et spahis s'endorment, les mains posées sur leurs fusils et leurs carabines.

A l'extrémité de la dune, un homme veille, debout, l'arme au pied, tourné vers le nord-est; il scrute la plaine du regard. Le lieutenant de Chevigné s'approche de lui :

« Attention, Samba! Écoute surtout. Les Touareg glissent comme des serpents. »

Sans tourner la tête, la sentinelle répond par le claquement de langue habituel aux noirs : elle a compris.

L'officier reste un instant immobile; ses yeux cherchent à percer les ténèbres; mais seules les mares, grossies par les premières pluies de la saison, reflètent la lueur des étoiles qui brillent au milieu des roseaux.

Comment se garder dans cette plaine? Dans le désert, on trouve des acacias rachitiques ou des mimosas rabougris pour former la *zeriba*, le retranchement fait de branches emmêlées, hérissées d'épines et d'aiguillons. Ici, nulle autre protection que celle de l'obscurité!

Revenu près de ses hommes allongés sur le sable devant la ligne des chevaux, le lieutenant les contemple et songe à sa responsabilité. Il vient de recevoir l'ordre de partir, le lendemain matin, en avant des tirailleurs, qui attendront au campement son retour. Pourra-t-il, avec quarante spahis, dans un pays pareil, découvrir l'ennemi sans être surpris lui-même? Sa mission est aventurée! On lui dit bien d'éviter le combat; mais on lui prescrit aussi de renseigner nettement sur la force, la composition et l'emplacement du rezzou. Renseigner nettement implique l'obligation d'aller jusqu'au combat. Enfin, c'est un ordre, il n'a pas à le discuter.

Au moment de s'étendre à côté du lieutenant de Latour endormi, il entend un roulement lointain. Il se penche, prêt à donner l'alarme; mais subitement il se ravise; le bruit qui l'inquiète se produit au sud : le danger n'est pas dans cette direction.

Le maréchal des logis Matar-Gaye s'est soulevé; il écoute et se recouche en riant :

« Çà, mon lieutenant, c'est des sauvages qui se marient. »

En effet, le son du tam-tam vient du village de Kagha, sur l'autre rive du fleuve. Le grondement du tambour continue, un peu sourd d'abord, par saccades, par à-coups;

bientôt plus vif, plus pressant, plus éclatant, couvrant sans doute les plaintes de l'épousée; puis la cadence s'accentue, le rythme se précipite, ce n'est plus qu'un roulement, un chant de triomphe, — et le silence tombe brusquement. Le tam-tam, lassé, s'est endormi.

L'officier rêve : sur sa route de mort, il salue la vie. La vie, qui dans ce village poursuit son cours et le suspendra peut-être demain pour lui, pour ses compagnons! L'énigme de ce lendemain l'oppresse; le silence lui paraît angoissant, l'obscurité opaque. Il songe à la France, à ceux qu'il a quittés... Les reverra-t-il jamais?

La France! A ce mot surgit la vision de ce qu'il est venu chercher si loin : un but à son énergie, un peu de gloire pour son pays!

Et ses yeux s'illuminent, la nuit qui l'enveloppait s'éclaircit. Il voit le ciel étinceler, les étoiles palpiter, le Niger couler plus clair entre ses berges noyées d'ombre; le silence se transforme, il le sent léger, subtil; il lui semble que des ondes passent dans l'immobilité de la nature, que l'âme de toutes choses se dégage; son âme elle-même devient plus libre.

Il sourit, s'étend à son tour, et des lueurs, des flammes, des orbes rayonnantes resplendissent en son rêve : le jour qui va se lever ne peut être qu'un jour de gloire.

Le bivouac s'éveille, des traînées de vapeur flottent au ras de la prairie humide; les chevaux sellés, gaiement les spahis se mettent en marche. Peu à peu le soleil monte, les brouillards s'effilochent, se dissolvent; l'air s'échauffe et s'élève au-dessus du sol, tremblant, frémissant, comme autour d'une chaudière.

Sur le flanc de la colonne, les vestes rouges d'une

Attaque d'un détachement français par les Hoggar, dans les environs de Tombouctou. — Dessin de M. Louis Tinayre.)

patrouille apparaissent, puis s'enfoncent dans les roseaux d'un marais; mais les chéchias restent visibles et fleurissent la pointe des herbes.

Il est midi. En passant en face du village de Serery, le lieutenant essaye d'obtenir des renseignements sur le rezzou qu'il poursuit; toutes ses interrogations demeurent sans réponse; les indigènes, d'accord avec les Touareg ou terrorisés par eux, ne veulent pas parler. Et les pelotons reprennent leur route, zigzaguant à travers les mares; parfois ils les longent de trop près; les chevaux s'y enfoncent et sortent en bondissant de la fondrière.

« Mauvais terrain de charge, » pense le chef du détachement.

A ce moment, au nord, le brigadier Maressal, commandant la patrouille de flanc, s'arrête au sommet d'un tertre et fait signe.

D'un temps de galop, le lieutenant de Chevigné le rejoint, accompagné du lieutenant de Latour. Tous deux gravissent le monticule de sable parsemé de palmiers nains, couvert de touffes de drinn qu'une brise imperceptible agite comme des chevelures. Au pied de la dune s'étend une zone marécageuse prolongée, dans l'ouest, par une suite de mares; au delà du terrain d'inondation, le désert apparaît : au nord, à moins d'un kilomètre, un buisson d'acacias ferme l'horizon.

Le brigadier indique la ligne obscure du buisson :

« Mon lieutenant, le long des arbustes, des ombres glissent. »

L'officier regarde. Une colonne, défilé de chenilles noires, s'écoule; abritée par les bois, on la voit à peine.

« De Latour, dit-il sans quitter des yeux le mouvement des Touareg, mettez les deux pelotons en bataille au pied de la dune. Au galop! »

Le bruit d'un torrent qui roule, un cliquetis d'armes, un commandement : « Halte! » des chevaux qui s'ébrouent. Les spahis sont là. Les chenilles noires se sont détachées du bois : le terrain s'anime; une masse épaisse approche en rampant.

« Combat à pied, ordonne de Chevigné. A huit cents mètres, commencez le feu! »

Les coups de fusil éclatent, espacés d'abord, puis de plus en plus pressés. Les chenilles avancent toujours : grouillement, remous surmonté d'un hérissement de lances enveloppées de lumière. A présent on distingue le voile noir qui cache le visage des Touareg. A l'est et à l'ouest, des cavaliers surgissent; ils ont dépassé la ligne d'ombre du buisson d'acacias, leurs silhouettes se découpent sur le fond du désert, qui se dégrade en teinte grisâtre; ils s'étendent au galop de chaque côté de leur infanterie, tels deux bras prêts à se refermer sur les spahis.

Encore quelques minutes, et l'on devra reculer.

« Feu rapide! »

Déjà la horde sombre recouvre les dunes, submerge la prairie, roule comme une vague, les zagaies dressées, semblables à une crête d'écume. Le flot monte, monte sans cesse, s'échappe du bois, sort de terre, tombe du ciel et, sur la plaine éclairée par le grand soleil, s'étale ainsi que l'ombre gigantesque d'un nuage.

« En retraite! ordonne de Chevigné. A cheval! »

Il faut revenir vers le sud, du côté du fleuve; le terrain sera meilleur, s'il est nécessaire de charger.

Un hurlement de triomphe salue ce mouvement; des

milliers de bras agitent les lances au-dessus des têtes ; en même temps sort, d'un pli de terrain qui le masquait, le dernier groupe des fantassins touareg montés sur des chameaux, et cette réserve se précipite, à la suite de sa cavalerie, sur les spahis en retraite.

Les deux pelotons ont pris position face à l'est, la droite couverte par le fleuve, la gauche par des marécages.

Les cavaliers ennemis arrivent au galop, brandissent leurs armes, le couteau fixé au bras gauche, la croix formée par le manche contre le poignet ; la croix que chaque Targui porte à son poignard, symbole peut-être de l'ancienne religion de ses pères, avec laquelle il frappe aujourd'hui l'infidèle, le chrétien.

Les carabines sont impuissantes à arrêter cet élan ; il ne reste qu'à prendre la fuite.

Au moment où de Chevigné va commander demi-tour, le maréchal des logis Salles lui signale un essaim de cavaliers qui tournent leur gauche. La retraite est coupée ! ils sont cernés ! des deux côtés ils seront un contre dix !

Le lieutenant n'hésite pas : mourir pour mourir, ils ne mourront pas en ayant l'air de fuir ! Du reste, pourraient-ils combattre ceux qui les tournent et sont encore loin, en ayant à dos ceux dont l'attaque vient de l'est ? Ces derniers sont trop près. A eux d'abord ! Ensuite... la mort ! Et, la voix ferme :

« De Latour, chargez avec votre peloton ! »

Puis, se tournant vers le maréchal des logis de Libran :

« Prenez huit hommes ; vous ne chargerez qu'après moi, à la dernière extrémité. »

Déjà de Latour a crié :

« Chargez ! »

Les spahis bondissent, les éperons au ventre de leurs chevaux ; à leurs cris de guerre répondent des rugissements. Les poitrails se choquent, l'élan fou des cavaliers rouges brise la muraille des cavaliers noirs ; puis le rang se tord, se disloque ; les sabres se lèvent, s'abaissent, heurtent les lances ; des éclairs jaillissent ; les chevaux se cabrent sous les coups des mors : hennissements, bruit de fer, haleines oppressées, spasmes d'agonie ; tourbillon dans lequel les vareuses écarlates noyées apparaissent, semblables à des taches de sang ; une à une les taches rouges s'effacent ; elles ne sont plus que des îlots perdus dans la marée qui les engloutit.

Une deuxième fois retentit le cri terrible :

« Chargez ! »

Avec son peloton, de Chevigné s'élance et crève la mêlée hurlante. Sa haute taille domine le combat. Il veut rejoindre son ami ; il ne le voit plus ; du moins, il le vengera !

Sous le choc irrésistible, les rangs des Touareg, ébranlés par la première attaque, se sont ouverts ; mais leur infanterie vient d'arriver, elle saute à bas des chameaux et se rue sur les spahis. Ce n'est plus un contre dix, c'est un contre vingt qu'il faut lutter.

Les hurlements de rage étouffent le râle des poitrines, les plaintes rauques des mourants ; les sabres tournoient dans un éclaboussement de sang et jettent une clarté livide ; les Touareg blessés se redressent et, le poignard au poing, coupent les jarrets des chevaux, se cramponnent aux jambes des cavaliers, se hissent jusqu'à eux pour frapper.

Culbutés, hachés, déchiquetés, les spahis s'effondrent, écrasés sous le nombre. Une lance traverse de part en part Chevigné ; il chancelle. Un dernier effort ! Ses genoux étreignent la selle ; mais ses yeux se troublent. Il pare, il frappe, immergé dans un cahot de faces bestiales aux regards de haine, au rictus de démon ; vision d'enfer au milieu de laquelle il va succomber. En vain le brigadier Amady-Bocar, qui ne l'a pas quitté, lui fait un rempart de son corps.

Alors, une troisième fois, le cri : « Chargez! » retentit. Cri de désespoir, cri de mort.

Ce sont les huit derniers spahis qui vont, avec le maréchal des logis de Libran, entourer leur officier.

Cinq tombent ; mais la trouée qu'ils ont faite permet au lieutenant de se dégager, de rallier ce qui reste des deux pelotons et de tenter la retraite, la fuite. Comme un sanglier, dans le sursaut suprême, secoue la meute qui le recouvre, les survivants, surhumains, s'arrachent à la horde sauvage.

Ils ne sont plus que quatorze !

Une seconde d'hésitation a suspendu l'attaque, une seconde d'admiration peut-être, car les Touareg sont des guerriers.

De tous côtés errent des chevaux affolés, le poitrail ouvert trébuchant sur des cadavres. Ici gît un spahi, la poitrine trouée, les bras en croix, les yeux vers le ciel ; là, un Targui, le crâne entaillé, le visage caché par le litham devenu rouge.

Les cavaliers ennemis se sont reformés ; ils évitent d'aborder ceux qu'ils croient à leur merci, ils les suivent au galop, les harcèlent, les entourent et jettent leurs zagaies de loin.

Pour sauver les débris de ses pelotons, de Chevigné dompte la mort. Deux lances l'atteignent de nouveau dans les côtes, et successivement un homme tombe, puis un autre, trois sont blessés; de Libran, la tempe fendue, est aveuglé par le sang.

Ils ne sont plus que douze!

A bout de forces, de Chevigné, soutenu par le brigadier Amady-Bocar, regarde vers le nord : les Touareg, qui, au début de la charge, exécutaient un mouvement tournant dans cette direction, ont disparu; ils ont probablement rallié la masse des combattants pendant la mêlée. Du côté de Tombouctou, la route est libre, et les tirailleurs, soutien de la reconnaissance, sont à moins d'une étape. Le salut est là pour ceux qui peuvent encore galoper et s'enfuir. C'est lui, le chef, qui retarde la marche; pour lui, les derniers braves se sacrifient. Son devoir est de les sauver!

Épuisé, il affermit sa voix :

« Maréchal des logis, je vous donne l'ordre de fuir. Je vais mourir, laissez-moi là. Vous tous, au galop! »

Le maréchal des logis fait un geste de dénégation :

« Si j'étais capable de vous abandonner, ceux-là refuseraient. »

Et il montre le spahi Baba-Maréko luttant pour relever et prendre en croupe un homme qui vient de tomber. Un coup de sabre hache l'épaule du spahi et met l'os à nu, trois lances s'abattent sur lui; mais il ne lâche son camarade qu'au moment où ce dernier meurt, la poitrine traversée.

Ils ne sont plus que onze!

Le lieutenant de Chevigné comprend que, lui vivant, pas un de ces héros ne le quittera.

« Maréchal des logis, lorsque je serai mort, vous fuirez; c'est un ordre. »

Et sans attendre la réponse, rassemblant ce qui lui reste

de vie pour mourir, il saisit son revolver et se tire à la tempe [1].

Un cri de douleur des siens, un hurlement de triomphe des Touareg. Puis il n'entend plus rien, un grand silence plane sur lui ; il reconnaît le silence de la veille, le même calme le pénètre, les mêmes pensées reviennent : sa mère, la France ; comme la veille, il sent que dans ce silence son âme se dégage, ses lèvres s'entr'ouvrent en un sourire.

Le jour qui s'est levé était bien un jour de gloire.

*
* *

Le sacrifice du lieutenant de Chevigné permit au maréchal des logis de Libran et aux dix spahis survivants de rejoindre la compagnie de tirailleurs et de rentrer à Tombouctou.

Les corps des Européens et des spahis tués au combat de Serery purent être retrouvés quelques jours après et ramenés à Tombouctou, où ils furent inhumés.

Ce retour sur le terrain du combat, retour tardif, montra la résistance acharnée qu'avaient opposée, avant de mourir, les spahis blessés et démontés qui n'avaient pu s'enfuir.

Près d'un mimosa, plus de soixante étuis de cartouches brillaient sur le sable, et le sol gardait encore l'empreinte laissée par deux hommes qui, agenouillés, avaient dû faire une longue défense et n'avaient été pris qu'après épuisement de leurs munitions.

---

[1] Nous n'avons pas ici à discuter l'intention du lieutenant de Chevigné, qui, subjectivement, était droite et honnête. Il était inspiré par le dévouement fraternel et le patriotisme. Mais on ne saurait approuver le fait en lui-même, parce que le suicide est défendu par la loi naturelle.

On sut également que le maréchal des logis Matar-Gaye, blessé, mais armé, avait réussi à gagner le fleuve, à atteindre une pirogue et à passer sur la rive gauche où, jusqu'au lendemain, il était resté inabordable. Le chef de Serery s'était emparé de lui par trahison et l'avait livré, après lui avoir promis de faciliter sa fuite.

Deux autres spahis avaient pu aussi monter dans une pirogue ; mais derrière eux les Touareg en avaient fait autant, et sur le Niger s'était engagée une lutte désespérée. Au jour seulement les spahis avaient succombé.

Combien d'autres, retranchés le long de la rive, adossés aux arbustes, groupés, serrés les uns contre les autres, ont peut-être péri après des prodiges de valeur et d'héroïsme, attendant toujours un secours qui ne venait pas ! Et, lorsqu'ils sont tombés, leurs regards, une dernière fois, ont dû se tourner vers le campement où, le matin, ils avaient laissé les tirailleurs.

GASTON DESCHAMPS

Après le géographe et le militaire, voici l'archéologue, chez qui l'homme de lettres rivalise de valeur avec le savant. Quand M. Gaston Deschamps parcourt le monde hellénique, l'historien du passé ne fait qu'un avec le voyageur. Il ne dédaigne pas d'interrompre les descriptions colorées et les narrations épiques pour raconter un menu fait de la journée; mais alors c'est un récit typique qui définit le caractère d'un peuple ou d'un individu. Tel les suivantes péripéties que les douaniers turcs lui ont fait traverser à Chio et qui fixent, comme une eau-forte, l'aspect de l'administration ottomane.

LA DOUANE DE CHIO [1]

C'est une opération très difficile, que de débarquer avec armes et bagages dans une ville de l'empire ottoman. Les douaniers turcs ne sont pas seulement, comme dans les autres pays, des percepteurs chargés d'alléger le plus possible la bourse des voyageurs; ce sont aussi des censeurs

[1] Gaston Deschamps, *Sur les routes d'Asie*. (Librairie Armand Colin, in-12, 3 fr. 50.)

fort tracassiers, qui ont la mission de rechercher si les valises des Européens ne recèlent pas quelque ouvrage malin, quelque journal impérieux, quelque livre perfide, capable de porter atteinte à la religion de Mahomet et à la majesté du Commandeur des croyants. Le Divan impérial a presque aussi grand'peur des imprimés que des armées moscovites. Un policier à mine de forban, vêtu d'une tunique déguenillée, où pendaient lamentablement des aiguillettes vertes, sortit d'une petite maison, devant laquelle un gendarme montait la garde, pieds nus, avec un fusil rouillé. C'était le douanier en chef. Il fit comprendre à Karalambos[1] que nous étions obligés d'ouvrir nos malles. Très complaisamment, j'étalai à terre ma petite bibliothèque de voyage. Le douanier mit des lunettes et flaira successivement tous mes papiers. Le *Mémoire* de Fustel de Coulanges sur l'île de Chio ne lui inspira point d'inquiétude : Karalambos lui fit croire que c'était un éloge de l'administration turque, écrit en Occident par un savant des plus renommés. La *Description de l'île de Chio*, par J. Justiniani ; le *Voyage dans le Levant,* du sieur Paul Lucas, échappèrent à la censure, non sans de nombreuses explications, par lesquelles furent endormis les scrupules du brave homme. Mais un Strabon, un modeste et tout petit Strabon lui inspira des doutes. Il le retourna en tous sens dans ses grosses mains, le fit voir au gendarme qui montait la garde, et déclara, malgré nos protestations, qu'il voulait le montrer à un lettré, pour savoir s'il pouvait en permettre l'introduction dans l'île. Puis, mis en défiance par l'innocent géographe, il manifesta l'intention de faire main basse

[1] Guide grec qui accompagne le visiteur.

sur tous mes papiers, y compris mes carnets et mes lettres.

Je me fâchai, Karalambos se fâcha et traduisit ma colère dans le turc le plus expressif. Rien n'y fit. J'eus recours au grand moyen dont on se sert en pareil cas, et je criai que je me plaindrais à mon consul. Après quoi, nous nous mîmes à la recherche de l'agent consulaire.

Chio. — Soldats turcs et paysans crétois aux portes de la ville.

Nous arrêtions au passage les portefaix du port.

Nous entrions dans les cafés grecs et nous demandions :

« As-tu vu le proxène de France? »

On nous répondit partout :

« Il doit être dans sa pharmacie! »

Cette pharmacie ne nous étonna point; car les agents consulaires, n'étant pas rétribués par leur gouvernement, exercent d'ordinaire quelque petit métier.

Notre « proxène » était, en effet, dans son officine, tout

près du bazar. C'était un homme grisonnant, petit, vêtu d'un « complet » de toile blanche, et d'aspect fort débonnaire. Je lui achetai quelques grammes de quinine pour mes futures fièvres, et je lui exposai ma requête. Il s'attendrit sur le malheureux sort de Strabon, et prit son ombrelle blanche à doublure blanche pour descendre avec nous jusqu'au port. Cet excellent homme était tout fier ; le long des boutiques de conserve et de poisson salé, il saluait ses amis d'un petit signe de tête important. Enfin ce rêve, caressé peut-être pendant toute sa vie, se réalisait : le pharmacien du bazar de Chio représentait pour tout de bon une grande puissance. Dans cette île, où les Français ne débarquent presque jamais, il protégeait un de ses nationaux ! Le visage pénétré et grave de Karalambos laissait voir aux citadins de Chio que quelque chose de grand allait s'accomplir.

Le gendarme montait toujours la garde. En nous apercevant, il nous fit signe qu'il n'y avait plus personne dans le bureau des douanes. Il nous expliqua qu'on avait emporté au palais du gouverneur tous les livres suspects.

« Montons au konak ! » soupira l'agent consulaire.

Son Excellence le *bimbachi*[1] : un gros homme congestionné, bouffi, qui paraît tout près d'éclater dans sa tunique étroite ; un grand sabre traîne derrière lui, mal attaché à des courroies trop longues. Courtois d'ailleurs et affable, ce Turc se livre, en nous voyant, à la mimique très compliquée de la politesse ottomane : un geste pour faire semblant de ramasser de la poussière ; un autre geste pour porter cette poussière à son cœur ; un troisième geste pour porter

---

[1] Chef de bataillon attaché à la personne du gouverneur.

la même poussière à son front. Cela veut dire, paraît-il : « Mon cœur et mon esprit sont à vous. » Mais nous n'avions que faire, en cet instant, du cœur et de l'esprit du bimbachi.

Chio. — Sur la grande place.

D'une conversation très longue et fort confuse, il résulta que le gouverneur regrettait vivement de ne pouvoir rendre des honneurs extraordinaires au seigneur français qui daignait le visiter, qu'une affaire urgente l'avait appelé dans un district lointain, et qu'en son absence Son Excellence le muphti nous recevrait pour nous donner entière satisfaction.

Le muphti était assis, les jambes croisées, sur un sofa, au fond d'une salle claire, point meublée, où d'horribles tapis, venus du *Louvre* ou du *Bon-Marché*, étalaient ces fleurs sur lesquelles beaucoup de Parisiens reposent leurs pieds. Ce petit satrape à mine chafouine, les yeux clignotants sous d'énormes lunettes, paraissait accablé par le poids de son turban démesuré. Il aspirait un long narghilé placé au milieu de la chambre, et dont la fumée blanche allait jusqu'à ses lèvres par un long tuyau qui serpentait sur le tapis. A chaque bouffée, on entendait, dans la carafe de cristal, le petit gazouillement de l'essence de roses. De sa main gauche, le muphti caressait alternativement son pied et sa barbe grise.

Comme Ibrahim continuait sa conversation avec trois ou quatre porteurs de fez, je me fâchai et j'affectai de ne toucher ni aux cigarettes, ni au café[1] ; j'étendis fort impoliment mes jambes en faisant sonner mes talons sur le plancher ; j'enfonçai mon chapeau sur ma tête le plus que je pus et, suivi par les regards admiratifs de Karalambos émerveillé, je signifiai que j'étais porteur d'un *boyorouldou*, qui m'autorise à voyager en Turquie sans être molesté et que j'entendais recouvrer sans retard les objets qui m'avaient été confisqués arbitrairement.

Le muphti sourit derrière ses lunettes :

« Sois le bienvenu, dit-il lentement ; mais pardonne-moi si je te déclare que je ne sais aucunement de quoi il est question. Je ne connais pas le sujet de ta plainte. Je te

---

[1] On sait que c'est l'usage, en Turquie, d'offrir tout d'abord du café et du tabac aux visiteurs.

promets d'examiner le motif de ta réclamation et de te faire rendre justice le plus tôt que je pourrai. »

On s'expliqua, et nous apprîmes sans étonnement que nos paquets étaient encore à la douane.

« Je les enverrai chercher, dit le muphti. Demain on les portera à ta maison. »

Mais il ne faut pas se fier au « demain » des Turcs. J'exigeai la solution immédiate de ces difficultés. Mes livres et mes carnets arrivèrent. Un grand nigaud d'interprète arménien fut commis à l'examen de Strabon. Il le déclara sans danger pour la prospérité de la Sublime Porte. J'avais perdu, dans ces contretemps, plus de la moitié de ma journée; mais j'avais beaucoup appris sur le mécanisme de l'administration turque.

Chio. — Un vieux savetier.

Quand le brillant élève de l'École d'Athènes va prendre sa place parmi ses confrères, son esprit a sans cesse le don d'ubiquité, non dans l'espace, mais dans le temps. Il visite la Grèce sans se désintéresser nullement de son aspect moderne; mais en même temps tout le passé se mêle à ses excursions, avec l'éclat qu'y peut jeter un des maîtres de l'art et de l'histoire helléniques. On croit voir cheminer sur l'Acropole et dans les salons actuels, le long des chemins de Corinthe et à la Chambre des députés, à Delphes et à Pharsale, comme dans les couloirs des ministères, un promeneur en veston qui se transforme sans cesse en un autre promeneur revêtu successivement des costumes d'Achille, de Périclès, de Socrate ou d'Euripide. Laissons-lui raconter son débarquement au Pirée.

ARRIVÉE A ATHÈNES[1]

Il faut, si l'on veut voir l'Attique dans toute sa beauté et avec la grâce de sa rapide fraîcheur, entrer dans le port du Pirée un jour de printemps, au moment où les tiédeurs précoces du mois de mars égayent de verdure hâtive et légère la sécheresse des collines de sable. Lorsque Yorghi, batelier de l'École française, qui m'attendait au bas de l'échelle du *Sindh,* accosta au quai de tuf grisâtre, je fis un faux pas sur une des marches, et, sans le vouloir, peut-être par l'effet d'une secrète influence des dieux, j'entrai à genoux dans la patrie de Phidias. J'ai cru depuis qu'il y avait un heureux présage dans le hasard qui me prosternait ainsi, malgré moi, dès mes premiers pas dans le doux pays où a fleuri l'adolescence du monde, et où devait jaillir la source vive de toute joie, de toute science et de toute beauté.

Lorsqu'on a des bagages, on ne peut songer à prendre le petit chemin de fer qui fait le trajet d'Athènes au Pirée. Le mieux est d'accepter les services des cochers errants qui vous proposent de vous traîner, vous et votre fortune, dans de grands landaus, exilés on ne sait par quel destin dans les Échelles du Levant, après avoir suivi sans doute, en Occident, des noces déjà anciennes. Les vieilles voitures aiment le chemin d'Athènes et les sentiers du bois sacré

---

[1] G. Deschamps, *la Grèce moderne.* (Librairie Armand Colin, in-12, 3 fr. 50.)

des Muses : le carrosse doré qui devait servir à la rentrée solennelle du comte de Chambord, et qui attendit longtemps chez Binder le retour des émigrés, se repose maintenant dans les remises du roi George. Je l'ai vu passer, rue d'Hermès, lorsqu'on célébra en grande pompe, à l'église

Athènes. — Vue prise de l'Acropole. (Phot. Beer, communiquée par Ch. Trampus, Paris.)

métropolitaine, la majorité du prince héritier Constantin. Les patriotes hellènes ne désespèrent pas de le voir, un jour, grimper les rues montantes et difficiles qui mènent à Sainte-Sophie.

Les landaus athéniens se nomment, dans la délicieuse langue du pays, *amaxa*. C'est par ce mot, vous vous le rappelez, qu'Homère désigne le char d'Achille. Avant de monter sur le marchepied de ces chars, il faut faire avec le cocher ce qu'on appelle là-bas une *symphonie*. Que ce mot n'éveille pas en vous l'idée de quelque chose de musical. La *symphonie* grecque est un accord purement commercial, analogue à la *combinazione* des Italiens. Chez ce peuple amoureux de liberté, il n'y a point de tarifs, et votre cocher vous rirait au nez, si vous lui demandiez son numéro. Il faut s'entendre avec lui, discuter d'égal à égal, engager un duel, comme deux adversaires qui s'estiment, mais qui ont une forte envie de « se rouler » mutuellement. Pour ma part, je ne me suis jamais plaint de l'obligation où j'étais de me soumettre à cet usage de la *symphonie*, qui est, chez les Grecs, une institution nationale. Parfois, ces discussions prenaient dans l'air bleu une tournure académique et platonicienne; j'admirais combien les cochers ont d'esprit dans ce pays d'ingénieuse et subtile flânerie, et j'éprouvais une sensation que je n'ai retrouvée nulle part : le plaisir d'être voituré, au trot de deux chevaux maigres, par Protagoras ou par Gorgias.

Grecs ancien et moderne.

En Orient, on accomplit les opérations vulgaires et basses de la vie matérielle avec une lenteur où se marque, à l'égard des nécessités pratiques auxquelles les hommes sont condamnés, un superbe et aristocratique dédain. A Athènes, en particulier, les orateurs ne sont jamais pressés d'en finir, et les cochers prennent toujours le plus long. C'est une occasion d'apercevoir au passage quelques coins du Pirée. Il n'est pas besoin d'aller plus loin que la *marine* pour voir ce qui fait le fond immuable de la nourriture des Palikares : les piments, l'ail, l'oignon, les pastèques, le caviar ; la *boutargue* de Missolonghi, pâte sèche et jaune, faite avec des œufs d'esturgeons ; puis d'innombrables frian-

Athènes. — L'Acropole, côté sud. (Phot. Beer, communiquée par Ch. Trampus, Paris.)

discs, où les mouches prélèvent une forte part. Les matelots de tous les pays retrouvent là cet éternel café chantant qui est partout le même, à New-York, à Marseille, à Smyrne, dans les concessions européennes des ports chinois. Seule, la place de la Constitution essaye de garder une couleur un peu locale : on y a planté sur une colonne, efflanquée et longue comme une vieille Anglaise, un Périclès de pendule, qui semble se demander, sous son casque de pompier, pourquoi on lui a fait une tête et point de jambes.

Au sortir du Pirée, la route blanche et poudreuse court entre des verdures pâles et courtes. C'est là qu'on commence à respirer cette poussière attique, à qui les récits des touristes ont donné une si grande célébrité. L'action de cette poussière sur l'âme des voyageurs est différente, selon les dispositions qu'on apporte aux autels de Pallas-Athéna.

Athènes. — L'Acropole, vue de l'Ouest. (Phot. Beer, communiquée par Ch. Trampus, Paris.)

M. Perrichon la trouve, pour sa part, aveuglante, cinglante, insupportable : il éternue, cligne des yeux, crie, gesticule, ouvre son parapluie, reproche à sa femme de l'avoir entraîné si loin, menace de se plaindre à son consul et s'écrie : « Quel peuple ! pourquoi l'agent voyer n'a-t-il pas fait caillouter cette route? » Le cocher sourit, et pendant ce temps, sans doute, un rire homérique roule de cime en cime sur les sommets de l'Olympe, comme un joyeux tonnerre dans un ciel serein. Je ne serais pas étonné qu'il y eût là une malice des dieux pour se venger des lourds Béotiens qui profanent leur terre de prédilection. Soyez assuré qu'un jour les épigraphistes trouveront en ces lieux quelque dédicace à *Apollon semeur de sable*, qui éloigne les barbares et fait reculer jusqu'aux mers cimmériennes les bandes sauvages du redoutable Cook.

Si, au contraire, vous arrivez dans ce pays en état de grâce, avec le ferme dessein de vouer à la déesse aux yeux bleus un culte de latrie et de vous agenouiller avec émotion sur le stylobate de son temple, les impalpables parcelles qui se détachent en tourbillons de ce sol sacré vous semblent douces

Un coin d'Athènes moderne : place de la Constitution.

au goût et agréables à l'odorat. Elles vous apportent, comme d'alertes messagers, le parfum des montagnes prochaines. Un illustre sculpteur, un de ceux qui, de notre temps, ont retrouvé le secret de l'antique beauté, disait que ces vives étincelles insinuaient en lui l'âme errante de la race sobre et légère qui se nourrit, comme les cigales, de poussière, de chanson et de soleil.

RENÉ MILLET

Si chaque voyageur trahit, en cours de route, la préoccupation des spécialités de sa carrière, le diplomate René Millet nous attache aux peuples qu'il visite par son étonnante facilité à deviner leurs aspirations. Il n'aborde pas l'Orient pour en trancher la question, comme beaucoup d'autres qui, après un bon dîner, jouent les grands politiques et décident, séance tenante, d'une manière irrévocable. A ceux-ci, pense-t-il, les démembrements, les conquêtes, les annexions ne coûtent rien. Ils rejettent les Turcs en Asie, déclarent « que l'Autriche se meurt, que l'Autriche est morte, et, du bout de leur pied, font au centre de l'Europe une telle déconfiture d'États, que tout l'auditoire frissonne et hoche de la tête d'un air entendu ».

La méthode de M. René Millet est tout autre. Elle consiste à s'instruire des choses et à les comprendre. Il emploie, pour bien comprendre, une force de sympathie qui assimile son âme à celle des autres peuples. Il se met dans la peau des indigènes qu'il rencontre, dépouille ses préférences, se fabrique un cœur d'Oriental, et se place au centre des passions et des intérêts locaux. Il veut sentir battre le cœur des nations, remonter le cours de leur histoire et découvrir dans le passé les sources mystérieuses des sentiments et des croyances.

C'est ainsi qu'il parvient à connaître les acteurs du drame, à s'expliquer les émotions populaires, à faire tout le tour de chaque question avant de la résoudre; ce qui ne l'empêche nullement d'émailler son récit du langage des forêts et des fleuves, du grand murmure de la mer. Une fois qu'on tient dans la main son livre des Balkans, on ne peut plus le quitter avant d'en avoir terminé la lecture.

SALONIQUE [1]

Dans nos pays, où les routes sont bien entretenues et bien gardées, les ports ne se gênent pas pour enfoncer de longs faubourgs dans l'intérieur des terres; ils semblent pomper à eux toute la richesse. Ici, dès le premier pas, nous sommes en plein moyen âge. Du côté de la campagne, la ville se cache derrière un mur crénelé, auquel l'empire grec, Venise et les Turcs ont successivement mis la main. Cette ligne de remparts gris monte avec la ville sur une colline en pente douce, court après les maisons, les serre de près et les refoule vers la mer. D'un côté du mur, une solitude morne et aride; de l'autre, un fourmillement d'humains entassés les uns sur les autres. Jamais ville de 130 000 âmes ne s'est faite aussi petite et n'a paru si désireuse de passer inaperçue. La cause de cette extrême modestie, demandez-la aux pirates de terre et de mer, aux Sarrasins, aux Crétois, aux Albanais, aux aventuriers de

[1] *Souvenirs des Balkans*, par René MILLET. (Librairie Hachette et C¹ᵉ, in-12, 3 fr. 50.)

tout poil et de tous pays, à tous les batteurs d'estrade qui, depuis des siècles, n'ont cessé d'insulter au passage et de brûler tous les cent ans la vieille Thessalonique.

Tandis qu'accoudé sur le balcon de l'hôtel, je contemple à mes pieds la foule émaillée de fez et toute pareille à un champ de coquelicots, je cherche à en définir le caractère dominant. Ce n'est pas chose aisée; bien juste est le dicton populaire qui appelle une « macédoine » tout mélange irréductible à l'analyse. Ai-je devant moi une ville de Levantins, comme Smyrne? passera-t-elle sans transition d'une torpeur asiatique à la vie européenne, comme Alexandrie? Ou bien l'Orient et l'Europe y vivront-ils côte à côte, sans se comprendre? Non, Salonique n'est ni turque, ni byzantine, ni tout à fait moderne : elle a pour moi l'aspect d'une ancienne colonie vénitienne. Elle dormait d'une profonde léthargie derrière sa vieille muraille : quand notre siècle l'a touchée de sa baguette, elle s'est réveillée fille de la Venise du XIIIe ou du XIVe siècle, de cette reine de l'Orient qui savait si habilement mêler les races, les couleurs et les civilisations les plus disparates, pour le plus grand bien de son commerce; qui conduisit avec tant d'adresse les Croisés devant Constantinople, et qui disputa si longtemps aux Turcs l'archipel et le littoral de la mer Égée.

Ici, la trace de son passage n'est pas écrite sur les monuments : il y a peu d'architecture à Salonique. Ce sont les hommes eux-mêmes qui paraissent détachés d'une grande toile brossée par Tintoret ou Véronèse.

Ce qu'on entrevoit dans l'art vénitien, ce qui en fait le charme mystérieux et subtil, ce sont des alternatives d'une activité très plastique et d'une nonchalance charmeresse : j'en retrouve ici l'image, affaiblie sans doute, mais encore séduisante dans la physionomie des habitants. Les portefaix ; les jeunes gens déhanchés, aux manières équivoques, mais au sourire charmant ; les juifs causant d'affaires, les Osmanlis en turban, les Albanais en fustanelle, les Bulgares aux vêtements massifs, telle est la foule infiniment variée qui se croise en tous sens. Cette confusion des langues aboutit, près du port, à une espèce de sabir italien.

Cependant le travail va son train, sans empressement, sans trop de bruit, et presque toujours à dos d'homme. Quelles belles épaules et quels beaux muscles ! Le travail ici ne déforme pas l'animal humain. Qu'on ferme un moment les yeux : qu'on pense à nos havres du nord, aux grues qui grincent, aux machines qui soufflent, au bruit de ferraille qui brise le tympan, tandis que, dans un ciel brumeux, les navires, pressés les uns contre les autres, allongent mélancoliquement leurs vergues ; puis, qu'on regarde ce port ensoleillé, où personne ne paraît compter avec le temps ; qu'on respire cet air tiède, dissolvant. Cette atmosphère semble huiler les ressorts de toute besogne. C'est ainsi qu'on devait travailler quand le monde était jeune, qu'il tournait autour de la Méditerranée son centre et son berceau, et qu'il n'était pas pressé, parce qu'il avait l'avenir pour lui.

Certes, il est ridicule de se lamenter sur la perte de la couleur locale, quand cette couleur n'est qu'une rouille de misère et d'ignorance. Mais je voudrais qu'on pût choisir parmi les prétendus bienfaits de la civilisation, par exemple accepter les chemins de fer, les bons tissus, les meubles commodes, et repousser la redingote noire, infiniment moins appropriée au climat que les tuniques flottantes, légères et de couleur claire. On ne m'ôtera pas de l'esprit que les rues couvertes du vieux bazar, avec les boutiques fraîches dans le clair-obscur, ne soient plus agréables à fréquenter que telle bâtisse à l'européenne, où les marchandises et les chalands cuisent correctement derrière la vitre brûlante des magasins.

Salonique. — Vue générale.

Salonique a vu, en 1876, notre consul assassiné par des fanatiques aux pieds d'un gouverneur impuissant ou complice. De pareils actes de sauvagerie démontrent la fragilité de l'équilibre maintenu par la conquête ottomane : les haines de race et de religion ne sont qu'assoupies : il suffit d'une étincelle pour les rallumer. Musulmans et chrétiens, rapprochés par des relations quotidiennes, ne peuvent pas toujours se dévorer; mais, au fond, les esprits n'ont point avancé d'une ligne. Si l'on est forcé de se supporter, les motifs de s'égorger subsistent. Maintenant tout est calme ; mais il est instructif, en parcourant ces rues paisibles, de se rappeler l'éruption récente et de suivre à la trace la lave refroidie. Les volcans aussi, quand ils sommeillent, se couvrent de vignes et de fleurs. Telle est la péninsule des Balkans : elle a des cratères un peu partout, en Bulgarie, en Serbie, au Monténégro, en Macédoine : personne ne peut jamais prédire, six mois à l'avance, de quel côté jaillira la flamme.

La plupart des Albanais que l'on voit à Salonique ressemblent à des fauves apprivoisés ; — admirables, du reste, pour tous les métiers où il faut parader sans rien faire. La profession qu'ils recherchent le plus est celle de *cavvas*. Non seulement les consuls, mais tous les personnages un peu notables, ont à leurs ordres deux ou trois superbes gaillards, à l'air martial, à la démarche imposante, portant avec désinvolture la veste soutachée, la fustanelle et l'immense ceinture où tremblent les pistolets et les yatagans. Mais la présence des Albanais sur le littoral n'est qu'un accident ; c'est dans leurs montagnes qu'il faut les voir à l'état sauvage.

On s'étonne de rencontrer si peu de Grecs ; ils sont tout au plus vingt mille. Cependant cette petite phalange tient dans ses mains le dernier anneau de la chaîne qui réunit le présent au passé. Je tâche de démêler dans leurs traits l'hérédité d'un sang illustre ; mais on y perdrait sa peine. Les premiers, ils ont adopté le costume européen, qui leur ôte, au moins pour les yeux, toute nuance d'originalité. Leur goût, franchement moderne, se comprend très bien : la tradition qu'ils invoquent est si reculée, qu'elle ne peut s'exprimer par aucun signe visible. On ne les conçoit pas portant le pallium grec ou la toge romaine. Toute leur force réside dans des abstractions : des souvenirs, une langue, une religion.

Pour devenir les courtiers de l'Europe, les habitants de Salonique doivent être d'abord ceux de la péninsule des Balkans. Avant d'être international, il faut être de son pays. Marseille a derrière elle la France; Gênes a l'Italie; Trieste a l'Autriche; et si Liverpool n'avait pas Manchester, ce port ne serait pas devenu l'entrepôt du monde.

Derrière les rivalités ardentes, les conflits et les guerres, la civilisation poursuit son travail souterrain. Voyez le chemin de fer, dont personne au dernier moment ne voulait : ni les Serbes, qui le trouvaient trop cher; ni les Autrichiens, qui redoutaient l'invasion des produits anglais; ni les Turcs, qui appréhendaient avec plus de raison les visites de leurs bons alliés d'Europe; on l'a construit cependant, et, si invraisemblable que cela paraisse, il fonctionne. Il est pour vous, gens de Salonique, l'instrument, le symbole et le gage de la résurrection de votre péninsule.

LE VICOMTE D'OLLONE

Le commandant d'Ollone appartient à trois catégories de France : par sa naissance, à l'aristocratie; par sa carrière, à l'armée active; par ses longues études, au monde savant. Les deux dernières découlent chez lui de la première, parce que ce gentilhomme de haute lignée, loin de se contenter des avantages que donne la naissance, se croit tenu de servir son pays de toutes ses forces. Et bien peu y réussissent d'une manière aussi efficace. Il a guerroyé aux colonies; mais son régiment se repose dans une garnison du Nord : il cherche un objet à son activité, et il en trouve un bien digne d'elle.

Une grosse question d'avenir inquiète le monde : la race jaune se civilise et s'arme. C'est une menace pour des temps plus ou moins éloignés, une menace terrible. Il faut une enquête sur l'état présent de la Chine et de ses tributaires, pour prévoir ce que cette masse d'hommes, si hostiles aux Occidentaux, est en passe de devenir. Cette enquête, il la fera. Elle l'attire d'autant plus impérieusement, qu'une exploration de ce genre est des plus périlleuses.

Voici sa pensée, qui est le résultat d'études approfondies :

L'empire chinois n'est pas le pays uniforme, artificiel, paisible, traditionnel, toujours semblable à lui-même depuis le commencement des âges, et incapable de se transformer, suivant la légende accréditée. Toutes les provinces occidentales sont, au contraire, des conquêtes faites sur des populations très mal soumises, ou même pas du tout. Trois grands groupes surtout opposent encore une résistance invincible à l'influence mandchoue : les Miao-Tseu dans le Kouei-Tcheou, les Lolos dans Sseu-Tch'ouan, les Si-Fan dans le nord-est du Thibet; leurs pays, interdits à l'étranger, restent les dernières contrées du monde inexploré.

Il faut savoir ce que sont ces formidables populations, qui n'appartiennent probablement pas à la race jaune, mais lui apporteront un jour un appui considérable. Une pareille exploration embrasse un domaine immense ; elle exige beaucoup de science et un caractère intrépide. C'est absolument l'affaire du commandant d'Ollone, et... il part. Par le fleuve Rouge, il remonte au Yunnan, avec quelques compagnons d'élite. Il y trouvera un saint missionnaire, que le prince Henri d'Orléans n'avait pas eu la bonne fortune de rencontrer lors de son grand voyage avec Bonvalot. Le Père de Guébriant, aujourd'hui évêque, a quitté le collège où l'auteur de cette notice l'a connu, pour s'isoler à jamais parmi les païens à catéchiser. Voici trente ans qu'il a abandonné sa haute situation mondaine, sa grande fortune, pour l'apostolat, après s'être fait recevoir à Saint-Cyr. Le petit-fils du maréchal de Guébriant qui repose à Notre-Dame vit dans la pauvreté et les plus grands dangers, dans un pays isolé du monde, où il jouit de la plus haute influence, grâce à sa vertu, à sa modestie et à son intelligence. Il sera d'un grand secours à la mission d'Ollone.

ENTRÉE DANS LE PAYS DES LOLOS [1]

Au lieu de la Chine qu'on se figure communément, il ne va être question que de monts formidables, de vastes champs de neige, de fleuves torrentueux roulant au fond des abîmes, de races guerrières, violentes et frustes, aussi différentes des Chinois conventionnels que nous le sommes nous-même.

Après avoir franchi, par un défilé encaissé juste large comme le torrent qui l'a creusé, les montagnes qui forment le bassin du lac de Yunnan-Sen, nous cheminons à travers une série de vallées. Quelle impression singulière on éprouve ici, dès qu'on a quitté la grand'route! On se sent à mille lieues de toute civilisation, de toute organisation, de toute société. Point de chemin pour se relier au reste du monde : chacun reste chez soi; point de poste ni de télégraphe pour apporter les nouvelles : on vit tranquille sans se soucier de ce qu'on ignore; point de fonctionnaires venus d'ailleurs, gendarme, douanier, agent voyer, garde forestier, maître d'école ni percepteur : on ne connaît que le chef du village, nommé par les habitants, s'il n'est, — cas le plus fréquent, — seigneur héréditaire.

Du moment que vous ne serez arrêté ni par une rivière, grâce à un pont, un gué ou une barque, ni par un rocher à pic, grâce à un lacet ou une corniche, ni par une tourbière, grâce à quelques cailloux bien placés, et que vous trouverez à midi et le soir un abri pour vous reposer, de temps à autre un marché pour acheter des vivres, la route existe. Qu'elle

---

[1] *Les Derniers Barbares*, par le commandant D'OLLONE. (Librairie Laffite, in-8°, 15 fr.)

ne présente aucune surface plane où poser sûrement le pied, qu'elle n'ait pas la largeur suffisante pour deux hommes de front ou souvent même pour un seul animal chargé, peu importe : la chaussée elle-même n'entre pas en considération, et on prend le sol comme il est. Pour comprendre un récit dans la Chine montagneuse, il est indispensable de se familiariser avec cette notion : la marche n'est qu'une gymnastique perpétuelle, fatigante même dans les vallées douces, vertigineuse et réellement dangereuse dans les ravins escarpés.

Le troisième jour, nous escaladons une chaîne de montagnes, et, parvenus au sommet, nous nous trouvons en présence d'un précipice de quatre cents mètres de profondeur, au fond duquel coule une grande rivière torrentueuse.

Cette fois, nous sommes tout à fait en Chine : monter à l'approche d'un cours d'eau important, rencontrer celui-ci non dans une large vallée, mais au fond d'un abîme qui s'ouvre dans l'épaisseur même de l'arête dorsale de la montagne, voilà précisément la caractéristique de l'orographie chinoise. Ce n'est point un paysage immobile, définitif, qui est devant nous : on sent qu'une force irrésistible est là en travail, détruisant et recréant à son gré, et qu'on surprend le secret d'une de ces opérations formidables où, dans le creuset de la Nature, se préparent les transformations du globe.

A deux heures de Ning-Yuen-fou, nous trouvons alignés une longue rangée de personnages richement vêtus, qui nous souhaitent la bienvenue avec tous les signes d'une vraie joie : ce sont les notables chrétiens de Ning-Yuen-fou, accourus à cheval au-devant de nous. Ils nous conduisent en grande pompe à l'auberge : sur le seuil, le Père de Gué-

Pékin. — Une porte de la cité impériale. (Photo communiquée par Ch. Trampus, Paris.)

briant nous attend avec le Père Bourgain, son adjoint. C'est un moment de touchante émotion, au milieu de l'allégresse générale qui se manifeste par des pétards innombrables.

Nous montons dans des chaises à porteurs, que le général qui commande à Ning-Yuen-fou nous a envoyées, et notre troupe magnifique s'ébranle. Aux portes de la préfecture, elle se grossit d'une centaine de chrétiens et d'un superbe chef lolo dans son costume national : pieds nus, longue pèlerine de feutre brun et turban bleu dessinant une corne au-dessus du front. Il prend, à cheval, la tête du cortège qui, avec ses quatre palanquins, ses quarante cavaliers et ses cent piétons, déploie, au milieu d'un crépitement formidable de pétards, sa pompe à travers les rues de la ville, dont la population s'écrase pour nous voir. Ah! c'est une belle entrée et qui marquera dans les fastes de la cité.

Mais, en nous la ménageant, je crois bien que le Père n'a pas que le désir de recevoir solennellement une mission française : il souhaite aussi atténuer la déception qu'il va nous causer. A peine les derniers visiteurs partis, il me prend à part et m'annonce qu'il ne peut nous accompagner dans le pays des Lolos. Il est tenu de rester à son poste.

Je comprends fort bien les devoirs que sa situation lui impose; cependant, puisque c'est sur sa promesse que je suis venu et que je me suis privé des services du lieutenant Lepage, ce qui me met hors d'état d'agir faute d'interprète, va-t-il m'abandonner et faire échouer ainsi une entreprise qui devait assurer à notre pays le prestige d'une découverte importante?

Le Père est remué, et depuis si longtemps il désire

lui-même pénétrer chez les Lolos, que perdre une pareille occasion lui paraît doublement pénible.

Cependant la situation qui devait retenir le Père de Guébriant à son poste ne s'améliore pas, et nous n'entrevoyons guère comment en sortir, quand le délégué impérial nous fournit une échappatoire inespérée. Il rend son jugement sur les affaires litigieuses, et ce jugement est tellement inique, il couvre si scandaleusement des abus criants du préfet, qu'il n'est pas douteux que celui-ci n'ait su acheter sa connivence. Il est donc bien inutile que le Père de Guébriant reste pour défendre une cause condamnée : nous allons partir. Il avise sur-le-champ celui qui doit être l'instrument indispensable de notre tentative.

C'est le moment d'expliquer la situation, et par quels procédés nous comptons réussir.

L'état de guerre ne règne pas sans interruption entre Chinois et Lolos. Si indépendants que les Lolos veuillent être, ils ne peuvent se passer des Chinois. De leur côté, les Chinois ont besoin des Lolos. Ce besoin réciproque, combiné avec l'humeur indépendante des Lolos, qui veulent être maîtres chez eux, a donné naissance à la plus singulière organisation.

D'une part, les Lolos peuvent venir en toute liberté sur le territoire chinois : isolés ou en troupe, ils y descendent en armes, — quitte à les déposer au corps de garde s'ils entrent dans une ville, et à les reprendre en sortant, — vont, viennent, commercent, se livrent bataille; bref, agissent absolument comme chez eux. Mais chaque tribu qui veut jouir de cette liberté doit s'engager à respecter les Chinois *sur leur territoire*. Les Chinois ne jouissent point de la réciprocité en territoire lolo : il leur est formellement interdit d'y pénétrer, sous peine d'être tués ou réduits en esclavage, sans que l'autorité impériale ait la moindre représaille à exercer. Ajoutons que, pour mieux décider les Lolos à accepter ce régime qui déjà leur confère tant d'avantages, la Chine leur paye un véritable tribu.

Il faut donc obtenir, nous aussi, qu'un Lolo nous introduise dans son clan. La chose est difficile, car la venue de personnages de notre sorte soulèvera bien des inquiétudes et des convoitises : seul un chef puissant sera en mesure de nous recevoir. Il faut le choisir bien pourvu d'alliés sur la route que nous voulons suivre.

Par ses chrétiens, le Père a su s'assurer le concours de l'agent le plus propre à la réalisation de ce plan. C'est un jeune Chinois de vingt-huit ans, fils d'un bachelier établi aubergiste à Ta-Hin-Tchang, dernier village chinois de la frontière, où les Lolos viennent en grand nombre.

Trois jours plus tard, à la nuit tombée, l'aubergiste et son fils arrivaient mystérieusement : ils nous amenaient un Lolo aux traits réguliers et nobles, l'un des principaux membres du grand clan des Ma, qui occupe la frontière. Bientôt gagné par la confiance que nous lui témoignons, par le prestige du Père de Guébriant, aussi peut-être par le renom d'amitiés que nous nous sommes déjà acquis près des Lolos qui viennent journellement nous voir, et, est-il besoin de le dire ? par quelques cadeaux, Ma déclare répondre de nous au nom de sa tribu. Si nous promettons solennellement que notre but n'est point de découvrir des mines, — ce que les Lolos redoutent par-dessus tout, car les métaux précieux appellent les invasions, — nous n'avons qu'à venir. Notre départ fut fixé au lendemain.

Notre équipage était fort réduit. Un lit chacun, une cantine pour deux, contenant par surcroît des lingots d'argent, des cartouches, nos rouleaux de pellicules photographiques, un peu de pharmacie, bref tout notre arsenal, — quelle place restait-il pour nos effets? — deux charges de sel, sucre, étoffes et menus objets destinés à être offerts en cadeaux, une dizaine de boîtes de conserves pour le cas d'absolue détresse, voilà nos impédimenta : ils ne nous promettaient pas beaucoup de confort, mais ils ne nous alourdiraient guère.

Au village de Ta-Hin-Tchang, qui est la porte des Lolos, voici ce que nous apprenons : Un mandarin nous a précédés et a fait connaître que quiconque nous prêterait la moindre aide encourrait des châtiments terribles. L'aubergiste et son fils, épouvantés, ont renoncé à leur dessein et, n'osant braver nos reproches, sont allés se cacher. Et nos instructeurs lolos, mis au courant, viennent de disparaître aussi.

L'aubergiste reste introuvable. Cependant, la nuit venue, on découvre son fils Sin. Nous l'assurons de notre protection, nous faisons miroiter à ses yeux l'appât d'une sérieuse récompense, et il entre entièrement dans nos vues. Il va s'efforcer de convaincre son père.

Le lendemain matin, celui-ci se montre enfin. Il est ébranlé; mais le mandarin est là qui l'épouvante.

Apprenant la présence de celui-ci dans l'auberge, nous l'invitons à venir nous voir, et il n'ose refuser, puisque nous sommes arrivés ici sous l'égide officielle. Alors, devant l'aubergiste, nous lui demandons s'il est vrai que le préfet menace les gens que nous avons engagés. Il nie effrontément : quelle histoire est-ce là ? le préfet sera trop heureux qu'on nous aide, et lui-même n'est venu que pour empêcher que des gens malintentionnés ne nous trompent en nous offrant leurs services. Tout semble donc arrangé. Mais ce sont maintenant les Lolos qui font défaut : prévenus par le mandarin que le préfet les fera mettre à mort s'ils reparaissent en territoire chinois après nous avoir conduits, ils n'ont pas envie de se brouiller, pour un motif en somme indifférent, avec la Chine, dont ils sont les riverains immédiats. Impossible de les faire comparaître devant nous.

Sur ce, nouveau coup de théâtre. Le préfet envoie à l'aubergiste une lettre foudroyante : « Comment oses-tu, chétif, braver les volontés de l'Empereur et conduire des étrangers chez les barbares révoltés? Sache que tu seras taxé de connivence avec les rebelles et que ta race expiera avec toi ce forfait. »

Patatras! toute la combinaison s'écroule. L'aubergiste, terrifié, déclare qu'il renonce à l'affaire et que jamais il n'autorisera son fils à nous suivre. Le Père de Guébriant, après lecture de la lettre préfectorale, reconnaît avec tristesse qu'aucun Chinois n'osera braver des menaces si formelles et qu'il n'y a plus rien à espérer.

La nuit est venue. Un bruit de dispute violente s'élève dans la cour, et, aux lueurs incertaines de quelques lumignons, nous distinguons des silhouettes de Lolos : ils semblent prêts à en venir aux mains. Le sujet de cette rixe? Vraiment, il était inattendu. Au moment où les Chinois nous abandonnent, les Lolos se disputent l'honneur de nous conduire. Enfin l'autorité chinoise, prise de court, ne parvient pas à nous faire une opposition efficace. Nous pouvons nous mettre en route et pénétrer chez les Lolos.

Peut-être aura-t-on trouvé long le récit de cette négociation de trois jours. Sans doute les chutes dans les précipices, les charges de cavaliers armés de lances, les embuscades, les trahisons, les héroïques dévouements parlent mieux à l'imagination. Ces sujets ne nous manqueront point, heureusement. Mais je n'aurais rien de tout cela à raconter si cet obscur duel, au fond d'une chambre d'auberge, contre la puissance chinoise, invisible mais agissante, avait pris une autre tournure.

LOUIS BERTRAND

La plume de M. Louis Bertrand est un pinceau; ses pages sont des paysages étincelants de lumière, ses livres sont des cartons de peintre harmonieux et coloriste. On chercherait vainement dans ses ouvrages les frais pâturages, comme en Normandie; les neigeuses vallées, comme dans les Alpes. Cet écrivain-paysagiste a adopté exclusivement les chauds rivages de la Méditerranée, mais de toute la Méditerranée. Il promène sa palette de Barcelone à Alger, d'Égypte à Constantinople, de la Palestine en Grèce. Il flâne le long de la mer, les yeux toujours en quête de promontoires dorés sur l'eau bleue, de murailles blanches sous la verdure des palmiers, de ruines dressant leurs silhouettes élégantes sur les sommets, de panoramas aux lointains de gaze. Et soudain il s'arrête, campe son attirail d'artiste et couvre sa toile de couleurs si belles, si exactes, que l'œuvre reflète le modèle, comme l'eau paisible les bords d'un golfe.

Partout il travaille avec cette passion de l'artiste qui comprend l'âme de la nature; mais l'Afrique romaine et la Palestine l'enthousiasment plus que toute autre contrée. Les ruines d'Algérie et de Tunisie lui apparaissent toujours vivantes, alors qu'ailleurs elles lui ont paru de simples pièces de musée. Elles sont vivantes à ses yeux, parce que « le peuple qui circule autour d'elles perpétue, sans le savoir, les gestes et les pensées des hommes anciens qui en ont jeté les fondements, parce que d'elles à lui il y a comme une pénétration réciproque et mystérieuse, une harmonie extérieure et tout de suite saisissable, que le temps n'a pu abolir ».

Tandis que dans l'Europe latine il ne reste plus rien des vêtements que portaient les habitants de Carthage, d'Hippone, de Timgad, de Cherchell, de Lambesc, de Tipasa, les nomades drapés de burnous blancs rappellent là-bas la *gens togata*. Dans les pans de murs à demi écroulés, tout le passé ressuscite et s'agite sous le regard du voyageur. La taverne, l'*uncta popina* des Satires d'Horace s'orne de guirlandes et répand ses relents de cuisine. La clientèle pénètre dans la boutique du barbier pour écouter les nouvelles des conteurs de carrefours. Les mimes gesticulent leurs bouffonneries dans les rues, dont les dalles sont encore intactes. Sur ces dalles, M. Louis Bertrand entend résonner le sabot de l'âne rusé d'Apulée.

En Palestine, l'aspect désolé et le morne silence deviennent pour ce peintre un sommeil plein de rêves du passé. La mer Morte n'est plus le bas-fond, au renom sinistre, que les voyageurs ont propagé. Le soir où Chateaubriand arrivait sur ses bords, il était trop épuisé de fatigue pour la bien juger. Notre auteur, lui, se laisse bercer par les rêves qui redonnent à cette désolation la fraîcheur et la verdure qui en faisaient un paradis terrestre aux premiers siècles de la Bible; à cette solitude où, bien plus tard, au commencement de notre ère, Hérode bâtissait ses résidences favorites; où Cléopâtre se plaisait, au point de n'en vouloir partir; à ce désert qui fut un lieu de plaisir et qui le redeviendra, sous la charrue des futurs colons.

En examinant tous ces jolis tableaux, nous n'avons eu que l'embarras du choix pour en offrir à nos lecteurs.

CHERCHELL [1]

Le soleil se couchait. Sous les teintes vermeilles de la lumière décomposée, la végétation des vignes, des cyprès et des pins en parasol qui s'étagent tout le long des hauteurs avoisinantes, semblait revêtir Cherchell et sa campagne d'une paroi de métal poli, un métal où se fussent confondues toutes les patines du bronze et toutes les rutilances de l'or. Dans cette coulée de verdure aux tons opulents et chauds, les moindres feuilles se détachaient, précoces et brillantes, ainsi qu'en un travail d'orfèvrerie. Mais rien n'était suave, à la crête des collines, comme les cimes rondes des pins, courbés sur l'abîme du ciel crépusculaire, grand miroir verdâtre au rayonnement mélancolique, où, parmi des rousseurs ardentes, vibrait une poussière d'atomes lumineux.

De ces coteaux éclairés par les rayons du soleil oblique, comme d'un espalier d'émeraude, des reflets dorés ruisselaient jusqu'au milieu de la route, sur les arbustes des jardins, les façades des petites villas.

Ces haies fleuries de roses offraient une autre merveille. Elles étaient tellement alourdies de corolles, de boutons en

---

[1] *Le Livre de la Méditerranée*, par L. BERTRAND. (B. Grasset, éditeur, 3 fr. 50.)

grappes, qu'on eût dit une double file de reposoirs drapés de mousseline et surchargés de bouquets. Des pétales s'envolaient aux brises.

Nous allions ainsi, parmi les fleurs printanières et les lueurs épanouies du couchant. La glace unie de la mer réfléchissait les couleurs du ciel avec une insolite magnificence. La mer était adorable en cette minute. C'était une étoffe de rêve, une vaste moire miraculeuse qui eût emprunté aux pierres et aux métaux les plus rares leurs scintillations et leurs transparences, et qui eût pris à toutes les aubes et à tous les levers de lune l'enchantement de leurs clartés les plus irréelles. Sur le bord, elle avait le luisant et les phosphorescences de la nacre. Au large frissonnait une nappe diffuse, d'un mauve indéfinissable, où se mêlait le gris tendre des perles et le bleu spectral des lampes électriques au moment où elles s'allument.

Ce paysage, je l'embrassais tout entier, depuis le cap Tenès jusqu'au promontoire du Chénoa, avec sa mer et ses coteaux, ses reposoirs fleuris de roses, ses vignes, ses cyprès et ses pins, toute l'élégante végétation des rivages méditerranéens.

Le lendemain j'errais sur les murs des Thermes, parmi les mosaïques décolorées qui racontent les triomphes des anciens dieux.

Ici même, il y a dix-sept siècles, des jeunes gens élevés par les rhéteurs de Rome songeaient comme moi, les yeux tournés vers le rivage; et leurs esprits, nourris des mêmes poètes, caressaient sans doute des images pareilles. Assis sur les bancs en hémicycle ou sur les cathèdres de marbre qui bordaient la terrasse, ils se récitaient des vers de Virgile.

Timgad (Algérie). — Vue d'ensemble des ruines romaines, prise du haut du théâtre. (Phot. Neurdein.)

Il y a dix-sept siècles, la mer n'était pas plus belle, plus harmonieuse.

THIMGAD

La merveille, le joyau de Thimgad, c'est son Capitole.

Il n'en subsiste pour ainsi dire que les propylées, une rangée superbe de douze colonnes, et par derrière, au fond d'un grand parvis dallé, un large soubassement où se dressait autrefois le temple de Jupiter Capitolin.

Du haut de la plate-forme, où s'ouvrait jadis la cella du temple, on embrasse non seulement l'ancienne ville tout entière, mais les campagnes avoisinantes, depuis les régions vagues du Tell jusqu'à la ligne hautaine et dure de l'Aurès.

Suivant un plan incliné, le quadrilatère des ruines dévale vers le nord, pareil à un immense damier, où les colonnes debout figurent les pièces d'ivoire d'un jeu d'échecs. Ces colonnes, par leur nombre, par leur foisonnement invraisemblable, provoquent à la longue une espèce d'hallucination. On dirait une forêt de pierres dévastée par quelque cyclone.

Ce soir, le sirocco a tellement brouillé l'atmosphère, que le ciel a pris une pâleur de fièvre et que le soleil brûlant semble décoloré. La poussière tourbillonne. C'est comme une pluie de cendres qui s'abattrait sur la ville morte. Un voile grisâtre recouvre la terre, et, çà et là, les décombres épars, avec leur teinte ocreuse et violacée, ont l'air d'ossements qu'on vient d'exhumer et qui sont encore enduits du terreau livide et de l'argile grasse des fosses. Au loin, les montagnes, dénudées et lisses comme des murailles de prison, se dessinent en noirceurs menaçantes. Et pourtant, malgré les tons lugubres du paysage, malgré cette panique du vent déchaîné, la ville reste sereine et belle sous la parure mutilée de ses ruines. Assise à l'extrémité de cette plaine aride, elle chante, — telle une strophe de chœur dans la désolation d'un drame.

Avec quelle splendeur elle devait apparaître jadis aux yeux du monde nomade! Pour ce barbare et ce bandit, elle était la Force disciplinée et elle était la Loi. Pour cet errant, cet habitant fugitif de la tente, elle était la « ville aux rues profondes », — l'abri permanent édifié par une sagesse mystérieuse, qu'il ignorait et qui lui inspirait une secrète épouvante. Pour ce pauvre et pour cet affamé, elle était la richesse et la nourriture inépuisables, avec ses trésors, ses marchandises, ses greniers, ses marchés regorgeant d'herbes et de fruits, de viandes et de venaisons : elle était la faim et la soif satisfaites. Les cornes d'abondance et les patères sculptées sur les arcs de triomphe ne cachaient point de vains symboles. Surtout pour cet homme du désert, elle était la fontaine perpétuelle, la source d'eau vive. Déversée par les aqueducs, l'eau coulait partout, dans les thermes, sur les places publiques, dans les vasques et les abreuvoirs des carrefours. Quelle fraîche musique que cette chanson de l'eau courante sous un ciel embrasé!

Maintenant que les aqueducs sont rompus, les citernes taries, que les murs des temples gisent dans la poussière, quelle souriante image de la mort Thimgad n'offre-t-elle pas au pèlerin de la Beauté antique! Rien qui rappelle la poussière de la tombe. C'est un squelette de marbre. Ce chapiteau qui s'enfonce sous l'herbe maigre, à côté de sa colonne décapitée, tel un crâne séparé du tronc; ces fûts blanchis, polis, lavés par les averses printanières, dorés par les soleils d'été, devenus semblables à des tibias et à des fémurs d'ivoire, ce sont les débris d'un colossal cadavre. On songe aux funérailles païennes, à des os qui luisent dans la cendre, après que le bûcher s'est éteint.

Timgad. — Le Capitole et ses Propylées. (Phot. Neurdein.)

Mais de même que la forme idéale du mort revivait dans l'effigie gravée sur la stèle funéraire, la forme de la ville détruite s'est imprimée à tout jamais au lieu même de la sépulture. Cette forme, conçue par le génie ordonnateur de Rome, est quelque chose de si parfait, qu'elle semble indestructible comme les poèmes consacrés, sur qui le temps n'a plus de prise.

Devant cette survie miraculeuse, je m'incline, reconnaissant, par delà les siècles, la toute-puissance d'une pensée dominatrice, supérieure aux vicissitudes et à la durée elle-même. Je cueille une tige de pavots sauvages qui a poussé dans les fissures des moellons, et j'en sème les pétales sur les degrés qui conduisaient au temple de l'Empire, en murmurant avec piété ce filial hommage : « A Rome ! à Rome immortelle !... A l'éternité de la Ville !... »

Constantine. — Le nouveau pont sur le Rummel.

L'ANCIENNE CONSTANTINE

Sur l'arche unique du pont d'El-Kantara, j'ai pris le sentier suspendu à mi-côte du ravin. Je m'arrête à l'extrémité de ce chemin, en face de la corne du sud de la ville. Surplombant le trou lugubre du Rummel, Cirta[1] se dresse à la cime la plus abrupte du défilé. En vérité, c'est ici qu'il faut venir pour savoir ce que fut la cité numide. On l'y retrouve dans les traits essentiels qui ont servi à définir son type historique aussi bien que légendaire : — un

[1] Nom ancien de Constantine.

lieu propice à tous les guets-apens et à toutes les traîtrises, un décor tout préparé pour les plus cruelles tragédies, telle est l'image qui s'ébauche d'elle-même, au fond de ce ravin, parmi les cris des corbeaux et des vautours, devant cet écroulement de pierres éclaboussées de sang et empestées d'une odeur de pourriture.

Cette histoire romanesque de la ville, qui inspira tant

Constantine. — Le ravin du Rummel.

de dramaturges depuis les temps héroïques de la Renaissance et qui fit verser tant de larmes à nos aïeules, elle est encore dans toutes les mémoires. La princesse carthaginoise qui, après la défaite de son mari Scylax, roi de Cirta, se donne au vainqueur, à ce Massinissa qui d'abord avait été son fiancé; celui-ci, obligé par les Romains, ses alliés, de leur livrer sa femme; Sophonisbe, suppliant son nouvel époux de la tuer pour lui épargner cette honte et, peut-être, les pires supplices; enfin Massinissa, dans un coup de désespoir amoureux, se décidant à lui envoyer par un esclave la coupe de poison : toutes les péripéties de ce drame ont été cent fois traitées au théâtre. Mais comme on le comprend mieux ici !

L'action, qui se développe avec la rapide simplicité d'une tragédie classique, commence dans la dernière semaine de juin et elle est terminée dès les premiers jours de juillet.

Constantine. — Le quartier indigène.

En ce temps-là les guerres, qui étaient beaucoup plus longues qu'aujourd'hui, ne suspendaient que par intervalle la vie ordinaire du pays. Tandis que les armées s'entr'égorgeaient, les travaux des champs se poursuivaient, au milieu d'une égale indifférence pour le vainqueur et le vaincu. Au moment où s'ouvre notre tragédie, les moissons s'achevaient dans la région sétifienne et sous les murailles mêmes de Cirta.

Avec leurs brassards et leurs tabliers de cuir, leurs faucilles recourbées en forme de sistres isiaques, les mon-

Constantine. — Les gorges du Rummel, vue prise du chemin des Touristes. (Phot. Neurdein.)

tagnards de la Kabylie étaient descendus de leurs cabanes, pour couper le blé dans la plaine.

On se pressait de mettre la récolte en sûreté. Des rumeurs alarmantes circulaient dans le pays. Chaque jour, les fugitifs en haillons, les pieds saignants à travers les chaussures trouées, propageaient la terreur autour de la ville. « Les Romains arrivaient! Ils allaient tout dévaster sous leur passage! »

Le soir, tous ces misérables refluaient vers Cirta, où ils étaient sûrs de trouver un abri dans les tavernes et dans les bouges. Le vin coulait. Les danseuses aux joues bleuâtres frappaient à coups redoublés sur leurs tambourins, la stridente mélodie des flûtes exaspérait les nerfs des mercenaires. Des rixes naissaient. Les lames triangulaires sortaient des gaines de cuir rouge accrochées aux ceintures ; et c'était déjà, par toute la ville, le branle-bas d'un assaut dans les hurlements d'un carnage.

Constantine. — La cathédrale.
— L'Hôtel de ville.

Les nuits, pleines d'étoiles, étaient accablantes. Pas un souffle ne traversait les ruelles fétides. De toutes les campagnes, où l'on incendiait les chaumes, une haleine de feu montait, plus desséchante que le vent du désert.

Cette atmosphère embrasée et chargée de menaces, un rocher abrupt qui s'abîme au fond d'une gorge sauvage, tel est le milieu et tel est le décor où se consomma ce sombre drame africain.

LE MUSÉE DE CARTHAGE

J'entre au musée des Pères blancs, et, dès le seuil, je respire l'atmosphère spéciale à ces catacombes archéologiques. Il y flotte une odeur fade, complexe, indéfinissable, où se mêlent les émanations des bois pourris, des vieilles pierres rongées de moisissures, des ossements saupoudrés de terreau, des bandelettes effilochées et tout imbibées de liquides noirâtres, des étoffes antiques à la trame amincie et dont les broderies s'effacent, comme les caractères tracés sur le papier brûlé.

Dans la pénombre des vitrines, voici d'abord les lampes funéraires en argile rouge, innombrables.

Comme les morts dont elles éclairaient les sépulcres, elles appartiennent à toutes les époques, elles affectent toutes les formes. Il en est de riches et de pauvres, de grossières et de délicatement modelées. Celles-ci ont un manche en queue d'hirondelle, celles-là sont munies d'oreillettes. Elles sont mollement renflées comme des coquillages, enroulées comme des escargots, allongées comme des carènes de navires.

Devant ces lampes nulle pensée lugubre ne peut naître. On songe seulement qu'elles accompagnaient les réunions de famille sur la tombe du mort. On apportait des plats et des coupes, du vin et des gâteaux. On étendait des tapis sur les dalles, et, tout en mangeant et en buvant, on s'entretenait de ceux qui reposaient là : « O bonne mère, dit une inscription, — qui nous as donné ton lait, qui fus chaste et sobre toujours, nous parlons de toi, et, tandis que les heures

Carthage. — L'ancien port. (Phot. Neurdein.)

s'écoulent à rappeler tes vertus, — pauvre vieille, tu dors à côté de nous. »

Ce culte candide avait toute la grâce mignarde des petits jeux de l'enfance, il était affectueux et tendre. Et pourtant, la grande idée de la vie impérissable transparaît encore à travers les pratiques naïves et populaires de cette religion des morts. C'était déjà l'audacieux défi jeté par le chrétien à la rapacité de la mort: *Lux perpetua luceat eis!*

Le mobilier funèbre est ici au complet. Près des lampes, je reconnais les fioles de verre bleuâtre, où l'on conservait les cendres recueillies sur le bûcher mortuaire. Il y a aussi des buires posées sur des soucoupes rondes, de menus flacons à la forme ovoïde, qui ressemblent à des bananes et dont les cols très effilés se recourbent comme des tiges de fleurs.

Ces verroteries, contemporaines des guerres médiques, elles ont gardé de leur séjour dans la terre une patine d'une délicatesse invraisemblable. Toute une chimie secrète a recuit les teintes primitives du verre, amalgamé les couleurs, dessiné sur les frêles parois des figures chimériques de bêtes ou de végétaux. Les bleus métalliques, les roses de chair, les lilas et les mauves se nuancent de verts oxydés, de nacres laiteuses, où s'étirent, parmi les filets d'or, d'étranges palmes d'un rouge de feu, qui s'évanouissent dans des vapeurs d'argent. Certains semblent couverts de givre, comme les vitres fleuries par les gelées d'hiver, enduits de filaments visqueux et luisants comme des baves de limaçons, ou enveloppées de toiles d'araignées, que la rosée emperle de ses gouttes scintillantes.

Plus tranchées et plus crues éclatent les colorations des poteries, ustensiles fabriqués à Corinthe, en Sicile, dans les villes campaniennes. Sur tous, les mêmes silhouettes rudimentaires, les mêmes rouges et les mêmes noirs, des noirs de suie, des rouges clairs. Mais voici des vitrines pleines de bijoux et de statuettes d'argile, dont les teintes amorties sont une volupté pour les yeux. Çà et là, les perles des colliers, les chatons des bagues sigillaires, les scarabées d'émail, les boules en pâte de verre, les sphères et les cylindres d'or alternant avec des olives et des barillets d'agate.

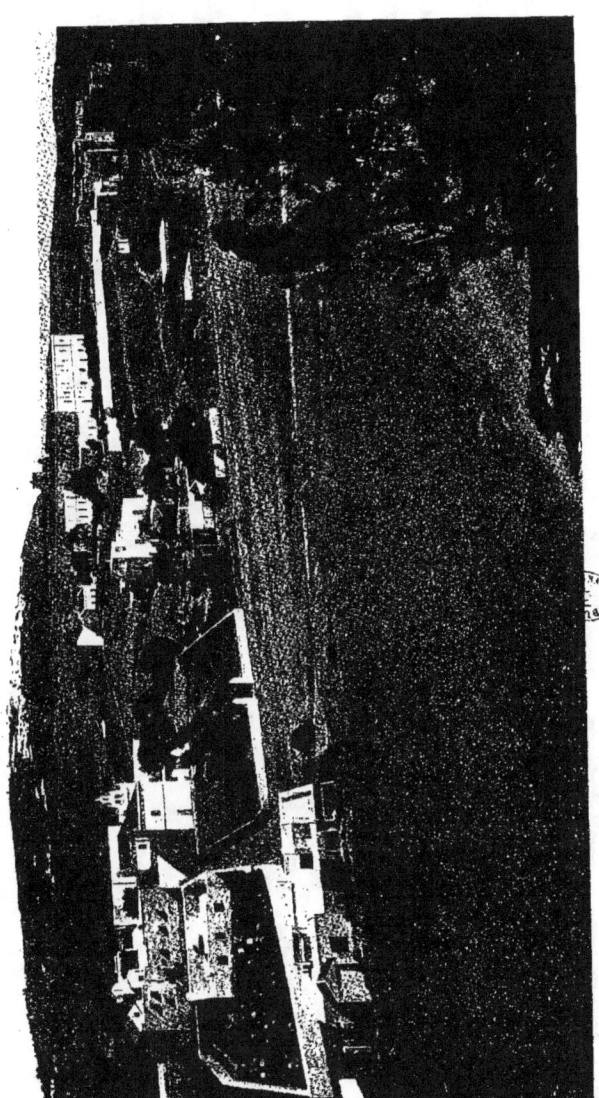

Carthage. — Vue générale vers Sidi-Bou-Saïd. (Phot. Neurdein.)

Parmi ces alignements interminables de joyaux où la curiosité se disperse, une boucle d'oreille, d'un goût subtil et barbare, se distingue, à la façon d'une relique consacrée. Instinctivement je l'attribue à quelque Carthaginoise illustre issue d'une famille patricienne ou sacerdotale. Sans doute, Sophonisbe ou Salamboo en avaient de toutes pareilles.

Je m'attarde devant les deux hauts-reliefs de grandeur naturelle qui servirent de relief à des sarcophages. Ils représentent deux jolies femmes. La première, qui incline légèrement la tête, écarte de la main droite le long voile dont elle est drapée tout entière. L'autre, également grecque de style et d'exécution, est cependant revêtue d'un costume égyptien, celui que portent les grandes déesses, Isis et Nephtys. Ces deux morceaux confirment l'enseignement qui se dégage des céramiques, des verreries, des bijoux, des pierres gravées et des stèles funéraires. On finit par croire, en examinant tout cela, que Carthage n'a jamais su s'inventer un style, ni même un costume personnel.

L'ENCHANTEMENT DE LA MER MORTE

En vérité, la mer Morte mérite mieux qu'une visite hâtive. Surtout, elle ne ressemble guère à l'image repoussante qu'on s'en fait d'après les livres. Si seulement on prenait la peine de regarder avec des yeux purifiés de toute littérature ; si on essayait d'en contourner les rivages ; si enfin, au lieu de se borner à une seule perspective, on essayait de l'aborder par divers points, — alors on estimerait que nul spectacle n'est comparable, en beauté, à celui-là ; qu'il n'y a rien de pareil dans n'importe quel pays de la Méditerranée.

Les monts de Moab!... On les reconnaît tout de suite. On les a si souvent contemplés de Jérusalem. Mais ici leur forme s'est modifiée. Ce n'est plus la barre violette qui

Vue sur la côte ouest de la mer Morte, prise de En-Gedi, vers Jebel Usdum.

tranchait sombrement sur les fonds aériens. Maintenant, ce sont des étages de dômes et de coupoles, si semblables qu'il faut un peu d'attention pour y découvrir enfin le Nébo, le mont de Moïse, rond et dénudé comme un crâne.

Au-dessous du Nébo, à droite, un coin de mer brille doucement, — la corne septentrionale de l'Asphaltite. Mais le déferlement splendide de la plaine éclipse celui de la mer trop basse. Puis, peu à peu, l'œil, ébloui par la lumière blessante, voit s'ébaucher vaguement des acropoles, des décombres de villes, et, çà et là, des rangées de colosses sur leurs piédestaux. Ces fantômes bougent dans la poussière et les vibrations de la chaleur. Des lueurs de safran, des traînées

Les gorges de l'Arnon, affluent de la mer Morte, vue prise vers l'est.
(Ce site, aux murs de grès teinté, constitue un des plus merveilleux paysages de la Palestine.)

sulfureuses comme à un souffle brusque, puis ces flammes courtes s'éteignent dans le flamboiement de la plaine.

Celle-ci se développe, tout aveuglante de clarté, avec le relief puissant de ses montagnes, avec son sol gravé de figures bizarres, travaillé comme une table de la Loi. Quelle différence avec nos molles vallées d'Europe, nos paysages médiocres, notre sol utilitaire et complaisant, si complètement asservi à nos besoins! La vallée du Jourdain paraît ignorer qu'il y ait des hommes. Nulle part l'énorme matière n'a été plus visiblement façonnée sous le pouce de Dieu. C'est modelé, aiguisé en arêtes vives, bâti, semble-t-il, pour l'éternité. Et cette nudité implacable est tellement riche de souvenirs, qu'une moitié du monde en vit encore.

Mais ici, comme partout en Orient, les contrastes sont aussi soudains qu'inattendus.

Après cette vision au désert biblique, la douce oasis de Jéricho est d'abord une surprise, puis un repos pour les yeux. Par un soir tiède d'hiver, quand le hâle toujours brûlant de la journée est tombé, c'est délicieux de suivre un de ses chemins ombragés qui serpentent sous la verdure, en longeant les rigoles où luit vaguement, à travers les paquets d'herbes, un filet d'eau murmurante. Çà et là, derrière des rideaux de peupliers, émergent quelques maisons chrétiennes, très basses et toutes blanches, pareilles à des fermes perdues. L'Angélus tinte, on ne sait où, derrière les branches recourbées en ogive des bananiers. Des religieux se hâtent vers une chapelle invisible. Une femme ramasse des linges étendus sur une haie. Dans la pénombre suave et fraîche, les formes estompées et fondues se ramènent à des images familières pour nos yeux d'Occidentaux. C'est la douceur des crépuscules dans tous les pays du monde.

Et puis on rentre à l'hôtel. Comme à un choc brusque et désagréable, la poésie flottante qu'on rapporte du dehors s'évanouit au contact des banalités européennes artificielle-

Entrée de la grotte du Jebel Usdum, montagne de sel au sud de la mer Morte.
(Photographie communiquée par Ch. Trampus, Paris.)

ment transplantées sur cette terre rebelle : la table d'hôte misérable, le hall prétentieux avec ses étagères et ses guéridons encombrés de bibles anglaises et de vieux journaux illustrés, avec ses divans, ses boiseries et ses tapis de pacotille, toute sa camelote de bazar levantin. Mais ce n'est qu'un instant de confusion et de désarroi. La présence toute proche de l'Asphaltite vous obsède ; le sentiment qu'on respire l'air d'un pays si chargé d'histoire vous emplit d'un tel afflux d'émotions, d'images et d'idées, que les petites contrariétés ambiantes en sont aussitôt balayées...

La fenêtre du hall est ouverte. Le rebord est encore chaud du grand soleil de la journée. A portée de la main, une branche chargée de roses blanches et de roses roses dessine ses feuilles triangulaires sur la transparence lumineuse du ciel. Les cimes bleuâtres de l'oasis ondulent dans la clarté lunaire, une clarté si pure que c'est moins la nuit qu'un jour voilé.

Alors, on se sent l'âme tendue comme un instrument aux vibrations prodigieuses. Les moindres souffles vont s'y amplifier en résonnances infinies. Ce pays si vieux vous enivre de tous les philtres intellectuels qui s'y sont déposés d'âge en âge, comme en un gigantesque creuset. Des figures héroïques, pastorales ou sacrées, accourent de tous les points de l'horizon, surgissent des profondeurs du passé. On songe que les gestes essentiels dont a vécu l'humanité et qu'elle n'a fait, depuis, que recommencer, ont été ébauchés dans cette plaine et sur ces montagnes. C'est ici qu'a jailli la grande source, où se désaltère toujours notre soif spirituelle.

S. A. R. LE DUC D'ORLÉANS

Parmi les grands seigneurs, nous avons en France une phalange d'explorateurs d'autant plus glorieuse, que la mort s'y est acharnée avec une opiniâtreté vraiment étrange. Les noms du duc d'Uzès, du prince Henri d'Orléans, du comte du Bourg du Bozas, pour ne citer qu'au hasard, sont sur toutes les lèvres.

Grâce à Dieu, le chef de la maison de France, S. A. R. Louis-Philippe d'Orléans est rentré sain et sauf de ses explorations dans les régions polaires. En lisant les récits qu'il a publiés, on sent avec quelle haute conception de sa grandeur il dépouille la dignité du roi pour endosser l'armure du simple preux. Marin dans toute l'acception du mot, il met sans hésiter le cap vers les mers les plus rudes et les plus dangereuses, de même que ses ancêtres couraient au plus fort de la mêlée sur les champs de bataille. Ces récits de trois campagnes, souvent très laborieuses et très périlleuses, émeuvent aussi par l'accent de touchante affection du royal explorateur pour sa patrie qui l'exile. Qu'on en juge par les lignes suivantes, extraites des livres où le charme de la forme s'allie à la noblesse de la pensée.

CHASSES ET CHASSEURS ARCTIQUES [1]

En relisant, pendant mes campagnes, les récits des anciens baleiniers, je me suis toujours étonné que cette période de chasse dont nos marins basques avaient pourtant donné le signal, et qui a duré près de trois siècles, ait pu traverser l'histoire maritime sans que la France y prenne plus de part? Ce ne sont pas les hommes qui manquèrent cependant, car à cette époque une série de cadets de famille ou d'aventuriers français, coureurs des bois au Canada ou flibustiers aux Antilles, montrèrent un courage et une endurance que les explorateurs et les marins des autres nations n'ont jamais dépassés.

La gloire de nos grands corsaires, Jean Bart, Duguay-Trouin ou du Casse, a fait oublier un peu injustement les exploits de beaucoup d'hommes de notre race [2].

Quel admirable exemple de courage et d'énergie que la vie du Canadien Le Moyne d'Iberville!

En 1686, à vingt-cinq ans, envoyé de Québec à la baie d'Hudson contre les Anglais, il avait attaqué, avec deux canots d'écorce et onze hommes, un navire de douze canons et l'avait enlevé à l'abordage. Deux ans après, à la tête d'une quinzaine de Canadiens, il défend un petit fort contre trois vaisseaux anglais, repousse toutes leurs attaques, et leur tue ou prend cent vingt hommes. L'année suivante, il réitère son premier fait d'armes en s'emparant d'un navire ennemi avec une simple chaloupe.

---

[1] *Chasses et chasseurs arctiques*, par le duc d'Orléans. (Plon-Nourrit et Cie, éditeurs.)

[2] Ici le prince raconte un beau fait d'armes; mais l'absence de place nous oblige à renvoyer le lecteur au volume signalé ci-dessus.

Et je ne parle ni de ses campagnes à Terre-Neuve, dont il chassa presque totalement les Anglais, ni des trois expéditions en Louisiane qui précédèrent sa mort à la Havane, où il fut terrassé par la fièvre jaune.

Il faut lire, dans l'ouvrage de M. P. Heinrich, le résumé des services rendus à la France par d'Iberville et ses dix frères, petits-fils d'un hôtelier de Dieppe qui fit souche de héros, pour comprendre quels prodiges accomplirent nos colons d'Amérique : les yeux se mouillent de larmes reconnaissantes en voyant tous ces enfants d'une même famille donner successivement leur santé ou leur vie pour l'honneur de la mère patrie. Non, ce ne sont pas les marins aventureux et braves qui ont jamais manqué dans notre pays, et pour un nom, pour un fait d'armes peu connu que je viens de citer, on en trouverait cent méritant aussi de vivre dans notre souvenir, patrimoine glorieux de notre France!

. . . .

La mer restera toujours la meilleure école d'énergie et de discipline. C'est à la mer que j'ai éprouvé les émotions les plus saines de ma vie, que j'ai senti le plus nettement la présence de Dieu, que je me suis rendu compte qu'au moment du danger les distinctions sociales s'effacent, et que celui qui veut commander doit s'en être montré le plus digne.

LA CHASSE A L'OURS

La chasse à l'ours, telle qu'elle est pratiquée maintenant en été, est le triomphe de la longue-vue et de la carabine de précision. Elle consiste à suivre avec le navire le bord des champs de glace, tandis qu'un homme, placé en vigie dans un tonneau en tête du mât, surveille avec soin la banquise. Ce tonneau se nomme le nid de pie ou de corbeau, et joue un grand rôle à bord de tous les navires polaires.

Lorsqu'une tache jaune, couleur caractéristique de l'ours

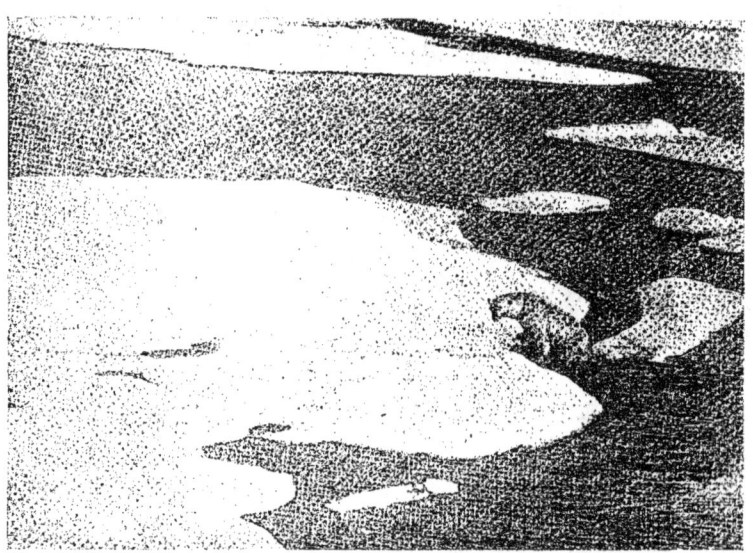

En général l'ours ne s'effraye pas de l'approche du navire.

sur la neige, attire l'attention du veilleur, il l'étudie à la longue-vue et peut ainsi, par les journées claires, reconnaître le gibier à quatre milles de distance.

En général, l'ours ne s'effraye pas de l'approche du navire, pourvu qu'il vienne à la voile ou que la machine fasse peu de bruit. J'ai souvent tué des ours à cinq cents mètres avec ma carabine Manlicher, et parfois je les ai tués du premier coup.

La venue de l'ours, lorsqu'il est attiré par l'odeur ou

simplement par la curiosité, est vraiment un intéressant spectacle. Ce magnifique animal, qui se sent maître incontesté de son empire, approche à pas lents, se dressant sur les pattes de derrière tous les dix mètres, en balançant

L'ours hissé à bord.

doucement la tête de côté et en portant le nez au vent de manière à bien fixer d'où vient l'odeur.

Parfois il se met debout sur un hummock pour dominer le chaos de glace qui l'entoure ; parfois il se tapit comme un chat derrière un bloc pendant quelques minutes, ne laissant passer que son large museau noir, sur lequel il ramène de temps en temps ses deux pattes de devant, comme s'il voulait cacher cette partie trop visible de sa personne.

Je me souviens qu'une nuit, pendant notre emprisonnement dans la banquise de la mer de Kara, trois ours vinrent rôder autour de la *Belgica*.

Dans la pénombre du soleil de minuit d'août, déjà rasant l'horizon, ces trois animaux prenaient des dimensions fantastiques. A part un craquement de loin en loin sur la glace, leurs pas ne produisaient aucun bruit, et c'était un spectacle à ravir une âme d'artiste que de voir ces spectres se glisser entre les hummocks et les flaques de dégel.

J'ai certainement eu plus de plaisir à les suivre ainsi des yeux pendant quelques minutes, qu'à les foudroyer ensuite tous les trois.

Quand les champs de glace sont peu étendus et épars, on cherche à effrayer l'animal, soit en débarquant des hommes pour faire une battue, soit simplement en approchant du bloc où il se trouve.

L'ours se jette alors à la mer. Dès cet instant il est perdu ; avec une embarcation on se met à sa poursuite, on le rejoint, et une balle à la tête achève le drame. Il n'y a pas à craindre de le perdre, puisque le cadavre des ours ne coule pas, à moins qu'il ne soit d'une maigreur exceptionnelle. Si l'animal se trouve sur un grand champ et que l'on cherche à l'approcher avec un canot, il prend immédiatement la fuite. On a quelquefois la chance qu'il coure le long du bord de la glace, et dans ce cas, s'il arrive à un cap formé par le champ, il se jette à la mer, et les rameurs le rejoignent facilement. Si, par contre, il s'enfuit vers l'intérieur de la glace côtière ou d'un grand floc, il n'y a aucune chance de le reprendre.

Les ours chargent et attaquent l'homme en hiver, ce n'est pas douteux; mais en été je n'ai jamais vu qu'une fois un ours charger vraiment les chasseurs, et c'est parce qu'il avait été blessé la veille d'une balle dans le ventre qui l'empêchait de s'enfuir.

LE BARON HULOT

Entre les explorateurs qui affrontent des régions qui étaient encore insoupçonnées et les voyageurs qui promènent leur sagacité savante dans les pays physiquement connus, le baron Hulot tient une place spéciale. Ses connaissances sont plus étendues que celles de l'explorateur qui se confine à un but nettement défini; ses itinéraires sont plus hardis que ceux du voyageur qui flâne avec son bagage philosophique, littéraire ou artistique.

Ancien élève de l'École des sciences politiques, il s'attache partout aux questions les plus diverses : l'âme des populations, leur histoire, leur religion, leur littérature; le sol, le sous-sol, le climat. Passé, présent et avenir, il fait défiler devant nos yeux tout ce qui constitue la vie sur le théâtre qu'il a choisi.

Mais il ne se contente pas des sites et des êtres que les steamers et les chemins de fer mettent à la portée des autres voyageurs. Au Canada, par exemple, il entreprend, pour visiter la tribu indienne des Montagnais, une très pénible et longue excursion au lac Saint-Jean, que nos contemporains d'Europe n'ont jamais vu. Dans le nord des

États-Unis, il agit de même, en voyageur intrépide, dédaigneux de tout confort et de toute prudence.

Et quel guide agréable à suivre, à travers les forêts du nouveau monde, les grands lacs, la prairie, même lorsqu'il les franchit en wagon ou en bateau! La nuit, il soulève le rideau de sa couchette, et les paysages de neige ou aquatiques nous apparaissent successivement dans toutes leurs variétés. Le jour, il nous conduit sur son cheval, ou dans une carriole étrange, vers quelques campements d'indigènes ou dans les *corrals* des cow-boys, toujours à l'affût d'une curiosité, toujours plein de joyeuse humeur.

LE CHAR [1]

Les charretiers nous transporteront jusqu'aux dernières limites de la colonisation et les franchiront pour atteindre le campement des sauvages montagnais.

Le « charretier », qu'est-ce que cela [2]? — C'est un cocher. Le cheval prend le titre de « trotteur », et la voiture s'appelle un « char ». On « embarque » et l'on « débarque », ce qui n'est pas sans analogie avec le « comment naviguez-vous? » des Flamands.

Bêtes et gens nous conviennent à ravir, mais le char ne se recommande que par son originalité. Figurez-vous une planche de deux mètres de long, mince et flexible, clouée sur les essieux de deux paires de roues; un brancard pour le trotteur, un tabouret en avant pour le charretier, un

---

[1] *De l'Atlantique au Pacifique*, par le baron E. Hulot. In-12, chez Plon-Nourrit et Cie, éditeurs.
[2] Au Canada on se sert des vieux termes français, qui ont disparu de notre langue.

autre au milieu pour les voyageurs, et vous aurez une idée fort complète du véhicule chargé de nous mener « contre vents et marées » pendant quatre jours. Sur votre siège rudimentaire, un client pourrait s'asseoir à la rigueur; mais à deux nous l'envahissons, chacun débordant de son côté et s'y cramponnant de toutes les forces de ses poignets.

La carriole de Paul S... et de Gustave D... précède la nôtre et manœuvre de bâbord à tribord, sautant au moindre choc. La vigueur de l'attaque trouve un instant cette paire d'amis sans défense; ils perdent le contact du tabouret, puis se raccrochent comme ils peuvent, à grand renfort de rétablissements. C'est une véritable séance de voltige fantaisiste. Tandis que D... et moi nous jouissons du coup d'œil, notre planche fléchit, et, rebondissant comme un ressort, elle nous projette tous deux sur le dos du cocher. Nous devenons sérieux. Luttant à notre tour contre les cahots de la route, nous parvenons à nous maintenir dans notre panier à salade. Mais voilà du nouveau. Le chemin que nous suivons, bordé de profondes ornières, descend à pic le long d'un ravin. Bien entendu, pas de frein à nos chars. Nos chevaux, sans attendre le moindre signal, partent au train de charge sur cette pente incroyable, pour escalader à la même allure, sans doute en vertu de la vitesse acquise, le mamelon qui se dresse devant nous. Dans ce pays ignoré de l'administration des ponts et chaussées, les plis de terrain se succèdent, et le même manège se répète indéfiniment. Nos bêtes sont à la hauteur de la situation, et nous-mêmes, imitant les charretiers, nous évitons les chutes par des mouvements savamment combinés.

LES COW-BOYS

Quatre heures sonnent, et nous descendons à la station de Médora, dans la prairie. Dominant un mamelon, se détache un élégant chalet, celui du marquis de M... et de sa famille. Deux cents hommes sont occupés dans ses *ranchs* et les abattoirs. Des *cow-boys* vont et viennent du côté d'un bar, et souvent ils annoncent leur arrivée en brûlant une cartouche; c'est leur manière d'appeler le garçon.

Avec son feutre gris à larges bords, sa chemise de cuir brodé sur le plastron, avec son pantalon de peau de buffle dont les franges pendent sur le côté, avec ses éperons colossaux destinés à éventrer les chevaux, avec sa carabine en sautoir et les deux revolvers imposants qu'il s'attache à la taille, le *cow-boy* fait l'effet d'un arsenal vivant. Cavalier incomparable, il passe son existence à chevaucher dans la savane et à chercher noise à l'Indien.

Douze ou quinze hommes de cette trempe suffisent pour garder trois mille bœufs. Il faut les voir, emboîtés dans leurs selles mexicaines fortement relevées, les pieds plongés dans le sabot de cuir ou de bois qui leur sert d'étrier. Le cheval comprend son maître à la parole, et la plupart du temps l'écuyer dédaigne l'emploi des aides. Le mors, souvent en argent massif, est un instrument de supplice qui abîme la bouche du patient. Le *cow-boy* ne le prend que pour parader dans les villes. Dans la prairie, il conduit son cheval à l'aide d'un nœud coulant qu'il lui passe sur le nez.

Du lever au coucher du soleil, le petit peloton surveille les milliers de bœufs placés sous sa garde. Il poursuit les fugitifs, leur jette le lazzo et les réduit à l'impuissance.

Campement de cow-boys.

Quand une panique affole le troupeau, les cavaliers se dispersent et chargent séparément sur les meneurs, au risque de se faire encorner. Le soir, on allume un grand feu, et le marmiton de la bande confectionne un brouet qui jadis aurait écœuré le plus audacieux des Lacédémoniens. Après le repas, on s'étend sur la dure. Le lendemain, cette vie

Quand une panique affole le troupeau, les cavaliers se dispersent et chargent séparément sur les meneurs.

active, fatigante, dangereuse, recommence, et tous les jours, hiver comme été, elle se répète, entrecoupée seulement par des courses à la ville voisine, quand la paye est touchée.

Alors les *cow-boys* se retrouvent. Ils ont gagné cinquante dollars par mois à leur rude métier. Maintenant ils s'attablent, jouent tout ce qu'ils possèdent et boivent du wisky. Les désaccords surviennent, et parfois le revolver coupe court à la discussion.

Vivant de la vie sauvage, le gardien de bestiaux prend les habitudes du sauvage. Comme le Peau-Rouge, il est insoumis et fait peu de cas de l'existence; comme lui, il observe scrupuleusement les lois de l'hospitalité. Un touriste présenté par un *cow-boy* à ses compagnons devient un hôte qu'il s'agit de recevoir dignement. Il y a de la chevalerie dans ses procédés à la fois délicats et barbares : on sent l'homme primitif et l'homme civilisé.

Ce brigand-gentleman est ami du luxe. Personne ne dépense plus que lui pour s'équiper et se vêtir. Ses armes sortent des meilleures fabriques. Le harnachement de son cheval n'a pas de prix. Il paye son chapeau quatre-vingts ou cent francs, sa chemise le double, et ses vêtements quatre fois ce que coûtent les nôtres.

Un dernier trait qui distingue le *cow-boy*, c'est son origine. Il arrive de tous les pays; il appartient à toutes les classes de la société. Pâtres, cultivateurs, commerçants, bourgeois, fils de famille trouvent place dans la grande confrérie du Far-West. Les joueurs malheureux et les prodigues mis au vert fournissent une bonne part du contingent.

Nous passons la soirée avec un Hollandais qui entre de plein droit dans cette dernière catégorie. Très épris de Paris, il a mené la grande vie dans nos cercles et sur nos boulevards. Un jour, son porte-monnaie, consulté, lui refusa tout service. Le citadin traversa l'Atlantique et vint dans l'Ouest en qualité de *cow-boy*. Trois ans se sont écoulés; le gardien de bestiaux est devenu propriétaire d'un *ranch*. Il a cent chevaux, valant en moyenne cent dollars chacun. Peu à peu les blessures faites à la bourse se cicatrisent, et le troupeau s'arrondit. « Je donnerais dix ans de ma vie, nous dit-il, pour assister une fois encore au retour du Grand-Prix. » L'ex-viveur reste abonné au *Journal amusant* et à la *Vie parisienne ;* tous les huit jours il fait quarante kilomètres pour aller chercher ses journaux.

Le marquis de M... nous fait très aimablement les honneurs de son domaine et téléphone à Mme de M..., qui voudra bien nous recevoir.

Le jeune ménage habite depuis 1883[1] ce pays perdu. Le canton lui appartient, et ses *ranchs* peuvent se promener sur un espace illimité. Avant M. de M..., personne n'avait eu l'idée d'abattre sur place et d'expédier directement la viande sur les marchés américains. Les années que le marquis a passé à Saint-Cyr et à Saumur l'avaient rompu aux fatigues. Il couche au besoin dans la savane et passe ses journées à cheval pour surveiller ses employés.

Cette existence mouvementée n'est pas sans danger. Dans une de ses tournées, il faillit perdre la vie. Trois *cowboys* avaient juré de se débarrasser de lui. Les malfaiteurs cernèrent M. de M... près de Little-Missouri et le reçurent à coups de fusil. Il riposta, blessa le premier agresseur, tandis que son compagnon fidèle brisa d'une balle le crâne du deuxième. La partie était gagnée.

[1] Ceci était écrit en 1887.

LOUIS GENTIL

M. Louis Gentil est un professeur de Faculté que le marquis de Segonzac a chargé des recherches scientifiques pendant ses missions au Maroc. On sait que pour voyager sans une forte escorte militaire dans notre nouveau protectorat, la première condition est de cacher sa qualité d'Européen. L'admirable vicomte de Foucauld, l'explorateur savant et intrépide que M. Étienne a appelé « le grand Foucauld », s'était travesti en israélite; Segonzac se dissimulait en modeste Arabe dans la caravane d'un chérif. Grâce à sa connaissance parfaite de la langue arabe, M. Gentil s'est aussi transformé en indigène, et il a zigzagué dans les régions les plus tourmentées et les moins connues de l'Atlas, presque seul, et souvent en piéton, sac au dos. Bravant les plus grands dangers parmi les tribus anarchiques, il est parvenu avec des peines infinies à recueillir une quantité considérable de renseignements de toutes sortes. Le récit de son voyage, qu'il traite de modeste journal de route, est en effet fort simplement écrit; mais c'est un modèle de simplicité, que peu d'auteurs savent atteindre. Elle ajoute un charme tout particulier aux descriptions et aux narrations de cette exploration, si intéressante dans ses moindres détails. Nous en extrayons l'opinion bien fondée de l'écrivain sur le caractère des Arabes du Maroc, si mal connu, même aujourd'hui.

LE CARACTÈRE DES MAROCAINS [1]

Bien que je me sois astreint, dans les pages qui vont suivre, à ne rien conclure de mes observations au point de vue de la sociologie musulmane, je demanderai la permission de me départir un instant, en faveur du caractère des Marocains, de la règle rigoureuse que je me suis imposée.

J'ai rapporté de mes voyages dans le pays du Moghreb le meilleur souvenir de ses habitants.

Ma surprise a été grande, je l'avoue, lorsque je me suis trouvé en face de ces musulmans, de rencontrer chez eux, d'une manière générale, des sentiments de générosité et de reconnaissance auxquels je ne pouvais m'attendre.

Durant plusieurs années, en effet, j'ai fréquenté la frontière en Algérie; j'y ai été peu à peu habitué au spectre de la férocité des Marocains, et les méfaits commis sur notre territoire, par des bandits dont les crimes demeuraient presque toujours impunis, confirmaient, à mes yeux, la prétendue impénétrabilité de leur pays.

Sans doute le brigandage existe un peu partout; mais il ne faut pas oublier que le Maroc est avant tout le pays de l'anarchie, et l'on peut s'étonner que les crimes n'y soient pas plus nombreux. Je crois, pour ma part, qu'il serait à donner comme exemple de calme à l'un ou l'autre de nos

[1] *Dans le Bled es Siba*, par Louis Gentil. (Masson et Cie, éditeurs, Paris.)

pays civilisés que l'on abandonnerait seulement pendant vingt-quatre heures à une anarchie aussi complète. Dans mon jugement, je n'implique cependant pas les gens du makhzen, dont la mentalité est toute spéciale.

Comme l'ont remarqué de précédents explorateurs, les

Porte de Fez.

Marocains ont l'horreur du « roumi », non par fanatisme, mais parce qu'ils voient en lui l'usurpateur.

De là la difficulté de pénétrer dans le pays, parce que l'Européen qui ose s'y hasarder s'expose à être pris pour un espion et traité comme tel. Mais je crois qu'il serait possible d'y circuler librement et d'y faire des observations de toutes sortes, à la condition d'inspirer à ces braves gens une certaine confiance et d'opposer à leurs protestations le calme et la douceur.

Je n'en veux comme preuves que le respect dont se trouve entouré M. Gaston Buchet dans les tribus du Maroc septentrional, pourtant réputées pour leurs actes de brigandages, et aussi certaines émotions éprouvées au cours de mes voyages.

N'ai-je pas vu, dans le Sous, des gens qui, après avoir harcelé mes hommes de questions insolentes, — parce que j'avais été trahi et qu'ils ne voulaient pas de roumis chez eux, — exprimaient ensuite des regrets pour l'offense qu'ils m'avaient faite en me soupçonnant ainsi?

Dans les Aït-Tameldou, le bon Abdallah ne m'a-t-il pas donné des gages de son amitié, parce que je lui étais sympathique et que je m'étais montré généreux, moi pauvre hère, qui lui avais laissé en cadeau un bol de quelques sous, notre unique ustensile de cuisine?

Je citerai encore, en faveur du caractère des Marocains, ce trait qui le dépeint.

J'ai été, dans mon voyage dans le Sous, accompagné par trois hommes. Deux d'entre eux savaient fort bien qui j'étais, car je les avais engagés à Mogador, où ils m'avaient connu sous le costume européen; j'avais fait la connaissance du troisième, fortuitement, sur ma route. Ce dernier ne pouvait se méprendre sur mon origine à la nature de mes occupations; mais il n'en disait rien, faisant même semblant de ne pas comprendre. A notre retour, au moment de nous séparer, je voulus savoir ce qu'il pensait de moi : « Je ne crois pas que tu sois musulman, me dit-il, parce que je ne connais pas de musulman qui puisse se donner autant de mal dans l'unique but de s'instruire; mais j'ai vu que tu étais bon avec moi, avec mes coreligionnaires; je ne me souviendrai que de cela et te considérerai dans l'avenir comme le meilleur ami. » Que pensera-t-on de mon fidèle Ibrahim? Le récit de mon dernier voyage est rempli de

Tanger. — La grande mosquée.

témoignages éclatants de son dévouement; mais, parmi les actes de générosité de cet homme, il en est un qui mérite d'être souligné.

Nous revenions du Djebel-Siroua, très fatigués par des marches ininterrompues et aussi par le manque de nourriture. Pour comble de malheur, nous n'avions pu nous procurer, en entrant en pays makhzen, que quelques œufs durs qu'on se partagea le soir. Le lendemain matin, mon dévoué compagnon vint me dire timidement : « Mange, car tu es fatigué. J'ai pensé hier soir que tu ne pourrais pas arriver à Marrakech; alors je t'ai gardé mon dîner... »

Je pourrais ainsi multiplier les exemples de reconnaissance et de générosité des Marocains.

Aussi ai-je éprouvé un réel plaisir lorsque j'ai recueilli, de la bouche même du chef du sud de l'Atlas, l'aveu spontané de la réputation de bonté et de désintéressement de la France à l'égard des musulmans du nord de l'Afrique. J'ai entendu également exprimer le désir de voir les Français mettre un peu d'ordre et entretenir des relations amicales dans ces pays de l'anti-Atlas, demeurés jusqu'ici entièrement fermés. J'avoue avoir ressenti, ce jour-là, à Tikirt, une bien douce émotion, parce que les hommes qui parlaient ainsi sont, de tout le Maroc, les plus indépendants peut-être, et que, par suite, leur témoignage est empreint de la plus absolue sincérité.

Je me suis alors demandé, non sans un certain sentiment de fierté, laquelle des nations appelées à prendre part à la grande discussion qui va s'ouvrir[1] pourrait apporter, comme la France, d'aussi légitimes revendications morales sur un pays dont les habitants accepteraient de s'unir à leurs frères d'Algérie!

. . . .

La suite de mes voyages a pleinement justifié ma résolution de prendre le costume arabe.

[1] Écrit en 1905.

Je me fais une idée, après les diverses péripéties de mes explorations, de l'émotion que j'aurais fréquemment soulevée autour de moi, notamment au sud de l'Atlas, dans le Sous et dans la région du Djebel-Siroua, si je m'étais présenté avec des vêtements européens. Il m'aurait fallu, pour avancer, une escorte non seulement nombreuse,

Types marocains, près de Mazagan. (Phot. Rudolf Hedrich.)

mais encore conduite par un chef ayant beaucoup d'autorité dans le pays même que j'allais traverser.

Après mes voyages dans le sud marocain, je ne me fais aucune illusion sur la possibilité de passer longtemps pour un musulman; on est tôt ou tard démasqué.

Ce n'est pas qu'on ne puisse être pris momentanément par les indigènes pour un coreligionnaire, car on peut arriver à s'adapter suffisamment à leurs habitudes; d'ailleurs, on a toujours la ressource de se retrancher derrière sa qualité d'étranger. Mais pour ne jamais se trahir, il faudrait ne rien faire. Prendre des notes, questionner le long de sa route et chez son hôte, le soir, voilà qui suffit au voyageur pour révéler sa qualité de roumi; car le musulman ne s'instruit pas en s'informant, il ne s'inquiète pas, sur son chemin, du nom des rivières qu'il traverse, des villages qu'il aperçoit, des montagnes qu'il contourne.

Il est cependant possible d'être pris pour un frère en ne stationnant que peu de temps au même endroit.

L'ABBÉ HERMELINE

Nous avons vu que, sans sortir d'Europe, du bassin de la Méditerranée, un voyageur peut rapporter des impressions et des réflexions qui intéressent ses lecteurs au plus haut degré. M. l'abbé Hermeline arrive au même résultat, sans le secours des pittoresques costumes levantins, arabes, balkaniques ou autres. D'une longue et savante excursion en Angleterre, il a réuni des pages très captivantes, où il a marqué chaque ligne de son empreinte très personnelle.

Entre autres exemples, nous citerons sa visite à l'une des petites cités les plus prosaïques de la moderne Albion, la ville de Stratford sur l'Avon. Mais cette cité est celle où Shakespeare vit le jour, passa sa jeunesse et revint mourir après les triomphes de Londres. Alors le prêtre touriste oublie la banalité du wagon qui le transporta dans le comté de Warwick et de l'hôtel où il rédige ce qui émeut sa pensée évocatrice. Et il nous promène, non plus par monts et par vaux, mais à travers l'âme du grand dramaturge anglais, qui réfléchit comme un miroir toute la nature en ses trois règnes. Suivons-le en ce pèlerinage recueilli, qui n'est pas seulement celui des Anglais, mais de toute humanité qui sait penser et peut sentir.

LE BERCEAU DE SHAKESPEARE [1]

C'est toujours un plaisir de retrouver le caractère d'un écrivain dans le pays où il a grandi, d'établir un parallèle entre son génie et le paysage, de dire : Tel pays, tel poète.

Si Shakespeare était né dans une région tourmentée comme les Alpes, nous ne manquerions pas de dire que le sublime, l'étrange, le merveilleux entrait à chaque instant par toutes les portes de sa jeune âme, qu'il y a tel rapport entre telle cime abîmée par le tonnerre et le roi Lear, entre ces nuages lumineux et mobiles accrochés aux escarpements et Hamlet, entre telle vallée claire, humide, fraîche et *Comme il vous plaira*.

Shakespeare, au contraire, est né à Stratford sur l'Avon, dans un paysage extrêmement tranquille. Une large vallée bien arrosée, des prés verts, une rivière fort paisible, des collines basses qui marquent la vallée plutôt qu'elles ne l'enferment, voilà dans quel environnement s'est développée la plus riche des imaginations. C'est évidemment que les impressions extérieures ne sont pas tout dans la formation d'une âme, qu'il y a un principe intime, cette chose inexplicable qui résiste à toute analyse, qui rend vain tout essai de critique rigoureusement scientifique : l'individualité.

La tranquille petite ville de Stratford vit tout entière du

---

[1] *Promenades en Angleterre,* par l'abbé Hermeline. (Gr. in 8°, maison Mame et fils, Tours.)

souvenir de son illustre enfant. Le culte de sa mémoire, à peu près nul au xviie siècle, s'est développé dans la période suivante, et encore plus à partir du romantisme, pour aller en augmentant toujours. Les pèlerins affluent d'Angleterre, d'Amérique et d'Allemagne, beaucoup moins de France. Le commerce local s'est naturellement emparé de cette bonne aubaine : Que serions-nous, disait un habi-

Stratford. — La rivière Avon.

tant de Stratford, si William Shakespeare n'avait pas eu la bonne idée de naître ici? Et, en effet, tout ce qui peut se vendre à des étrangers se recommande, d'une manière ou d'une autre, du nom de Shakespeare. Il y a un hôtel de Shakespeare, qui utilise d'ailleurs une vieille et pittoresque maison contemporaine du poète, les *Cinq Pignons*. Chacune des chambres a un nom, et ce nom est le titre d'une pièce de Shakespeare. On m'y a logé chez Timon d'Athènes, le misanthrope. Il y a même un marchand de cartes postales qui a trouvé comme réclame une citation merveilleuse, et qui a bravement inscrit cette phrase à son enseigne : *N'est-ce pas moi qui ai ici les meilleures cartes?* (*Le Roi Jean,* acte V, sc. ii, v. 105.)

Laissons les marchands gagner leur argent comme ils peuvent, et commençons le pèlerinage traditionnel.

A chaque pas qu'on fait dans les rues de Stratford, des souvenirs se lèvent. Allons tout de suite dans *Henley Street,* à la maison natale du poète. Elle est dans l'ensemble la même que de son temps, malgré les modifications de détail qu'elle a dû subir bien des fois avant de devenir propriété nationale. C'est une de ces vieilles bâtisses solides, faites de poutres entrecroisées et fortement encastrées les unes dans les autres, avec de la maçonnerie pour remplir les intervalles, système de construction qui ne résiste pas seulement au temps, mais aussi aux restaurations, parce qu'il offre un cadre persistant auquel viennent s'adapter les changements que les divers propriétaires introduisent. Elle comprend deux parties, comme deux maisons juxtaposées : là Jean Shakespeare exerçait son métier de gantier, auquel il paraît avoir joint le commerce de la laine et de divers objets de cuir, et là sans doute le jeune William son fils est venu regarder, avec le grand air étonné des bébés, les clients et les marchandises. L'autre servait d'habitation à la famille. Les poutres principales, les pierres du dallage, les grandes cheminées sont encore celles du xvie siècle. Au premier étage, une chambre donne sur la rue, qu'elle domine par une large fenêtre à petits losanges. C'est là, d'après la tradition, que naquit William Shakespeare, un peu avant le 26 avril 1564. C'est là que sans doute il fut bercé, lorsqu'il criait, dans un de ces berceaux bas, posés presque immédiatement sur le sol, dont on usait alors; là peut-être que sa mère lui chantait, pour l'endormir, quelques-unes de ces vieilles ballades dont on trouve des fragments dans ses drames, la *romance du Saule*, par exemple.

Aujourd'hui l'entretien de la maison est aux mains d'une société qui l'a remise, autant que possible, en l'état primitif, qui paye des gardiens, un par chambre, pour instruire et surveiller les visiteurs dont le flot ne tarit pas toute la journée, et qui a installé dans l'ancienne boutique une bibliothèque et un musée shakespearien. De vieux actes authentiques concernant la famille, d'autres en fac-similé; les plus anciennes éditions, en particulier le célèbre in-folio de 1623, où les amis du poète défunt donnèrent pour la première fois ses œuvres dramatiques au complet; les commentaires les plus importants : voilà ce qui remplace le cuir et la laine du gantier de Stratford.

Ce qu'il y a de plus changé, c'est le jardin, où l'on cultive actuellement toutes les fleurs et toutes les plantes nommées dans les œuvres de Shakespeare. De son temps, ce coin de terrain était beaucoup moins poétique : c'était une basse-cour avec des immondices, des fumiers, et probablement des porcheries qui exhalaient un tout autre parfum que celui de la violette et du jasmin. On n'était pas difficile à cette époque. La rue elle-même était encombrée d'ordures : on devait seulement les enlever quand il y en avait trop, et cette ordonnance n'était pas toujours observée, car le père de Shakespeare eut à payer une amende de douze pence pour avoir amassé devant sa porte un monceau qui dépassait la mesure.

Cet homme, qui était un illettré et qui, pas plus que

sa femme, ne savait signer son nom, envoya pourtant son jeune fils à l'école de la ville. Non seulement le bâtiment de cette école subsiste toujours, mais il sert encore aux mêmes usages, et de jeunes Stratfordiens usent les bancs dans le même local où le jeune William a dû faire des niches à son maître d'école jadis.

Au centre de la ville, on voit une chapelle gothique à laquelle est accolée une rangée de maisons en charpente dont le style accuse le xve ou le xvie siècle. Cette chapelle, c'est la chapelle municipale, *Guild Chapel*. La première de ces maisons, c'est l'ancien hôtel de ville; les autres sont des *almshouses*, de ces maisons de charité auxquelles sont attachées des fondations et où vivent des pauvres choisis par la paroisse. L'hôtel de ville comprend deux grandes salles, une au rez-de-chaussée : c'était la salle municipale; l'autre au premier : c'était et c'est encore l'école. C'est probablement dans la salle municipale ou Guildhall que Shakespeare a eu sa première révélation du théâtre. Des troupes de comédiens ambulants couraient alors de ville en ville. Souvent, — car on avait un goût très vif de ces représentations, et il se propageait dans tout le pays une ardente fermentation dramatique qui préparait la grande période, — le maire d'une cité les arrêtait et les priait de jouer à ses frais à l'hôtel de ville : les spectateurs étaient admis gratuitement; puis les acteurs, le public une fois amorcé, donnaient des représentations payantes.

On a la preuve qu'il est venu de ces troupes à Stratford et qu'elles ont joué devant le conseil municipal et à ses frais. Le petit Shakespeare y était-il? C'est vraisemblable; car on y menait les enfants, et un contemporain raconte comment il assista tout jeune à une pièce, debout entre les jambes de son père.

Je me figure donc sans trop de peine, dans cette vieille salle aux poutres noircies, mais jadis décorée de peintures dont il reste des traces, l'estrade du fond, les acteurs et leurs costumes extravagants, les habitants de Stratford en rangs pressés, avec, dans les yeux, cette curiosité intense qui est le fait des auditoires simples; au premier rang, les citoyens de marque, graves, importants; parmi eux Jean Shakespeare, alors revêtu d'une dignité municipale, et entre ou sur ses genoux un bambin remuant, au regard éveillé, qui s'émerveille du spectacle étrange et en suit avidement toutes les péripéties : celui qui devait ébranler la scène un jour sous son cothurne tragique.

C'était encore le répertoire du moyen âge qu'on jouait alors, des mystères et des moralités, et c'est bien ce théâtre qui se continue par celui de Shakespeare, qui, malgré quelques influences classiques sensibles dans son œuvre, procède beaucoup moins de la Grèce et de Rome que du système original créé de toutes pièces au moyen âge par les nations chrétiennes de l'Occident.

L'école ou *grammaschool* était plutôt ce que nous appellerions un collège qu'une école primaire. On y enseignait les langues anciennes. D'ailleurs, les maîtres d'école à cette époque, même à la campagne, savaient le latin et l'enseignaient au moins à quelques élèves. Quand Shakespeare se rendait de la maison paternelle à l'école pour venir, devant ce redoutable pupitre de bois noir, réciter en latin sa leçon de grammaire, s'avançait-il de cette allure qu'un de ses personnages prête à l'écolier « pleurard, qui, chargé de son sac et la figure luisante du débarbouillage matinal, se traîne comme un colimaçon avec répugnance jusqu'à l'école » ? Ce n'était guère à sa manière ; il devait être vif en tout, et sa facilité était prodigieuse. L'écrivain qui plus tard écrivait ses drames sans jamais raturer une ligne, devait, écolier, ne faire qu'une bouchée de ses leçons et aussi de ses devoirs, s'il y en avait de ce temps-là ; et je le soupçonne d'avoir fait quelquefois ceux des autres, car il était d'un naturel aimable et complaisant.

Il s'est souvenu dans son théâtre de son rudiment latin, comme Molière de son Despautère. Shakespeare n'alla pas d'ailleurs bien avant dans la connaissance de l'antiquité ; il savait « peu de latin et moins de grec ». Quant au français, il en sut aussi plus tard, mais peu également : il ne dut point l'apprendre sur les bancs de l'école paroissiale, mais en attraper des bribes au milieu du monde brillant et mêlé de Londres.

S'il a fait des études très incomplètes et tronquées, ce n'est pas que Shakespeare ait été mauvais élève ; mais c'est que son père, à la suite de pertes d'argent, le retira tout jeune encore de l'école et en fit un apprenti boucher. On se figure difficilement le futur auteur d'*Hamlet* avec un tablier souillé de sang et un grand couteau à la main ; mais il paraît que quand il tuait un veau, c'était en grand style et en prononçant un discours.

A partir de ce moment, l'apprenti boucher disparaît dans l'oubli jusqu'à son mariage.

Voilà donc Shakespeare établi, destiné à exercer toute sa vie un métier manuel, et très probablement ne songeant pas lui-même à autre chose. Un incident va le jeter hors de cette vie paisible.

Il braconnait dans le domaine de Charlecote. Le châtelain,

qui était, selon la coutume anglaise, en même temps juge de paix, le condamna, d'aucuns disent, à être fouetté. Il s'en vengea par une chanson qui fut peut-être sa première œuvre poétique. Mais le châtelain était puissant, et bientôt William, marié depuis trois ans et père de trois enfants, fut obligé de laisser tout son monde là et de se sauver à Londres.

Stratford-sur-Avon. — Une rue.

Sans cette aventure de braconnage, serait-il jamais entré dans la carrière dramatique?

Il y débute en tenant, à la porte des théâtres, les chevaux des gentilshommes qui assistaient au spectacle. Bientôt il avait formé une brigade de jeunes garçons dont il était le patron, qui tenaient les chevaux pour son compte et qui abordaient le client en disant : « Je suis un des garçons de M. Shakespeare. » Si cette anecdote est vraie, elle dénote déjà cet esprit pratique, qui succéda chez Shakespeare aux escapades de la première jeunesse, qui s'alliait chez lui à la fantaisie la plus riche et qui formait probablement, dans le cours ordinaire de la vie, le fond de son caractère.

Pour en convaincre mon lecteur, je le ramène maintenant au centre même de Stratford, en face de la chapelle municipale. De l'autre côté de la rue, — propre et coquette maintenant, mais qui au xvie siècle était plutôt un égout qu'une rue, ce qui d'ailleurs ne la distinguait pas beaucoup des autres, avec au centre un ruisseau assez fort pour faire tourner un moulin, — une grille permet d'apercevoir dans un jardin un puits et quelques fondations : c'est tout ce qui reste de la maison où Shakespeare a terminé sa vie.

On appelait cette maison *New-Place*, la maison neuve, ou encore la grande maison, ce qui indique qu'il y en avait peu d'aussi belles dans la ville. Elle avait été bâtie par un chevalier, puis achevée et restaurée par le poète ; il avait planté dans le jardin un mûrier, le premier qu'on eût vu à Stratford. La maison, dans l'âge suivant, fut remplacée par une autre : le mûrier restait toujours et attirait beaucoup de visiteurs. Au xviiie siècle, le révérend Gastrell, qui avait acheté la propriété, coupa le mûrier, certains disent parce que les visites le dérangeaient, d'autres parce que les branches pendantes donnaient de l'ombre à ses fenêtres et de l'humidité à ses chambres. Les gamins de la ville, pour la peine, lui brisèrent ses vitres à coups de pierres. Un peu plus tard il n'y avait plus ni vitres, ni fenêtres, ni maison : car le révérend avait tout fait démolir lui-même.

Mais il nous suffit de savoir que c'est là que Shakespeare s'est retiré à l'âge de cinquante ans, sa fortune faite, dans une maison presque digne d'un noble, puisque c'était un chevalier qui se l'était fait construire.

Car c'était un excellent homme d'affaires que ce poète, et il a, comme quelques autres d'ailleurs, fait mentir l'opinion commune qui allie la poésie à l'imprévoyance et à la pauvreté. Ses pièces lui rapportaient peu ; son métier d'acteur, un peu plus ; mais c'est surtout comme capitaliste qu'il s'est enrichi. Il savait placer son argent. Il était actionnaire des théâtres de Londres, alors très florissants, et qu'il contribuait à rendre prospères ; et l'argent qui lui venait de là, il l'employait à acheter des maisons dans la capitale et des terres dans son pays.

Stratford-sur-Avon. — Le théâtre de Shakespeare.

En même temps donc qu'il parcourait à pas de géant l'immense domaine de la poésie dramatique, qu'il s'envolait dans les régions aériennes de la comédie fantastique, qu'il approfondissait dans ses tragédies les abîmes de l'âme humaine, faisait frissonner les spectateurs avec Hamlet ou Macbeth, les secouait de rire avec Falstaff, ressuscitait tout le fracas héroïque des guerres d'Angleterre, le poète arrondissait avec un soin prudent son avoir. Et ce qui fait croire que c'était là son principal but dans l'emploi de ses merveilleuses facultés, c'est que quand il jugea qu'il en avait assez, en pleine possession de son génie, il acheta une belle maison dans son pays, la fit restaurer à son goût, puis dit adieu à la scène et à Londres, revint chez lui et se disposa à vivre de ses rentes et à être quelqu'un chez lui.

Il n'avait nul souci de la gloire littéraire : il n'employa point les deux ans qu'il vécut encore à publier ses œuvres, et des amis durent s'en charger après sa mort. Ses deux poèmes *Vénus et Adonis* et *Lucrèce* avaient paru avec son nom, probablement avec sa permission; c'était tout. Ceux de ses drames qui furent livrés à l'impression de son vivant l'avaient été sans son aveu, souvent par des gens qui prenaient des notes à la représentation. Sans doute il avait tellement fait le tour de toutes choses, qu'il ne croyait pas qu'on dût se donner de la peine pour conquérir la bonne opinion des hommes.

L'avantage d'une fortune suffisante est de nous assurer l'indépendance. Une fois l'indépendance certaine, à quoi bon se tourmenter pour acquérir la gloire? Pourquoi ne pas jouir avec ses amis, dans une société agréable et au sein de sa famille, du fruit de son travail? Ce dut être son raisonnement. A vrai dire, c'est l'idéal du bourgeois retiré, et cela nous met loin de l'attitude conventionnelle du poète.

La nature tient une grande place dans la poésie de Shakespeare, et c'est ici qu'il l'a premièrement aimée, qu'il a vu « un matin splendide baiser de ses lèvres d'or les vertes prairies, changer, par une alchimie céleste, en or les rivières pâles[1] », qu'il a vu « les rayons de la lune dormir paisiblement sur la rive », quand « le vent embaumé baisait tout doucement les arbres qui ne faisaient point de bruit[2] ». C'est dans ces prairies qu'il a cueilli ces fleurs énumérées

---

[1] Sonnet XXIII.
[2] *Marchand de Venise*, acte IV, sc. III.

par Ophélie dans *Hamlet,* ou par Perdita dans le *Conte d'hiver,* « les narcisses qui paraissent avant que l'hirondelle ose se montrer et enchantent les vents de mars par leur beauté, les violettes sombres, mais plus parfumées que les paupières des yeux de Junon ou que l'haleine de Cythérée, les pâles primevères et les coucous effrontés, la chaude lavande, la menthe, la sariette, la marjolaine, le souci qui se met au lit en même temps que le soleil et se lève avec lui baigné de larmes[1]. » Cet homme qui doit si peu aux livres, encore qu'il leur ait pris le sujet de ses pièces, avait lu à loisir ce que Descartes appelle le grand livre du monde, mais lu dans un double sens, du monde des hommes et du monde de la nature. Les hommes, ce dut être à Londres surtout qu'il les pénétra et les étudia, dans ce milieu remuant, où, du haut en bas de l'échelle sociale, s'agitaient tant de passions et se déployaient tant de ridicules ; mais le monde des animaux, des arbres, des plantes, des fleurs, des eaux fugitives, des nuages changeants, du ciel et des pièces féeriques qu'y joue la lumière, c'est surtout à Stratford qu'il entra dans son âme et colora d'images délicates ou grandioses ses pensées et ses sentiments. Les tournées en province avec des troupes ambulantes ravivaient le sens de la beauté des choses. Mais, en cette matière, quelles impressions sont comparables à celles de la première jeunesse ?

Tandis qu'au soir, assis au bord de l'eau, je regarde les cygnes qui, dans leur glissement silencieux, en plissent la surface de deux rides divergentes, je tâche d'évoquer Shakespeare et, d'après les bribes des traditions qui sont

---

[1] *Conte d'hiver,* acte IV, sc. III.

venues jusqu'à nous, de me le représenter tel qu'il dut être aux deux périodes de sa vie qu'il vécut ici. Je me le figure écolier brillant et turbulent, sympathique aux autres, capable de mener une bande de compagnons au siège d'un verger, mais ouvert, loyal et franc; puis, jeune apprenti, mêlé à toutes les frasques de la jeunesse du pays, toujours sociable et aimable, nature exubérante, mais saine. Je le vois revenant la nuit, avec un ami, du parc de Charlecote, et entre eux deux un daim suspendu par les pattes à la perche qu'ils portent sur leurs épaules; puis je le vois assis en joyeuse compagnie à l'auberge de l'Ours, près du pont, une maison bien fournie en bière et en vin, et il dut déjà faire admirer à ses camarades provinciaux ce pétillement d'esprit qui fit tant rechercher sa conversation dans la suite; et puis c'est la colère du terrible juge de paix, et la fuite du jeune père de famille vers Londres, et sa misère.

Alors je le vois revenir. De la misère il s'est élevé par degrés à l'aisance et même à la richesse.

Il est illustre. Si tous ne l'ont pas mis hors de pair, si quelques-uns l'ont confondu avec d'autres dramaturges de talent qui foisonnent alors, ses pièces n'en ont pas moins fait courir toute la ville, et les meilleurs connaisseurs, comme Ben Jonson, savent qu'il ne faut pas le mettre à côté de Lyly, de Kyd ou de Marlow; que, pour lui trouver des auditeurs dignes de lui, il faudrait ressusciter « le tonnant Eschyle, Euripide, Sophocle, Pacuvius, Accius et celui de Cordoue (Sénèque) ».

Il revient donc glorieux, mais toujours modeste, — le souci de la gloire ne le tourmentant point, — s'établir au milieu de ses concitoyens. Il ne cesse pas d'être le doux

Shakespeare, qu'on entoure volontiers, que c'est un plaisir d'entendre causer, mûri et assagi par la vie, mais de bonne humeur, populaire auprès des enfants, ami de la bonne chère et de la bonne société. D'une étonnante santé morale, il a traversé les bas-fonds de Londres, passé par la dégradation du métier d'acteur, par la compagnie fort peu édifiante souvent des gens de lettres d'alors, sans en sortir perverti. S'il y a contracté quelques taches de boue, ce que nous ne savons pas d'une manière certaine, il s'en est vigoureusement débarrassé pour mener la vie nécessairement irréprochable d'un rentier marié dans une petite ville de province. D'une merveilleuse santé intellectuelle, il a sondé les abîmes des passions, décrit les vertiges de la folie comme s'il les avait ressentis, étudié, on croirait même à le lire, vécu le délire, le meurtre, le remords, l'épouvante, et il est revenu de ces régions infernales sans y laisser une parcelle de sa raison. Il en est revenu en philosophe souriant, pour cultiver son jardin, restaurer sa maison, voir ses amis, dîner avec eux, prendre part à la vie de sa petite ville, y remplir un emploi paroissial. Ce qui me frappe chez celui que Voltaire, qui le connaissait mal et était mal préparé pour le connaître, appelait un sauvage ivre, c'est au contraire l'équilibre extraordinaire par lequel se contre-balançaient toutes les forces de cette riche nature, si bien qu'une imagination d'une fécondité sans égale, une sensibilité très vive, avec une vie d'aventures qui aurait dû les exaspérer, n'arrivèrent point à le jeter hors des voies communes. Lui qui fut si personnel et qui doit si peu à l'imitation, il semble que, dans la vie ordinaire, il n'ait nullement été un *original*, et si l'on veut soutenir que le génie est une névrose, ce n'est pas Shakespeare qu'il faut citer comme exemple.

Voilà comment je me représentais Shakespeare bon bourgeois de Stratford, en me reculant de trois siècles dans la perspective du temps, tandis que les cygnes évoluaient lentement devant moi.

MADAME ISABELLE MASSIEU

Jusqu'à ces temps derniers, le nombre des femmes explorateurs, au vrai sens du mot, ne s'élevait pas à plus de dix pour l'Europe tout entière, et les plus célèbres des exploratrices n'étaient pas Françaises. L'intrépide et infortunée Alexina Tinné, qui fut assassinée au Fezzan, appartenait à la nation hollandaise. Ida Pfeiffer, la globe-trotteuse qui courut tant de dangers en faisant à plusieurs reprises le tour du monde, était Autrichienne. Lady Stanhope, la grande exilée du Liban, petite-fille de Pitt, est justement revendiquée par l'Angleterre. Catherine de Bourboulon, qui visita la Chine, naquit Écossaise. La comtesse Hélène Ghika, qui prit le pseudonyme de Dora d'Istria pour arpenter les régions les moins connues de la presqu'île balkanique, se prévalait à bon droit de son origine serbe. Isabel Burton, Irlandaise, a confondu son nom avec celui de son mari, illustrement connu. Anglaise encore, lady Brassey, qui fit dans son yacht un admirable tour du globe. Seule Mme Hommaire de Hell, qui voyagea avec son mari au Caucase et autour de la Caspienne, était notre compatriote.

Depuis une quinzaine d'années, un nom nouveau doit

être ajouté à cette courte liste, et c'est celui d'une Française dans toute l'acception du mot : vaillante, intelligente et modeste. Elle réunit les qualités de ses prédécesseurs : intrépide devant le danger comme Mlle Tinné, infatigable comme Mme Pfeiffer, enthousiaste comme lady Stanhope, passionnément attentive à ce qu'elle voit comme Mme de Bourboulon, écrivain brillant comme Dora d'Istria.

Mme Massieu a parcouru l'Indo-Chine, la Chine et la Sibérie. En cours de route, elle a audacieusement traversé la presqu'île indo-chinoise dans ses régions les plus difficiles de la Birmanie anglaise, du Laos et de l'Annam. En attachant au corsage de notre compatriote la croix de la Légion d'honneur, le ministre de l'Instruction publique a consacré la haute estime où nous la tenions tous, et, dans cette promotion célèbre du ruban rouge, notre fierté a été doublée par la présence d'une femme vénérée entre toutes.

Il serait extrêmement embarrassant de choisir les meilleurs récits dans ce qu'elle a écrit au retour de ce beau voyage. Mais nous n'aurons pas cette peine, parce que nous croyons devoir donner, dans ce recueil où la place est limitée, le paragraphe si touchant et si intéressant où elle traite de la religion chrétienne dans nos colonies d'Extrême-Orient.

LE CHRISTIANISME EN INDO-CHINE [1]

Il manque surtout à l'Annamite un sentiment du devoir assez fort pour imposer à ses actes la règle de la loi

[1] *Comment j'ai parcouru l'Indo-Chine française*, par Isabelle Massieu. (Plon-Nourrit et Cie, éditeurs.)

morale. Or, cette règle, il ne la trouvera que dans l'union de sa conscience et de la doctrine qui doit diriger sa vie. Les Annamites croient à la vie future, et, par là, nos idées chrétiennes peuvent les atteindre.

C'est un grand tort de ne vouloir pas comprendre,

Petits métiers indo-chinois. — Le restaurateur ambulant.

même au point de vue rationnel, que le sentiment religieux est notre meilleur moyen d'action sur l'Oriental, et qu'en renonçant avec lui à la foi religieuse, nous renonçons pour lui à toute base morale. Le catholicisme est la grande force par laquelle nous pourrions atteindre ces peuples ; c'est une force que nos rivaux protestants nous envient, comme je les ai entendus nous envier nos missionnaires, et il est vraiment fâcheux de voir nos gouvernants la négliger. Partout le missionnaire a marché seul, mal soutenu, souvent abandonné, quand il n'a pas été persécuté. Quels mouvements extraordinaires ont su créer ces modestes pionniers! Est-ce que ce ne sont pas les grands évêques de l'Indo-Chine qui ont préparé la conquête de notre empire colonial? Les missionnaires des Missions étrangères qui évangélisaient le Tonkin depuis 1662 nous ont tracé le chemin. L'occupation française détermina seule des massacres qui ne furent décidés que pour enlever un point d'appui aux conquérants. Le sang des martyrs a fructifié : dix ans après, la ville de Hué avait vu se former de nouveaux chrétiens, plus nombreux; ils sont 60 000 maintenant, — 250 000 en Annam. — On compte 100 000 chrétiens dans la Cochinchine et le Cambodge, et il se fait 8 à 9 000 baptêmes par an. La mission française possède au Tonkin 220 000 âmes; la mission espagnole, 230 000.

Le missionnaire français porte en lui, plus excellemment que tout autre peut-être, la vertu de zèle; et, en quelque pays qu'il soit, par le seul fait de sa nature française, par la chaleur de son cœur et son amour inné pour la patrie éloignée, il se montre le pionnier et le témoin de la France, et représente le type des meilleures qualités de sa race. D'instinct, il fait aimer son pays, il force le respect et l'admiration des païens et des protestants, et se plaît à enseigner notre langue, comme j'en ai vu quelques exemples en colonie anglaise. La religieuse française, plus admirable encore de renoncement et d'abnégation, emporte, comme lui, cet amour de la France dont le Français ne ressent vraiment toute la puissance que sur la terre lointaine.

Je me souviendrai toujours d'une visite à Agra, chez les sœurs du Sacré-Cœur de Jésus, un ordre français de Lyon, qui a fondé de nombreuses maisons dans le nord des Indes anglaises. L'œuvre a été créée par des sœurs

Annamites à la fontaine.

françaises; mais le nombre de celles-ci maintenant, me disait mélancoliquement la Mère provinciale, est moins grand sur la terre que sous les pierres tombales qui avoisinent leur chapelle. Les deux seules survivantes sont aujourd'hui la Mère provinciale, qui est là depuis 1854, et une vieille assistante, sœur Geneviève, qui n'espérait pas revoir de compatriotes avant de mourir. Mais les autres, originaires d'Irlande ou d'ailleurs, Européennes ou Hindoues, élevées par les religieuses françaises, ont aimé la France avec les Mères qui les ont formées, et toutes parlent correctement notre langue. La bonne Provinciale me disait que la France avait fait beaucoup pour les Missions, qu'elle avait donné sans compter ses enfants et son argent, qu'aujourd'hui les Missions le lui rendent en prières, et que peut-être ces humbles prières seront la sauvegarde de la mère patrie. Je n'ai pu entendre, sans une vive émotion, un souvenir de 1871 qu'elle évoquait devant moi.

Les sœurs avaient alors deux cents enfants, petites Indiennes et Turasiennes[1], qui priaient ardemment pour la chère France et ne connaissaient d'elle que les religieuses qui les élevaient. Un matin, les pauvres Hindoues, le cœur ému, arrivent entièrement dépouillées des menus bijoux qui sont leur joie. Elles disent aux Mères qu'elles n'ont pas d'argent pour faire une souscription, comme les petites créoles du pensionnat, mais qu'il faut, pendant un mois, leur donner du pain sec à déjeuner et envoyer en France l'argent de leur nourriture. Elles veulent, en outre, remettre à la Mère provinciale leurs bijoux, les cercles d'argent et les verroteries, tous leurs minimes trésors, pour les envoyer aux pauvres soldats de France!

Cet acte d'amour pour notre pays m'a émue plus que je ne saurais le dire, et, du fond du cœur, je crie merci à ceux qui savent ainsi faire aimer au loin la patrie française.

Les sœurs annamites ont peu de résistance à la fatigue. Elles n'ont ni le même courage, ni le même dévouement,

---

[1] Métisses d'Européen et d'Asiatique.

ni le même zèle, ni le même esprit d'abnégation que nos sœurs françaises ; mais elles sont fidèles et consciencieuses, et, bien encadrées, elles sont parfaites. Quelques jeunes filles demandent à entrer au Carmel ; mais la Mère prieure me disait que la race jaune a besoin de s'imprégner de christianisme pendant deux et même trois générations avant de produire une bonne carmélite.

Les sœurs indigènes n'enseignent pas le français ; mais elles répandent avec le christianisme l'esprit de la civilisation française et préparent un peuple plus utilisable. Que la France n'oublie pas dans sa mission civilisatrice en Indo-Chine les principes vrais qui élèvent la nature humaine ; qu'elle ait le courage de favoriser chez les missionnaires, hommes ou femmes, l'initiative que réclament le caractère et les traditions de ce pays, et elle en aura bientôt fait une de ses plus belles colonies.

LE CAPITAINE AZAN

Le capitaine Azan était mieux désigné que tout autre pour chanter la bravoure et la gloire de nos héros du Maroc, puisqu'il est à la fois un infatigable guerrier d'Afrique et un écrivain de grand talent.

Selon l'expression du général d'Amade, à qui il dédie son beau livre, récemment paru, ce mondain dont la réputation de galanterie, au sens français de courtoisie, au sens anglais de vaillance, est bien connue, raconte, en historien rigoureusement attaché au procédé de la science moderne, la relation chronologique de la campagne de la Chaouia. Dans ce volume, les personnages revivent par leurs actes, leurs paroles et même par leur silence. Le récit, sincère et sans recherche, gravite autour de la personnalité de l'auteur, en un langage simple et précis qui est l'indice de la vérité. Nous en extrayons quelques pages sur le combat de Sidi-Daoud.

LE COMBAT DE SIDI-DAOUD [1]

On aperçoit distinctement, à la lorgnette, les cavaliers marocains déployés en bataille sur le rebord de la mon-

[1] *Souvenirs de Casablanca*, par le capitaine Paul Azan. (Hachette et Cie, éditeurs.)

tagne carrée ; ils galopent et font des signaux à leurs amis.

A huit heures cinquante, le général d'Amade donne ses ordres pour prendre le dispositif de combat. Je me détache de l'état-major ; muni des ordres du général, je galope vers l'avant. C'est avec la cavalerie seulement que je pourrai discerner les positions de l'ennemi et faire moisson de renseignements utiles.

Au moment où le général d'Amade arrive à la batterie d'artillerie, les pièces ouvrent le feu. Les premiers coups sont courts et portent dans le flanc de la montagne. Les cavaliers marocains continuent à se profiler sur la crête, pareils à des silhouettes mobiles. Le capitaine Jugue allonge son tir : un coup porte au milieu d'un groupe de Marocains, qui s'effondrent ou s'éparpillent ; un autre touche un second groupe ; des cavaliers mettent pied à terre, s'empressent à l'endroit où les coups ont porté, sans souci du danger, puis chargent les morts et les blessés. La chaîne qui garnissait le rebord devient moins dense ; cependant quelques cavaliers restent bien en vue, droits sur leurs chevaux, en des attitudes de défi. Peu à peu, tous ont disparu. Un seul reste, se profilant nettement sur la crête, et devient l'unique objectif ; un coup, deux coups, cependant bien ajustés, le laissent en place, immobile comme une cible ; mais, au troisième, son cheval trébuche, tombe avec lui, et c'est alors, parmi les canonniers, un cri de triomphe...

Le capitaine Bichelberger fouille, avec quelques chasseurs d'Afrique, un douar ennemi. Les habitants se sont enfuis en hâte, n'emportant que leurs objets les plus précieux ; un service à thé est abandonné à terre, au milieu de la fournaise ; Bichelberger me tend une tasse en disant :

Village kabyle au Maroc.

« Gardez-la en souvenir de cette journée, qui promet d'être chaude. »

Mille, mon ordonnance, moins dithyrambique, a mis pied à terre pour saisir une poule qui fuit les flammes; il abandonne son cheval pour la gagner de vitesse. Comme je m'indigne de cette imprudence, il m'assure que sa monture est « raisonnable » et qu'elle est « incapable de f... le camp devant l'ennemi »; puis il me montre, triomphant, un superbe poulet destiné à améliorer la soupe des chasseurs de l'escorte.

. . . .

C'est avec un sentiment de satisfaction que j'arrive aux premières pentes des mamelons. Une mort stupide, dans un fond de ravin, loin de mes frères d'armes, me souriait beaucoup moins qu'une balle en plein combat, dans le feu de l'action.

Nous gravissons le mamelon; deux ou troits petits douars qui garnissaient le sommet flambent sous un vent assez fort. Je me dirige vers le rebord sous lequel j'ai défilé, et je vais y serrer la main du capitaine Gautruche, qui me montre la mitrailleuse et la fait fonctionner devant moi. En face de lui sont deux hauteurs séparées par un col assez largement ouvert sur une petite plaine; les cavaliers marocains, qui voulaient aller tomber soit sur les derrières de la colonne du Tirs, soit sur le flanc de la colonne du littoral, devaient nécessairement traverser cette plaine pour passer de la hauteur du sud à la hauteur du nord. Gautruche avait braqué sa mitrailleuse sur le milieu de l'intervalle et, dès qu'un groupe de cavaliers ou même un cavalier passait, il arrosait l'endroit de projectiles : il a ainsi mis les Marocains à mal; un cheval blanc est resté sur le terrain; mais, sans souci du feu, les Marocains sont venus, formant un groupe compact, relever le cavalier et même enlever le harnachement du cheval.

Je me rends compte de la marche de l'action. La colonne du Tirs ayant pivoté à droite afin de faire face aux Marocains, ceux-ci se sont glissés entre l'arrière-garde de cette colonne et le lieu de concentration de la colonne du littoral. C'est précisément dans cet intervalle que ma reconnaissance me dirigeait. Mais les Marocains se sont trouvés pris entre les troupes du Tirs et celles du littoral, auprès desquelles je me trouve; ils ont été contraints à la retraite.

. . . .

Les populations sont en fuite. Avec les excellentes jumelles que me prête l'adjudant de la compagnie, je fouille le terrain devant nous. En avant des cavaliers, sur lesquels les sections ont tiré, de véritables hordes, marchant sur plusieurs colonnes, sillonnent la plaine : des chevaux, des ânes, des chameaux, chargés d'objets de toute sorte, cheminent dans un désordre indescriptible; des femmes et des enfants suivent; des cavaliers s'agitent le long des colonnes, comme les bergers de ces immenses troupeaux.

Une koubba est au pied du mamelon occupé par la compagnie Grasset. Pas un être vivant autour. Désireux de jeter un coup d'œil dans l'intérieur, je dis à Mille de tenir les chevaux. Tout d'abord, je ne vois rien dans la petite salle nue, lorsqu'un appel rauque, parti d'un angle, me fait sursauter. C'est une pauvre vieille, pelotonnée sur elle-même, sous des loques sordides; elle tend vers moi des bras suppliants et paraît anéantie par la peur. Elle me présente d'abord une jarre de lait placée à côté d'elle, pour apaiser ma faim ou ma soif : je me garde bien d'y toucher, ne fût-ce que par crainte de poisons; puis elle agite un chiffon gris au bout d'un bâton. Je la fais sortir avec son drapeau pacifique : elle croit sa dernière heure venue, me supplie; je veux seulement lui faire confirmer les noms des koubbas environnantes, pour rapporter ce renseignement au général; ce n'est pas sans difficulté que je parviens à lui faire comprendre ce que je désire : elle est sourde ou folle.

En approchant de l'endroit où se trouve l'état-major, je croise le commandant d'Étaules, à la tête de son bataillon; Beaumann vient de lui apporter l'ordre d'aller sur le mamelon du 2ᵉ tirailleurs.

« Mon commandant, lui dis-je, votre présence là-haut n'est pas nécessaire; je vais donner au général des renseignements qui modifieront sans doute sa décision.

— Eh bien! me répond-il, je vais m'arrêter ici et attendre de nouveaux ordres. »

Arrivé près du général, je lui expose rapidement la situation : la divergence de la colonne du Tirs, le rôle de la compagnie Dufor et de la mitrailleuse, la position de la compagnie Grasset et des goumiers, la retraite complète des Marocains vers l'est. Il envoie aussitôt l'ordre au bataillon d'Étaules de rester sur place.

« Le marabout que nous avons devant nous, dis-je au général, n'est pas celui de Sidi-Abd-el-Kérim, mais celui de Sidi-Daoud. Il y aurait lieu d'éviter des confusions.

— Vous êtes certain de ce que vous dites?

— Oui, mon général, je suis entré dans le marabout de Sidi-Daoud, et j'ai aperçu plus loin la vallée de Sidi-Abd-el-Kérim.

— Qu'en pensez-vous, Ollier? »

Ollier interroge l'indigène qui se trouve près de lui; celui-ci affirme que le marabout devant nous est bien Sidi-Abd-el-Kérim.

« Vous vous trompez, me dit Ollier; il n'y a pas de confusion possible. »

Je n'ose insister, mais je suis certain de ce que j'avance.

A quelques centaines de mètres du général sont massés le convoi et les ambulances. Je vais y jeter un coup d'œil. Les blessés sont étendus sur des brancards ou des arabas; ce sont presque tous des légionnaires. Des infirmiers s'empressent autour d'eux. Un spahi, qui paraît beaucoup souffrir, préfère être soigné par un de ses camarades et ne prend rien que de ses mains, tant sont puissants l'instinct de la race et le prestige de l'Islam. Le lieutenant de Benoist regarde près de moi le spectacle de ces souffrances. Les légionnaires boivent avidement les quarts d'eau qu'on leur apporte; le spahi semble s'endormir...

Lorsque je veux rejoindre le général, j'apprends qu'il s'est dirigé vers la colonne Brulard, avec laquelle la colonne du littoral a opéré sa jonction. Je me mets aussitôt en marche vers le nord. Des groupes éparpillés sillonnent la plaine, des blessés à cacolets sont dirigés vers les ambulances. La colonne Brulard apparaît au loin. Elle a été aux prises avec un adversaire décidé et a subi des pertes sérieuses. Quelques officiers me donnent des détails sur les difficultés rencontrées par les troupes et le courage dont elles ont fait preuve. De jeunes enseignes de vaisseau chevauchent devant les canons de 37 millimètres portés sur des arabas; les braves marins qui servent ces pièces font de longues routes avec une résistance surprenante et bivouaquent comme de vieux Africains, sans avoir été préparés en aucune façon à ces fatigues terrestres et sans même disposer du confort primitif du fantassin de métier. Enseignes et marins font notre admiration par leur endurance et leur crânerie.

Les blessés de la colonne Brulard ont rejoint à l'ambulance ceux de la colonne du Tirs. Un légionnaire, nommé Albert, me donne des détails sur sa blessure, avec le sourire aux lèvres; un autre, qui a reçu une balle dans la tête, s'appelle, me dit-on, Cavenago; un troisième, Geiger, est atteint d'une balle au ventre; un quatrième, blessé à la jambe, plaisante malgré sa fièvre, tandis que sur une araba voisine, un cinquième paraît agoniser. Je vais de l'un à l'autre, leur donnant une bonne parole ou respectant silencieusement leur souffrance...

Le général vient accomplir auprès de ces braves gens un pieux pèlerinage; il se penche vers eux, les réconforte, s'inquiète auprès des médecins de la gravité de leur état. Il laisse paraître à ces moments, sous son aspect toujours froid, sa grande bonté et sa profonde sensibilité.

A quatre heures et demie, il réunit les officiers de liaison et leur dicte ses ordres pour le bivouac de la nuit et l'évacuation des blessés.

Le calme règne dans la plaine et sur les hauteurs qui retentissaient quelques heures auparavant du bruit de la canonnade et du crépitement de la fusillade. On n'entend plus que la vague rumeur des troupes qui se rendent à leurs emplacements de bivouac et les gémissements de quelques blessés.

Les tentes du général et de l'état-major doivent se dresser sur un léger ressaut de terrain, où déjà nos bagages arrivent. Avant de procéder à mon installation, je tiens à mettre en bonne place mon cheval et celui de Mille et à leur donner leur ration, car ils sont très fatigués.

Sur l'alignement de l'état-major est venu s'installer le commandant Haillot, des chasseurs d'Afrique. Sa tente, apportée d'Algérie où tous les modèles sont tolérés, est un peu plus grande que la nôtre et n'abrite que lui seul; elle est ironiquement appelée « le monument » et lui a valu une réputation de sybaritisme injustifiée; la malignité publique s'est attaquée à ses dimensions, et on la dit « meublée » d'objets invraisemblables, dignes de figurer dans les cabinets de toilette les plus confortables. La vérité est que, par un sentiment touchant et respectable, le commandant, qui est un délicat et un raffiné au moral comme au physique, dispose chaque jour, sur une petite table pliante, la photographie de Mme Haillot; les officiers des colonnes appellent cette installation « le reposoir ».

Nous dînons assez rapidement. Le général est pensif; la conversation est peu animée. Je me retire sous ma tente, où, à la lueur de mon photophore, je note quelques observations sur cette rude journée. Tous les officiers de l'état-major travaillent assez tard, malgré la fatigue.

LE RÉVÉREND PÈRE GIROD

Un missionnaire apostolique ne pouvait manquer à notre galerie de compatriotes héroïques. La phalange de prêtres français qui catéchisent les païens et les bouddhistes sur tout le globe constitue, on le sait, l'avant-garde des explorateurs. Nous l'avons vu dans les pages précédentes, les plus glorieux missionnaires civils de la science ou de l'armée ont souvent trouvé, dans les régions qu'ils exploraient, des ecclésiastiques qui y vivaient déjà au milieu de leurs néophytes chrétiens et qui aidèrent leurs confrères laïques à remplir leur tâche.

Le R. P. Girod est l'un des plus fervents apôtres du Christ. Il a évangélisé une partie du Haut-Tonkin, arrosé du sang de plusieurs de ses confrères. Lui-même il a été à deux doigts de la mort, dans ses paroisses où le danger le menaçait perpétuellement. Et cependant ses récits, quand il n'est pas question des victimes des pirates ou des rebelles, sont les plus enjoués qu'on puisse lire. Il n'est rien de tel qu'une conscience en paix avec Dieu pour inspirer cette gaieté de toute heure, gaieté qui triomphe des plus mélancoliques solitudes, et se communique ensuite à ceux qui lisent les lignes dictées par elle.

SUR LES BORDS DU SONG-CHAY [1]

En attendant l'arrivée des gens de la paroisse du Sông-Chây qui doivent venir nous chercher, profitons d'un moment de loisir pour aller dire bonjour à nos vieux amis les spahis de Thanh-Mai.

Nous rencontrons chez eux un lieutenant des chasseurs annamites, M. de F.-J..., venu au Tonkin pour visiter la tombe d'un de ses cousins mort quelques mois auparavant. D'après le pieux désir exprimé par la famille, officiers et missionnaires se donnent rendez-vous au cimetière de Hung-Hóa, où je bénis la tombe de Charles-Marie-Aurèle-Pierre, comte de Biencourt-Pointrincourt, sous-lieutenant aux tirailleurs tonkinois, décédé à Hung-Hóa, le 22 juin 1886, à l'âge de vingt-deux ans! *Melius est mori in bello quam videre mala suæ gentis!* Héroïque devise empruntée au livre des Machabées, par le père désolé, mais fier de son fils.

Embarquons-nous enfin pour le Sông-Chây, en remontant tranquillement la rivière Claire, de Viêt-tri à Phû-Doan. Par jonque, c'est un petit voyage de trois jours.

Notre première halte à Ké-Sôm, village important où nous avons l'avantage de trouver, perdue au milieu des bouddhistes, une famille chrétienne vraiment patriarcale, composée de quatre générations. Ces braves gens, qui jouissent d'une certaine aisance, sans être usuriers ni voleurs, nous accueillent comme jadis Abraham les anges voyageurs. Après le bain de pied, traditionnel en Orient, on nous offre le thé, pendant que les domestiques de la

[1] *Dix ans de Haut-Tonkin*, par L. Girod. (Maison Alfred Mame et fils, Tours.)

maison font passer un mauvais quart d'heure à l'habillé de soie qui, par tout le Tonkin, joue le rôle du veau gras.

Le lendemain matin, dès les trois heures, nous sommes debout, et, après la célébration de la sainte messe, nous souhaitons la paix du bon Dieu à la famille hospitalière de Trûm-Tam, qui ne nous laisse pas descendre en jonque sans nous avoir munis de provisions pour le reste du voyage. Nous sommes donc sans inquiétude du côté des vivres; mais quelle patience il faut pour voyager en jonque tirée à la cordelle par trois ou quatre hommes qui suivent la berge d'un pas tranquille et lent! Pour nous déraidir les jambes, montons à terre et, tout en admirant les bords pittoresques de la rivière, tâchons de rencontrer quelque gibier pour juger des talents de Fidaut, un bel épagneul que m'ont donné les officiers de Thanh-Mai.

Me permettra-t-on d'ajouter que cette bonne bête fut un chien très en vogue dans la région du Haut-Tonkin? Partout on lui faisait des caresses, et des milliers d'enfants commencèrent leurs études de français en criant : *Filou, filou*, à ce pauvre *Fidaut*, qui, toujours de belle humeur, épargné par la dent des tigres et les balles des pirates, mangea souvent la soupe avec les légionnaires et fut, pendant sept ans, mon compagnon de route, de grand air et de liberté. Vive la brousse!

Le deuxième jour de notre voyage, à la tombée de la nuit, nous arrivons au village de Lang-Chanh, et, n'y connaissant personne, nous nous disposons à dormir tant bien que mal à bord de notre jonque.

Mais des personnages comme nous ne peuvent circuler incognito. Voici qu'un damoiseau intelligent, fils d'un mandarin, nous invite à prendre gîte dans le castel de ses aïeux. En l'absence du père, retenu au chef-lieu de la préfecture par les affaires civiles et militaires, le jeune héritier présomptif nous fait les honneurs de la maison avec beaucoup de bonne grâce. Mais la châtelaine de céans, vieille dame jaune aux dents noires comme l'ébène, nous tourne tout simplement le dos et quitte la place en prenant la précaution d'emporter sa pipe à eau et sa boîte à chiques. Cette mandarine-là n'était pas douce du tout, je l'ai su depuis : pendant que son seigneur et maître mettait à l'ancan la justice et les charges dans sa préfecture, elle, au village, prêtait de l'argent à la petite semaine, accaparait le riz et faisait fi du pauvre monde.

Missionnaires du bon Dieu, avant de nous reposer dans cette demeure du mauvais riche, demandons au ciel la conversion de ces malheureux païens esclaves de Satan.

Le lendemain, avant le lever du soleil, nous avions déjà déguerpi. Dans l'après-midi, nous arrivons à Phu-Doan, poste français au confluent du Sông-Chây et de la rivière Claire.

Par un heureux hasard, le capitaine Denès, commandant du poste, se trouve être le premier officier français à qui j'ai serré la main lors de mon arrivée à Hanoï, en 1879. Malgré le plaisir que nous aurions en cédant à sa pressante et cordiale invitation, nous continuons notre chemin jusqu'à Vân-Ru, où demain nous devons célébrer solennellement la fête de saint François Xavier.

Nous sommes donc dans la paroisse de Sông-Chây, la plus au nord du Tonkin occidental. Depuis de longues années, elle a subi une série de malheurs qui la rendent digne de toute notre commisération. Les chrétiens reçoivent les missionnaires comme les envoyés de Dieu; en voyant ces pauvres gens se prosterner devant nous, nous sentons au fond de l'âme la vérité de cette parole de Notre-Seigneur : « Celui qui aura quitté son père, sa mère, ses frères,

Tigre royal tué par les indigènes.

ses sœurs pour moi et pour mon évangile les retrouvera au centuple. »

Je ne crains pas de le redire : la poésie des forêts vierges ne fit jamais battre mon cœur. Les bois, les montagnes, les rivières du Haut-Tonkin sont magnifiques; mais ça ne vaut pas les monts du Jura, les bords du Doubs et la forêt de Chaux, ces noms

> Qui résonnent de loin dans mon âme attendrie
> Comme les pas connus, ou la voix d'un ami.

Loin du pays qui m'a vu naître, comme dit l'auteur du *Génie du christianisme*, la nature ne me paraît plus que l'ombre de celle que j'ai perdue... et, si vous en doutez, baissez la tête, ouvrez bien les yeux et voyez ces traces toutes fraîches que l'on vous montre autour de l'église et de la résidence de Vân-Ru. Ni plus ni moins que des traces de tigres.

Puisque le nom de ce terrible fauve est tombé sous ma plume (ne lui tombons jamais sous la patte), il faut dire une fois pour toutes que nous sommes en plein dans le pays du tigre. Des gens dignes de foi m'ont affirmé qu'il y a quelque vingt-cinq ans, la statistique officielle, dans la seule préfecture de Phû-Doan, releva le chiffre de cinq cents personnes dévorées par les tigres pendant l'espace d'une année, année terrible que l'on appelle encore aujourd'hui l'année de l'invasion des tigres. A Hân-Dâ, chef-lieu de la paroisse, on avait vu plusieurs fois, en plein jour, trois, quatre et cinq tigres rôdant autour du village : c'était l'impôt du sang qu'il fallait payer à ces monstres, dont les pauvres bouddhistes font souvent des divinités vengeresses. Leurs victimes ont dû se rendre coupables envers le ciel.

En 1895, comme j'étais à Yên-Bái, un légionnaire de garde sur le rempart du fort fut enlevé par le tigre. Pendant quelque temps, à la tombée de la nuit, on ne pouvait sortir dans les rues du village sans être armé d'un revolver et d'un photophore. Un soir donc, en revenant du fort, je demandai au petit *boy* d'un officier, qui m'accompagnait en m'éclairant, s'il avait peur de la bête.

« Non, répondit-il naïvement, je n'ai pas encore offensé le ciel. »

Rapide près de la pagode de Phuc-Lc (Ssug-Chây).

Hélas! il n'y a pas que les criminels qui tombent sous la dent féroce du tigre, et nombreuse serait la liste des pauvres gens bien inoffensifs qui, à ma connaissance, ont subi ce triste sort.

Voici, entre autres, un cas qui suffit pour impressionner vivement. Une personne me demandait une messe pour le repos de l'âme de sa mère. La voyant pleurer à chaudes larmes, j'essayais de la consoler en lui faisant remarquer qu'à son âge, déjà avancé, on était ordinairement orphelin.

« C'est vrai, répondit-elle ; mais je ne peux m'empêcher de pleurer et de trembler en pensant à l'affreux genre de mort de ma pauvre mère ! »

Quand son émotion fut un peu calmée, cette femme me raconta qu'un soir elles étaient toutes deux sur un petit *mirador* en bambous, élevé dans leur champ de maïs pour garder la récolte contre les ravages des cerfs et des sangliers, quand tout à coup, au moment où elles faisaient le signe de la croix en commençant leur prière, le tigre bondit sur elles et, dans un élan rapide comme l'éclair, enleva la mère, laissant la fille évanouie de terreur au milieu des ténèbres.

En voilà bien assez, peut-être déjà trop, pour les âmes sensibles et nerveuses. Je m'efforcerai de les rassurer en avouant que, dans mes courses continuelles pendant dix ans, la nuit comme le jour, je n'ai jamais vu la face du tigre en liberté. Et cependant, plusieurs fois, j'ai passé bien près de lui : mon chien et mon cheval m'ont signalé sa présence en prenant la fuite au galop, tremblant de tous leurs membres. Certain soir que j'étais au confessionnal, le tigre vint à la porte de l'église qu'il ébranla par son rugissement. Bref, si la Providence ne veillait sur l'espèce humaine, le tigre royal aurait bientôt dépeuplé complètement ce pays.

Aussi, tout en faisant faire des pièges à tigre, fions-nous à la garde de Dieu, et continuons tranquillement notre tournée de mission, visitant l'une après l'autre toutes les chrétientés, Vân-Ru, Trai-Cô, Thuât-Cô, Hân-Dâ,

Cât-Lem, Lang-Bac et Dông-Cho près de Phû-Yên-Binh. C'est une véritable excursion de vacances, sur les bords d'une jolie rivière qui coule rapidement sur des galets et dessine mille contours sinueux au fond d'une étroite vallée découpée par des mamelons verdoyants et touffus.

Non loin du village de Lang-Bac, on trouve les premiers rapides du Sông-Chây : inutile de les comparer aux cascatelles de Tivoli, pas plus qu'à la chute du Niagara. Cependant ce coin de pays, perdu au milieu de brousses séculaires, forme un tableau qui ne manque pas de grandeur. Assis sur un rocher au bord de la rivière, à l'ombre des vieux arbres de la pagode de Phûc-Lê, le voyageur peut se laisser aller au charme d'une rêverie mélancolique en suivant des yeux l'onde bleue qui court se briser sur mille écueils rangés en bataille pour lui barrer le chemin. C'est en vain qu'ils dressent leur tête noircie au-dessus des flocons d'écume blanche : le flot vainqueur se précipite et s'engouffre, frémissant, entre les rocs du rapide de Thác-Bâ (Écueil de Madame), harmonieuse et cruelle sirène que les nautoniers s'efforcent d'amadouer avec de jolis souliers roses ou des barres d'or en papier. Une fois échappé aux griffes de Thác-Bâ, on peut facilement se tirer d'affaire avec le bonhomme de Thác-Ong (Écueil de Monsieur). Le diable en culotte est toujours moins redoutable que le diable en cotillon.

Mais il ne faut pas m'attarder si, pendant que le Père Robert est resté à Càt-Lem, je veux remonter jusqu'à Dông-Chô avant la nuit.

Dans ce village, le missionnaire est hébergé par un chef de canton nommé Chánh-Thao, homme influent et habile, obligé de ménager la chèvre et le chou.

Aujourd'hui les pirates chinois tombent à l'improviste sur Dông-Chô, enlèvent les femmes et les enfants, les buffles et le riz. Demain, l'officier français, commandant une reconnaissance, mécontent d'arriver trop tard comme un vulgaire carabinier, reprochera au chef de canton d'avoir payé l'impôt aux pirates. Pendant plusieurs années, le malheureux Chánh-Thao s'en tira comme la chauve-souris et cria :

« Vive le roi! vive la Ligue! »

Il finit par être massacré avec toute sa famille, à l'exception de sa femme qu'on avait réservée pour essayer de traiter de la rançon.

Le 1er janvier 1887, j'étais donc à Dông-Chô, pasteur à la recherche des brebis égarées. C'est de là que j'envoyai par cœur les souhaits de nouvel an à tous les parents et amis de la ville et de la campagne. Pauvre comme un rat d'église, je n'eus qu'un vieux fond de burette pour porter le toast à si nombreuse et honorable compagnie.

En revanche, ce jour-là même, je faillis boire un bon coup au passage du rapide de Thàc-Bà, ayant voulu, pour faire le zouave, rester sur le petit radeau de bambous qui ne portait pas plus Bias et sa sagesse que César et sa fortune.

J'en fut quitte pour une douche d'eau fraîche, et, le soir, le Père Robert, que je retrouvai à Hân-Dâ, me réchauffa par une cordiale poignée de main, puisqu'il n'avait que ça à m'offrir. Nous bourrâmes une bonne pipe pour la fumer en causant des anciens *jours de l'an* de France!

Jamais Hung-Hóa n'avait été aussi vivant, aussi animé que depuis l'arrivée du colonel Pennequin. Chose agréable à constater, tout le monde, légionnaires, tirailleurs, marins, civils et militaires, marchait la main dans la main, et pour personne le missionnaire n'était l'ennemi.

A Noël 1892, le commandant du *Moulun* amena son équipage à la messe de minuit à Duc-Phong. Le résident et plusieurs officiers de la garnison de Hung-Hóa avaient voulu aussi prendre part à la fête. Vers les onze heures du soir, par une belle nuit étoilée, ces messieurs arrivaient joyeux à la cure, « au repaire de Duc-Phong, » comme ils disaient militairement. En un instant, ma chambre est envahie par les marins, qui tous demandent des livres de cantiques :

« Moi, mon Père, je vous chanterai tout ce que vous voudrez. Ça me connaît, vous savez : j'ai-z-été enfant de chœur! » disait un Breton.

Un Provençal se réclamait de Notre-Dame de la Garde :

« Qu'Elle tient un enfant Zésus qu'il est gros comme un homme! »

Tous avaient des oncles curés, des tantes religieuses.

« Bien, mes amis, tenez, voici l'unique recueil de cantiques français que je possède. »

Et je leur indiquai un ou deux noëls populaires, croyant qu'avec des braves si bien disposés nous allions avoir des chants magnifiques. Pressé, je sortis pour faire mon sermon aux chrétiens indigènes avant la messe, non sans avoir pris la précaution de placer sous la surveillance de tous et de chacun le panier de provisions que le résident avait apportées pour le réveillon.

La messe commença dans le plus grand silence, continua et s'acheva de même.

Silence sur toute la ligne. Mes gaillards avaient oublié

le recueil de cantiques sur ma table : « C'était plus ça, y avait des notes ! »

Résigné, je quittais mes ornements sacerdotaux à la sacristie, quand tout à coup, sans crier gare, une voix de stentor pousse à pleins poumons :

> Hélas ! quelle douleur
> Remplit mon cœur !

Des *pst* et des *chut* énergiques imposent silence au malheureux soliste.

Pour ne pas rester sous le coup de ce fiasco, je vais quérir mon livre, et le lieutenant B..., doué d'une fort belle voix de ténor, sauve la situation en chantant le cantique :

> Les Anges dans nos campagnes
> Ont entonné l'hymne des cieux.
> Et l'écho de nos montagnes
> Redit ce chant mélodieux :
> *Gloria in excelsis Deo !*

Et tous, de la voix et du cœur, enlevèrent admirablement le refrain :

> *Gloria in excelsis Deo !*

Après quoi, l'on s'en fut réveillonner gaiement. Quand le champagne du résident eut fini de couler, un malin répéta :

> Hélas ! quelle douleur !

Et tout le monde de rire.

On se dit cordialement : « Au revoir ! A l'année prochaine ! »

Cinq minutes après, des bords du fleuve au pied des collines, au milieu du majestueux silence des nuits d'Extrême-Orient, j'entendais encore les voix des Bretons et des Provençaux qui criaient : « Noël, vive la France! » Ce cri de joie chrétien a toujours été français. Nos braves marins n'avaient plus besoin de savoir les notes.

Par suite de la soumission du Dê-Kiêu, la province de Hung-Hóa jouissait d'une tranquillité à peu près complète : le district de Xú'-Doài put enfin recevoir la visite pastorale du vicaire apostolique : il y avait quarante ans

Le fleuve Rouge.

que cette partie de la Mission du Tonkin occidental n'avait pas vu d'évêque.

Mgr Gendreau, parti de Hanoï le 2 mars, s'arrêtait le soir à Son-Tây pour voir encore le cher Père Idiarth, qui se mourait d'une maladie de poitrine. Le lendemain, le prélat, accompagné du Père Chatellier, continuait son voyage à bord du *Moulun*, canonnière commandée par le lieutenant de vaisseau Escande, qui, avec la plus grande obligeance, s'était gracieusement offert pour le conduire jusqu'au point extrême de son voyage, Du-Bô, au-dessus de Cam-Khé..., si le fleuve Rouge voulait bien se prêter à cette combinaison. Malgré la baisse des eaux, le *Moulun* arriva facilement en vue de Hung-Hóa; mais là un banc de sable l'obligea de rester en panne. Force fut à monseigneur de descendre à terre et de s'arrêter un soir à Hung-Hóa, où le colonel Pennequin et le commandant Bertin lui offrirent la plus cordiale hospitalité.

Depuis que la préfecture de Lâm-Thao, dépendant autrefois de Son-Tây, avait été rattachée à Hung-Hóa, cette dernière ville pouvait être considérée comme la capitale de mon district. Mais ce titre pompeux n'était guère justifié par le petit nombre des chrétiens qui habitaient la ville et la misérable paillotte qui servait d'église. Cependant, pour recevoir la visite du vicaire apostolique, j'avais orné de mon mieux la pauvre chapelle et, le samedi 4 mars, Mgr Gendreau y célébra la messe, à laquelle les officiers et beaucoup de soldats de la garnison se firent un devoir d'assister religieusement. Que Dieu protège toujours l'armée et le drapeau de la France !

Dans l'après-midi, les gens de Duc-Phong, oriflammes déployées et tambours battants, vinrent à la rencontre de monseigneur jusqu'à la porte de la ville. Sa Grandeur monta en palanquin, les deux missionnaires à cheval, et le cortège prit avec entrain le pas gymnastique pendant quatre kilomètres, jusqu'aux collines de Nhang-Nôn. Là, par le flanc gauche, on s'enfonce dans la brousse, à travers des plantations de lataniers, d'arbres à laque et de camélias, sur le vert feuillage desquels se détachent vivement les étendards multicolores flottant au gré du vent.

Arrêtons-nous un instant à l'ombre d'un banian gigantesque et admirons au fond de la vallée un joli petit lac bleu, emprisonné dans un cercle de collines couvertes de grands arbres à feuilles sombres et à cimes élancées (*cây rôc,* arbres à huile), qui rappellent de loin les sapins des montagnes de France. Pour animer la scène, donnons à nos braves Annamites le signal d'un triple hourra en l'honneur de l'évêque ! Le tambour recommence à battre la marche : encore quelques pentes escarpées à descendre et à grimper..., plus qu'un effort. Nous voici à Duc-Phong, où nous plantons ce soir notre tente portant pavillon épiscopal.

Le dimanche matin, après la messe, il nous fallut pour ainsi dire monter à l'abordage sur *le Yunnan,* chaloupe des Messageries fluviales, qui passait devant Duc-Phong en faisant son voyage régulier de Hanoï à Yên-Bai. Non sans peine on débarqua le lundi soir à Tho-Khôi près de Du-Bô, au-dessus de Cam-Khé. Sur la berge stationnait depuis longtemps une foule qui attendait l'arrivée de l'évêque, et quand tout ce monde aperçut la soutane violette, je vous laisse à penser quels cris de joie et quels regards de respectueuse curiosité !

Monseigneur ne pouvait s'arrêter à Du-Bô qu'une dizaine de jours ; mais les brebis répondirent avec tant d'empressement à la voix de leur premier pasteur que, dans l'espace d'une semaine, mille six cents chrétiens, accourus de tous les points de cette grande paroisse, vinrent se confesser et faire la communion pascale.

On passait presque toute la nuit au confessional. Pendant la journée, il fallait recevoir au parloir les visites incessantes de groupes sans cesse renaissants. Ces pauvres gens désiraient tant voir l'évêque, baiser son anneau, recevoir de sa bouche quelques paroles d'encouragement ! Une autre grande raison d'attraction, c'était la distribution générale de croix et de médailles, de chapelets et de scapulaires, d'images et de livres, avec pilules de médecines diverses, couteaux et lunettes par-dessus le marché. Un évêque doit être riche. Chacun tendait les deux mains.

Les notables bouddhistes de la région tinrent à honneur de venir saluer l'évêque, et les pirates soumissionnaires ne furent pas les moins empressés.

Le jeudi, 16 mars, monseigneur fit ses adieux et descendit à Yên-Tâp. L'affluence au parloir et au confessionnal y fut encore plus considérable qu'à Du-Bô, car les trois mille chrétiens qui dépendent de Yên-Tâp sont répartis sur un territoire relativement restreint. Monseigneur visita successivement le chef-lieu de la paroisse et les deux principales chrétientés, Ta-Xá et Chiêu-Ung. Partout sa présence produisit des fruits de grâce et de salut.

Mgr Gendreau aurait bien voulu pouvoir également parcourir les paroisses de Baû-No, Duc-Phong et Sông-Chây; mais il devait rentrer à Hanoï pour la bénédiction des saintes huiles, le jeudi saint, et le départ était fixé d'avance au 26 mars.

Quand nous arrivâmes à Son-Tây, au milieu de la nuit, on venait de mettre en bière le corps du Père Idiarth, décédé le 25, jour de l'Annonciation, et nous pûmes voir une dernière fois les traits de notre bien-aimé confrère, qui, revêtu de ses ornements sacerdotaux, dormait du sommeil des justes.

Après l'enterrement, qui eut lieu le lundi soir, et auquel assistèrent tous les Européens de Son-Tây, monseigneur rentra à Hanoï.

Pour moi, je regagnai Duc-Phong, ayant désormais l'aide d'un confrère, le Père Pichaud, chargé spécialement de la paroisse de Baû-No, dans laquelle se trouvait l'importante ambulance militaire de Viêt-Tri.

D'après les instructions que m'avait laissées monseigneur, je songeai dès lors à installer une résidence à Yên-Bai, où le colonel Pennequin, sa mission achevée à Hung-Hóa, venait de transporter le chef-lieu du quatrième territoire militaire. Hung-Hóa redevenait province purement

Le *Moulun* devant Bao-Ha, en remontant à Lao-Kay.

civile avec un poste administratif à Cam-Khé. Les militaires de la région devenaient inutiles par la mort du Dôc-Ngû et la soumission du Dê-Kiêu. Le Tan-Giât, dans le Ha-Hoà, qui donnait encore la main aux Chinois, fut bientôt obligé de se rendre. Il en conçut un tel dépit qu'il mourut quelques jours après.

Que voulez-vous qu'il fît... de mieux pour le pays?

Tous ces changements, amenés par la force des choses, prouvaient du moins que la pacification faisait des progrès et que l'influence française gagnait du terrain dans la vallée du haut fleuve Rouge. Pour bien affirmer l'intention d'en finir avec les Chinois, le colonel, à peine installé à Yên-Bai, fit fouiller le pays par des colonnes volantes et partit lui-même pour la frontière du Yunnan. La saison des hautes eaux était favorable. Le *Moulun*, après avoir franchi trente-trois rapides, parvenait à remonter le fleuve Rouge jusqu'à Lao-Kay où, le premier, il avait l'honneur de montrer le pavillon de guerre de la marine française (10 juin 1892). Le *Jacquin* arrivait également peu après.

Avec ces deux canonnières, le colonel put faire une apparition au-dessus de Lao-Kay (24 juin) en face des Chinois qui, malgré les traités, nous contestaient le droit de navigation sur la rive droite.

L'effet moral de cette démonstration navale dut certainement frapper l'esprit des mandarins. Quant aux bandes pirates, elles n'y donnèrent pas beaucoup d'attention; elles auraient mieux prêté l'oreille au son des piastres.

Il me fallait donc suivre le mouvement ascensionnel vers Yên-Bai, situé à peu de distance au-dessus de Tuân-Quan, ancien poste de Pavillons-Noirs sur la rive gauche du fleuve Rouge. Sur ce point stratégique important, le génie militaire venait de construire un fort destiné à arrêter l'invasion chinoise dans la vallée du fleuve Rouge, comme Tuyên-Quang devait avoir le même rôle dans la vallée de la rivière Claire. De Hanoï à Lao-Kay, on compte trois cents kilomètres : Yên-Bai, à moitié chemin, sert de trait d'union entre le Delta et le Yunnan. C'est là que les jonques de commerce de Man-Hao descendent attendre les marchandises apportées de Haïphong par les chaloupes à vapeur des Messageries fluviales, qui toute l'année peuvent remonter régulièrement jusqu'à Yên-Bai, en aval des rapides.

FERNAND FOUREAU

Le Français est éminemment explorateur. On en a la preuve non seulement par le nombre de nos compatriotes qui affrontent les grands voyages, mais par l'étonnante diversité de leur origine. Presque toutes les carrières ont fourni des pionniers à l'illustre phalange : officiers, marins, médecins, gens de lettres, ecclésiastiques, professeurs, savants de toutes sortes, ont concouru à répandre au loin le prestige de la France.

Un des plus grands d'entre eux, M. Fernand Foureau, était colon. Mais il n'était pas un colon ordinaire. Installé dans le Sud algérien pendant vingt années il avait fait neuf voyages dans le Sahara et parcouru vingt et un mille kilomètres, lorsqu'en 1898 il entreprit d'exécuter le célèbre voyage d'Alger au Congo par le Sahara, le Soudan et le Chari. Audacieux et opiniâtre, il sut convaincre le gouvernement et les sociétés savantes, à une époque où le récent massacre de la mission Flatters faisait croire à l'impossibilité de réaliser une semblable traversée de l'Afrique. Il eut en outre la bonne fortune de s'adjoindre le commandant Lamy, également préparé à cette lourde tâche par des années d'étude.

La mission Foureau-Lamy a ceci de particulier, c'est que, exclusivement scientifique, elle fut obligée par les événements de devenir guerrière, et exécuta une campagne militaire dont les résultats ont été d'une importance considérable. On se rappelle en effet que, réunie aux successeurs de Voulet-Chanoine venant de l'Ouest et à la mission Gentil qui arrivait du Sud, elle écrasa les hordes esclavagistes qui désolaient l'Afrique depuis vingt ans et tua leur chef Rabah, dans un combat qui mit fin à son horrible toute-puissance. Mais cette mémorable action devait nous coûter la vie de Lamy, qui y périt héroïquement par excès de bravoure et de patriotisme.

De la première ligne à la dernière, le récit de cette exploration gigantesque est plus qu'intéressant, il est passionnant. Et cependant il est rédigé dans un style sobre, qui semble dédaigner la préoccupation de charmer l'oreille ou les yeux. Mais le lecteur ne s'y trompe pas : cette sobriété est celle d'un écrit lapidaire où les mots sont sertis de manière à donner tout leur éclat, où les sentiments et les émotions se trahissent sans être formulés.

Dans ce livre, rédigé à chaque étape comme un journal, nous extrayons les feuilles où M. Foureau a noté sa visite au théâtre du massacre de Flatters et de ses malheureux compagnons.

VISITE AU PUITS DE TADJENOUT[1]

Depuis que la mission était entrée dans le territoire de l'Anahef, nous nous étions inquiétés de savoir de quel point

[1] *D'Alger au Congo*, par F. Foureau. (Masson et Cie, éditeurs.)

il nous serait le plus facile et le plus court d'atteindre le puits où fut massacré le colonel Flatters. Nos deux guides avaient répondu que ce serait là une opération très difficile, que le pays était montagneux, sans piste, sans végétation et sans eau.

Sur une route pareille, il ne fallait pas songer à emmener toute la mission. Il fut convenu que nous partirions seuls, Lamy, Dorian, Leroy et moi, sous la simple escorte de trente Chambba. Nous étions tous montés à méhari et nous n'emportions que quelques outres d'eau, sans aucun bagage.

Nous quittons le camp le 20 janvier à la première heure.

22 janvier. — Après avoir traversé pendant deux jours une région de gorges superbes, nous partons au petit jour, bien décidés à atteindre le soir même le puits du massacre. Nous sommes toujours dans les schistes et les granits désolés ou infertiles. Nous continuons dans un chaos très rude et très difficile, passant d'un ravin dans un autre par des cols très rugueux et très étroits, qui nous font atteindre celui où était établi le camp du colonel Flatters lorsqu'il se porta, pour boire, au puits du massacre.

Le puits, à notre grand désappointement, est à sec; aucun vestige ne subsiste. A trente mètres du puits, une énorme touffe d'éthel, entièrement brûlée, dresse, grimaçants vers le ciel, ses troncs noircis de feu sur un lit de cendre. Nous recueillons pourtant un fragment de talon de soulier d'origine européenne, quelques débris d'os calcinés; un peu plus loin, à huit cents ou mille mètres au nord-est, on trouve un humérus gauche; est-ce là un débris de nos compatriotes? C'est bien difficile à décider; et pourtant il paraît que le capitaine Masson a été tué en ce point précis, parce que, blessé tout d'abord au puits, il avait pu sauter sur son cheval et s'était éloigné dans cette direction, où il avait été traîtreusement achevé par un Targui masqué derrière un rocher. Quant à Flatters, il avait donné sa jument à tenir à l'un des guides touareg; et ce dernier, au moment où les masses touareg chargeaient, a enfourché la jument en disant au colonel qu'il allait voir si ces arrivants étaient des Ahaggar ou des Azdjer, c'est-à-dire des amis ou des ennemis.

Il est évident que le puits de Tadjenout était un point admirablement choisi pour y organiser un guet-apens : pour y venir boire, la colonne des chameaux, de leurs conducteurs et de l'escorte est dans l'obligation absolue de s'allonger énormément, puisque les cols ne peuvent être franchis qu'à la file indienne, soit un par un. Cette disposition du terrain ne permet donc pas d'arriver au puits en groupe important, et par conséquent en force.

Un ravin annexe, situé à cent mètres en amont et à angle droit, avait permis aux bandes touareg de se masser d'avance et de se masquer; ils n'ont eu qu'à se précipiter brusquement dans le lit majeur lorsqu'ils ont vu la tête de colonne s'arrêter au puits.

Les Azdjer m'avaient averti que les Ahaggar, pensant que les Français viendraient rechercher les ossements de leurs compatriotes, les avaient entièrement brûlés de façon à ce qu'il ne restât aucun souvenir visible du massacre.

Après avoir fait ces tristes constatations, nous ne pouvions pas nous éterniser en ce point où nous ne trouvions ni boisson, ni végétation : il nous restait à peine la quantité d'eau suffisante pour permettre à chacun de boire une tasse de café; nous fûmes donc obligés de reprendre notre marche jusqu'à la nuit. Après nous être fait indiquer la route nouvelle à suivre, — car la nécessité de toucher à un puits nous forçait à prendre un itinéraire différent, — nous détachions en avant le guide et trois de nos Chambba, avec ordre de rapporter sur leurs montures trois ou quatre outres d'eau s'ils trouvent dans les puits des environs quelque peu de liquide.

Après une marche d'une dizaine de kilomètres, dans des lits de torrents bordés de collines rugueuses et arides, nous campions à la nuit close. Depuis le 20 janvier nous avions parcouru cent quarante kilomètres, soit une moyenne de quarante-sept kilomètres par jour, en terrain extrêmement difficile et le plus souvent dans des thalwegs étroits de roches et d'éboulis d'un accès parfois presque impraticable.

INSTALLATION DANS L'AÏR

Nous nous installons ici pour un séjour dont nous ignorons la durée, mais qui est indispensable aussi bien pour étudier le pays que pour nous procurer des moyens de transport, puisque la moitié de nos animaux a péri et que ce qui nous reste n'offre, pour ainsi dire, aucune résistance.

Le premier soin de Lamy est de faire établir une ligne de bagages tout autour du campement, en attendant l'édification de la zériba protectrice.

Nous étions à peine installés, que nous voyons arriver quantité d'enfants, négrillons ou demi-sang, tous très noirs du reste, qui, moyennant quelques dattes, s'empressent d'aller aux divers puits remplir les récipients des tirailleurs.

Ces négrillons sont revêtus uniquement d'une sorte de pantalon, consistant en une peau tannée qui, fixée autour de la taille, est simplement ramenée entre les jambes et rattachée de l'autre côté à la ceinture. C'est plutôt un caleçon de bain, ce vêtement national de l'Aïr.

Dans l'après-midi les palabres commencent : les chefs viennent s'entretenir avec nous. C'était le prélude des innombrables réunions que nous allions avoir et qui, malheureusement, jamais n'aboutirent à aucun résultat, si ce n'est de dépenser en pure perte beaucoup de diplomatie. On nous reçoit très bien en apparence; mais quant au fond, c'est une toute autre affaire. L'affabilité de l'accueil est uniquement due à la force dont dispose la mission.

25 février. — Les chameaux, ayant bu dans la matinée, sont envoyés au pâturage sous le commandement du capitaine Reibell, avec la moitié des officiers et de l'escorte, dans une vallée située à une quinzaine de kilomètres à l'ouest.

Pendant que se tiennent les palabres, tantôt avec des gens d'importance, tantôt avec le menu fretin, les gamins continuent les corvées d'eau; de même, des négresses viennent offrir de laver le linge des hommes pour une rétribution en dattes. Les gens du village nous vendent un peu de lait frais, mais surtout du lait aigre dans des calebasses, des fromages du pays qu'ils nomment *quémaria;* des cuillers de bois de fabrication locale, assez artistiques comme forme; des selles de méhari, quelques légumes. Tout ce monde désire être payé soit en dattes, soit en cotonnades européennes, appelées *malti*. Le malti, c'est l'argent par excellence ici. Les indigènes possèdent aussi quelques zébus, des moutons à poils et des poules; mais rien de

Mission Foureau-Lamy. — Une halte. — La provision d'eau.
(D'après une photographie de la mission.)

tout cela n'a encore apparu sur le rudiment de marché qui commence à se former près de nous.

Un nègre qui avait, hier, laissé boire à un puits particulier qui appartient à son jardin, est venu réclamer un cadeau. Les négociants tripolitains viennent aussi palabrer; ils attendent depuis longtemps des moyens de transport. Ils nous donnent des renseignements utiles : au Damergou, après la saison des pluies, on peut boire à de nombreux ghedirs; en saison sèche, on doit se contenter de puits, et ces puits sont toujours à débit extrêmement faible, à tel point qu'il faut puiser l'eau quart par quart. C'est pour cette raison que l'on trouve fréquemment au même point jusqu'à *cinquante*, *soixante* ou *soixante-dix* puits.

26 *février*. — Chaouchi nous annonce que nos chameaux sont dans un bon pâturage, à assez courte distance du camp. Cette nouvelle nous met en joie; enfin ces malheureuses bêtes pourront se nourrir en paix pendant quelque temps ! Malheureusement elles sont atteintes de gale, et cette maladie, redoutable pour elles, fait de rapides progrès dans le troupeau. Les Touareg, qui ne connaissent pas le goudron de genévrier, le remède algérien de cette maladie, nous ont promis de faire fabriquer pour nous un autre remède, qui consiste en un badigeonnage au suc des graines de coloquinte.

Les tirailleurs sont très occupés à recueillir des perches de dattiers pour édifier les gourbis du camp; nos ordonnances vont faire de même pour nous. La température diurne s'élève beaucoup, et le séjour des tentes est déjà insupportable, tandis que, sous des gourbis recouverts de feuilles de palmiers et à cloisons verticales de même nature, l'air circule et entretient une fraîcheur relative.

Aujourd'hui grand palabre, auquel assiste un grand et beau vieillard touareg blanc, chef de la tribu des Kel-Fadé. Les campements sont actuellement à une cinquantaine de kilomètres de nous. Il est venu ici réclamer aux Tripolitains la taxe de passage sur son territoire. Dans ce palabre s'agite toujours la question des chameaux à acheter et du droit de péage.

C'est un soulagement, toujours, lorsque se terminent les réunions de ce genre, et il semble que tout soit au point et qu'il ne reste plus qu'à attendre les limites fixées dans la discussion; mais, hélas! rien n'est moins exact.

27 février. — Les gourbis pour les hommes sont à peu près terminés; certains des nôtres sont déjà édifiés. Le camp prend tournure, on dirait les guinguettes et les tonnelles des environs de Paris; il n'y manque, le soir, qu'un orgue de Barbarie et quelques lanternes vénitiennes.

En attendant les promesses des indigènes, nous épuisons nos réserves de vivres. Quant à la viande, elle nous est uniquement fournie par ceux de nos chameaux devenus trop invalides, au point de ne pouvoir plus se traîner. Je laisse à penser quelle était la qualité de cette viande et quels pot-au-feu elle fournissait : chair spongieuse et insipide, ne possédant plus aucun principe nutritif.

28 février. — Lamy est parti ce matin, accompagné de Dorian et des spahis, pour aller visiter le village de Séloufiet. Mon cheval est blessé et ne peut encore porter la selle : comme les autres, il souffre du manque de graines. Les indigènes se sont décidés à nous vendre aujourd'hui un zébus et sept moutons, à environ 0 fr. 75 le kilo.

Enfin! voilà un envoyé de Tégoumane! Il prétend que deux cents chameaux sont déjà rassemblés pour nous; que

Tégoumane, parti à la recherche des autres, demande que l'on prolonge un peu le délai qui lui a été fixé. Toutefois, comme la confiance que nous avons en ce noble Targui est très restreinte, comme il a déjà été soupçonné de noirs desseins, nous avons agité avec Lamy la question de savoir s'il ne serait pas plus prudent de partir très prochainement pour In-Azaoua, avec ce qui nous reste de chameaux. En principe si, d'ici peu, rien de favorable ne se produit, c'est à ce parti que nous nous déciderons.

Tous les soirs on entend près de nous, dans les jardins et autour des huttes, des chants interminables qui se prolongent très avant dans la nuit. C'est presque toujours la même phrase, de cinq notes seulement, accompagnée d'une basse consistant en coups réguliers frappés sur un tambour, ou même simplement dans les mains. Comme dans toute l'Afrique, ces chants font rage surtout pendant les nuits de lune.

1er mars. — La disposition de notre camp est la suivante : au centre, un espace libre entouré des tentes et gourbis des hommes et des officiers ; en seconde ligne, tous les bagages rangés régulièrement et formant une enceinte continue, percée seulement de deux portes ; enfin la zériba épineuse qui entoure le tout, laissant entre elle et la ligne de bagages un espace libre de quinze à vingt-cinq mètres de largeur suivant les facilités du terrain. Dans cet espace libre, on a placé la corde d'attache des chevaux, un petit parc pour les zébus ou moutons, enfin un petit hangar couvert servant de retraite aux sous-officiers qui surveillent le marché ou achètent le vert, la paille, etc. Tout le reste de l'espace sera employé à remiser les chameaux, la nuit, lorsqu'ils reviendront de boire. Lamy a donc établi là une sorte de redoute qui, défendue par quelques fusils, présente une résistance considérable contre le genre d'ennemis que nous pourrions avoir à craindre. Deux petites buttes de terre naturelles, mais qui ont été aménagées à cet usage, portent nos deux pièces de canon, qui commandent ainsi à peu près tout le pourtour.

3 mars. — Dès le matin, le capitaine Reibel arrive, ramenant les chameaux pour l'abreuvoir. Tous les animaux paraissent en mauvais état et, bien qu'ils aient eu de la nourriture, ils ne se refont pas et s'épuisent lentement. Ils sont finis et ne me paraissent guère capables de fournir un effort de quelques semaines avec une charge sur le dos. Quinze d'entre eux sont morts pendant la durée du pâturage, et six sont restés en route ce matin, incapables de marcher davantage. La gale et le surmenage antérieur ont eu raison de ce qui nous reste.

5 mars. — Les négociants venus de Rhat font de continuelles stations au camp. Ils nous entretiennent du passage ici de trois Européens (Barth et ses compagnons) : ils étaient alors enfants, mais ils ont conservé ce souvenir précis. Quant à Bary, dont le voyage est beaucoup plus récent, un certain Mohamed non seulement nous en parle longuement, racontant les soins médicaux que ce voyageur donnait à chacun, mais il nous montre des objets provenant de lui, entre autres les premiers feuillets d'un livre. Le souvenir très frappant lui est resté, en particulier, d'un purgatif violent que leur administra Bary, et il accompagne son récit d'imitations de bruits aussi typiques que peu convenables.

6 mars. — Pour la confection de la zériba, on a abattu nombre de maîtresses branches de gommiers, ce qui nous a permis de constater plusieurs choses intéressantes : tout d'abord, que le gommier nourrit assez fréquemment une plante parasite qui pousse sur ces branches à la manière du gui de France, dont il est du reste le cousin. En second lieu, nous remarquons que ces arbres sont très fréquemment recouverts comme d'un tissu épais de toiles d'araignées : ces toiles, sur lesquelles la poussière impalpable de la région s'accumule peu à peu, donnent à ces végétaux une physionomie particulièrement singulière et feraient croire de loin que leur tête est entourée d'un voile gris. Enfin les brindilles extrêmes des gommiers portent une quantité énorme de tubes gris, presque cylindriques, qui ne sont autre chose que des chrysalides. En un mot, tout est inattendu dans cette région. Ainsi, un autre fait étrange dans ce pays sans eau, c'est l'étonnante quantité de libellules qu'on voit voltiger partout.

LE CAPITAINE LENFANT

Accomplir un voyage en Afrique sur une chaloupe à vapeur, puis sur une flottille d'embarcations pleines de caisses de provisions, semblerait une promenade aisée et agréable. Mais les eaux où ont navigué le capitaine Lenfant et ses compagnons sont celles du Niger, encombrées de rapides très dangereux, et les innombrables provisions destinées à ravitailler nos postes du Soudan décuplaient les difficultés de cette hardie navigation. C'est au prix d'efforts inouïs que la mission a réussi son entreprise, en remontant le grand fleuve depuis son embouchure en territoire anglais jusqu'à Say, en territoire français.

« Pour comprendre, dit M. Étienne, vice-président de la Chambre des députés, ce que cette expérience a coûté de peines, ce qu'elle comporte d'obstacles vaincus et de périls affrontés, il faut lire le pittoresque journal du chef de la mission. »

Le colonel Peroz, qui commandait à la même époque le territoire Niger-Tchad, dit à son tour :

« Bien loin dans le désert, perdus dans les contrées maigres et arides qui s'étendent entre le Niger et le lac Tchad, nous avons appris un jour par un courrier rapide

l'incroyable événement : La flottille Lenfant est arrivée !
Les dix-huit cents caisses de vivres dont elle s'était chargée
pour nous s'entassent intactes sur la berge. Ces vivres tant
désirés et auxquels nous ne croyions pas, et que remplaçait depuis de longs mois le petit mil pilé ; cette blanche
farine, ce bon vin de France, allaient être pour nous un
réconfortant régal dans nos misères. Et d'abord en nous,
seule, à cette nouvelle étonnante, la bête humaine qui avait
tant souffert se réjouissait. Puis, calmés, nous nous prenions à réfléchir à l'invraisemblable tour de force qui nous
valait pareille aubaine. »

Le capitaine Lenfant a très heureusement donné au
Niger le surnom de Nil français ; car c'est bien cette
immense artère qui reliera un jour toute notre Afrique
occidentale et centrale, quand les voies ferrées permettront
de l'atteindre en partant d'une colonie française, le Sénégal.

Avec la finesse et l'éclat d'un écrivain de premier ordre,
le chef de cette admirable mission nous raconte cette navigation, qui n'a duré que trois mois et représente le labeur
d'une année.

Chaque page est aussi attachante que la précédente, et
choisir les meilleures serait impossible : nous prenons, au
hasard, le chapitre du rapide d'Ourou.

PASSAGE DU RAPIDE D'OUROU[1]

Le 6 avril au soir, je fais appeler Tonié, qui est devenu
chef piroguier de la flottille. Nous allons voir le rapide

---

[1] *Le Niger, voie ouverte à notre Empire africain*, par le capitaine Lenfant. (Hachette et Cie, éditeurs.)

d'Ourou : je considère longtemps l'obstacle qu'il dresse devant nous. Et, certes, ce n'est pas un spectacle rassurant. Tonié ne s'étonne de rien et surtout ne parle pas à la légère :

« Y en a beaucoup mauvais, dit-il ; mais moi y a connaisse. »

Le village de Say, sur le Niger.

Puis il redevient silencieux. Il est convenu avec lui que notre chaland passera seul d'abord, et que de l'expérience nous tirerons la meilleure manière de procéder à la montée du convoi jusqu'au sommet du rapide.

Le 7 avril, de bon matin, nous nous embarquons pour tenter le passage : notre chaland est amené au pied du petit bras, à l'abri des remous et des contre-courants qui favorisent notre marche. Les rochers sont découverts, le lit du fleuve est hérissé d'aiguilles sur lesquelles l'eau bondit avec violence; de chaque côté du rapide, d'énormes lignes de granit longent les rives. En raison de la baisse des eaux, les indigènes peuvent s'y glisser et grimper sur ces appuis pour saisir les cordelettes et tirer l'embarcation. L'obstacle paraît impressionnant. On a devant soi une grande route mouvante, dont la pente est aussi prononcée que celle du boulevard Saint-Michel. Il nous faut quatre heures pour franchir le rapide. Les vagues sautent par-dessus le chaland, que garantit son pontage; quelquefois la cordelle dérape, et nous partons en dérive, au risque de nous briser sur quelque tête de granit; mais les Bambaras se jettent à l'eau avec un entrain admirable pour nous remettre en route, et Tonié, qui tient la barre, nous dirige avec une adresse surprenante. Soudain nous passons, dans une dernière trombe, entre deux roches; la vitesse de l'eau qui déferle nous étourdit et nous fascine. Enfin, nous voilà tirés d'affaire.

L'expérience que nous venons de faire avec notre chaland nous apprend qu'il faut alléger les autres embarcations de la moitié de leurs caisses. Nous rentrons au village. Les riverains nous aident à débarquer et à transporter neuf cents colis par voie de terre jusqu'à hauteur du sommet de l'obstacle.

Les impressions que l'on éprouve dans les rapides sont variées. Outre celle du « vertige de la vitesse », il y a l'appréhension constante de prendre un bain. Or le fleuve est infesté de caïmans, et chaque fois qu'un homme tombe à l'eau on voit surgir un de ces horribles habitants du Niger prêt à le saisir. Mais, en admettant que l'on ne se noie pas ou qu'on échappe à la gueule du caïman, on doit être fort endommagé par les rochers lorsqu'on quitte le rapide pour entrer dans la partie calme, et par suite médiocrement en mesure de regagner la rive en nageant.

Le 8 avril, des trompettes retentissent au loin. C'est une troupe nombreuse qui marche en file indienne, s'approche du village et vient camper devant nous. Elle est précédée d'un cavalier superbe, que des serviteurs entourent en l'éventant avec des feuilles de palmier. Les tam-tams redoublent de vacarme, étouffant le son des flûtes. Le nouveau venu s'avance, à cheval, devant la table sur laquelle nous travaillons, à l'ombre d'un grand arbre; puis, lorsque cette musique sauvage interrompt sa cacophonie, Garba, roi des Oua-Oua, vient se présenter à nous avec des cadeaux : chèvres, peaux de panthères, poulets, etc. Nous échangeons quelques paroles de bienvenue; puis, deux minutes après, exténué de chaleur et de fatigue, il se retire dans une case sous la garde de ses fiancées, deux fillettes de six à huit ans, qui l'éventent sans répit.

Le soir, après déjeuner, nous allons rendre visite à Garba, en lui portant des cadeaux et des souvenirs. Nous sommes accompagnés d'un phonographe, instrument que Sa Majesté noire ne connaît pas. Aussi rien n'est-il plus divertissant que le spectacle du roi, assis devant le cornet acoustique, s'esclaffant aux notes graves et s'efforçant de me persuader qu'il y a tout un orchestre entassé dans le coffre de l'appareil. Tout en causant, il nous demande de l'alcool pour se rafraîchir. Nous savions que les Anglais désirent éviter la propagation de ce poison, en sorte que nous offrîmes une petite bouteille de champagne à notre visiteur. L'explosion du gaz et le départ du bouchon lui firent peur; mais il eut vite fait de se rassurer, et après chaque gorgée il nous exprimait sa satisfaction, en nous gratifiant de certaine politesse prétendue espagnole qui nous procurait la plus douce hilarité.

Nous profitons de nos moments de liberté pour étudier les gens qui nous entourent. La race a sensiblement changé; mais les habitants de l'île, qui sont des Kambaris, attirent surtout notre attention. Il est probable que ces indigènes ne vivent sur les bords du Niger que depuis deux ou trois siècles. Ils ont quitté le Kanem pour venir se fixer dans ces régions. Pillards et vagabonds, ils s'installèrent provisoirement en face des rapides; ils dévalisaient les malheureux voyageurs qui tentaient de les franchir, recueillaient les épaves, et secondaient le « diable du rapide » pour accentuer les dangers du passage.

Ces écumeurs, trouvant la position avantageuse, firent acte d'occupation et bâtirent les villages dont nous venons de parler. Aujourd'hui, ce sont les plus audacieux piroguiers du fleuve, dont ils connaissent à merveille les sinuosités et les passes. Ils naviguent, en se jouant des remous et des rapides, sur de petites pirogues très relevées de l'avant, qu'ils manœuvrent avec un calme surprenant.

Légende d'Ourou. — Mama, en nous contant l'histoire du pays, nous fit le récit de la légende du rapide d'Ourou, qui vaut d'être rapportée. Le premier chef du village d'Ourou étant mort, son fils lui succéda. Un soir, vers minuit, tandis que les feux étaient éteints et que tout le village dormait, le jeune homme vit soudain se dresser devant lui le spectre de son père, qui lui fit signe de le suivre. Arrivé au bord du fleuve, le père expliqua le but de sa visite et dit que « le dieu des noirs » l'avait livré aux démons. Ceux-ci, s'emparant de son corps, l'avaient conduit au tournant du grand bras et attaché sur un cheval blanc qui se précipita dans les chutes. Depuis ce jour fatal, il était ainsi condamné à vivre éternellement au fond de l'abîme, captif dans les rochers.

Scène des bords du Niger.
(D'après une photographie du capitaine Mockler-Ferryman.)

« Vois ma détresse, dit-il à son fils, je suis seul, sans ressources; le cheval blanc et moi, nous n'avons plus de nourriture. Vous paraissez me méconnaître et m'oublier; mais cela ne peut durer ainsi, et si vous persistez, j'irai dans le petit bras, et vous serez tous entraînés dans le fleuve.

Je vous défends, en outre, d'allumer des feux le soir sur la rive, de danser et de donner des fêtes, car tout cela trouble mon éternel sommeil. »

Depuis ce moment, les gens d'Ourou se gardent bien d'éclairer le bord du fleuve et d'allumer des feux de nuit. De plus, tous les mercredis, au lever du soleil, les Kambaris vont jeter du mil et des ignames dans le fleuve afin d'apaiser le grand chef. Jamais un indigène n'oserait s'aventurer en pirogue avant la fin de cette cérémonie. Chaque habitant du village a d'ailleurs, dans le rapide, son rocher fétiche, auquel il subordonne tous les actes de sa vie. Il se garderait bien d'entreprendre quoi que ce soit avant d'avoir consulté son étoile de granit; de plus, il a bien soin de ne pas aller près des chutes sans se coiffer et sans se vêtir d'un costume blanc...

. . . .

Le franchissement du rapide dura trois jours et demi. Les équipages étaient à bout de forces. Je leur donnai une journée de répit; ces braves gens l'avaient bien méritée. De Peyronnet supporta les fatigues du passage sans en éprouver le moindre malaise. Nous étions soutenus par un appétit féroce qui nous protégeait contre la fièvre et l'anémie; de plus, chaque matin, nous prenions vingt-cinq grammes de quinine, précaution indispensable et qui nous a toujours fort bien réussi.

Le 10 avril, à cinq heures du matin, nous quittons le sommet du rapide d'Ourou, poursuivant notre route vers le nord. Le courant est tellement vif, que nous sommes obligés de remonter le long de la rive droite pendant un kilomètre de route, pour traverser de manière à n'être pas entraînés dans le grand bras. Tenié indique le chenal à tous les pilotes. Nous prenons le large; puis, au milieu du fleuve, notre chaland vient s'abriter dans le contre-courant que produit un îlot rocheux, et cette perte de vitesse nous permet de rejoindre la rive gauche sans accident. Le Niger est toujours bordé d'une épaisse végétation plongeante, remplie de nids d'abeilles. Les rochers menacent la navigation de tous côtés.

En aval de Fala, le courant redevient dangereux. Le Niger, qui se divise en plusieurs bras entrecoupés de roches et de cascades, s'écoule sur des escaliers très longs qui conduisent aux rapides de Patassi. Nous suivons un petit marigot tortueux, dans lequel le courant est très vif. Le chaland 15 s'engage entre deux îlots, et c'est en vain que nous essayons de franchir la passe; chaque fois que nous atteignons le sommet de la cascade, il faut redescendre plus vite que nous ne le voulons. Je donne donc l'ordre de stopper. La méthode qui consiste à marcher sans trêve de six heures du matin à six heures du soir et à ne prendre de nourriture qu'à ces heures extrêmes ne donne pas les excellents résultats d'une forte étape avec repos de trois heures et repas bien préparés et pris à l'ombre. Mes hommes débarquent donc les marmites sur le sable; mais aussitôt restaurés ils demandent à partir, afin d'arriver de bonne heure au campement de Patassi. Avec le repas, les forces leur sont revenues. En un clin d'œil nous franchissons l'obstacle devant lequel nous avons échoué cinq ou six fois de suite.

Les gens de Patassi se montrent d'une complaisance relative. Leur vieux roi, qui possède le nom gracieux de « Ténia », n'a plus sur eux la moindre influence, et, malgré son désir de nous être agréable, nous trouvons difficilement des guides, des porteurs et surtout des vivres. Les indigènes prétendent qu'ils n'en ont pas, et cependant nous entendons très distinctement le bêlement des chèvres et des moutons que l'on vient d'enfermer dans les cases. Il nous faut beaucoup d'astuce pour nous procurer ce qui nous est nécessaire. Le noir est ami de la patience, mais il ne connaît pas la ténacité; de sorte qu'en s'armant de l'un et de l'autre, on obtient presque toujours de lui ce que l'on désire. Malheureusement, nous arrivons au milieu d'une affreuse disette qui règne tout le long du fleuve; la crue de l'année précédente ayant dépassé de deux mètres l'étiage maximum annuel, le fleuve a tout arraché sur son passage : les récoltes ont été perdues, plusieurs villages ont été noyés et emportés; aussi éprouvons-nous des difficultés énormes pour le ravitaillement journalier de nos laptots; nous payons tout à des prix excessifs.

HARRY ALIS

Ceux qui ne connaissent pas l'Égypte et qui ont l'intention de la visiter feront bien d'emmener avec eux le compagnon de voyage dont nous allons leur parler.

Il n'en est pas de mieux renseigné, et qui se tienne cependant aussi éloigné que possible de tout pédantisme scientifique. Artiste et lettré, il explique les choses clairement, se fait aisément comprendre, même des personnes les moins instruites, parce qu'il évite les mots techniques. Il est, en outre, le mentor le plus jovial qu'on puisse rêver, le compagnon de route le plus habile à maintenir le sourire sur la face du touriste, si fatiguée et suante qu'elle soit.

Ce compagnon ne coûte qu'un surcroît de dépense inférieur à notre pièce de cent sous, et quand on se l'est adjoint il reste acquis pour toujours; on peut le consulter longtemps encore après le retour, car ce compagnon est un livre.

L'auteur, M. Harry Alis, est un écrivain trop connu pour que nous entreprenions son éloge, et les lecteurs nous sauront gré de les mettre de suite en contact avec ce charmant et instructif causeur.

UN MARIAGE ÉGYPTIEN [1]

Mohamed nous donna l'occasion d'assister à un spectacle intéressant : un mariage égyptien. En passant dans la grande rue Mohamed-Ali, nous avions été surpris de la voir barrée, à hauteur d'étage, par des cordelettes auxquelles pendaient des chapeaux rouges.

« C'est, nous dit Mohamed, à l'occasion du mariage du fils d'un pacha. La dernière cérémonie a lieu ce soir. Si vous voulez y venir, je le connais, je vous ferai inviter. »

Nous nous empressâmes d'accepter.

A huit heures et demie, nous montons dans une voiture, munis d'un bouquet pour la mariée. Devant la maison du pacha, un orchestre souffle dans les cuivres avec un bruit infernal, à la grande joie du peuple assemblé. Nous entrons par le jardin : à gauche une porte, que garde un canaque noir, donne accès dans les appartements des femmes, où, naturellement, je ne pénètre pas. Je passe entre deux rangées d'hommes noirs ou bronzés, vêtus du tarbouch et d'un paletot blanc, qui portent, en guise de torchères, des bougies entourées d'un globe de verre. Vingt pas plus loin, j'entre sous un vaste hall, construit pour la circonstance et décoré de draperies multicolores à fond d'andrinople. Au milieu, sur une estrade, un orchestre, vraiment égyptien celui-là, joue cet air monotone, grisant, qui accompagne les réjouissances orientales; autour, sur des bancs, se tiennent posément assis une centaine d'assistants, offrant une extrême variété de visages et de costumes. Tout ce monde semble s'amuser, mais silencieuse-

---

[1] *Un mariage égyptien*, par Harry Alis. (Hachette et Cie, éditeurs.)

Mariage d'un pacha égyptien. — Le cortège à travers les rues du Caire.

ment et en tout cas à peu de frais : de temps à autre, les serviteurs distribuent des tasses de café ; des marchands ambulants, passant entre les banquettes, offrent des bonbons. Dans un coin, sur une seconde estrade, sont les personnages de marque, tous vêtus de la redingote à la turque et du tarbouch. Ils échangent par instants de rares paroles et fument gravement. C'est là qu'on me fait asseoir.

Un interlocuteur me dit : « C'est absurde d'épouser sa fiancée sans la connaître, comme nous le faisons tous, nous musulmans. Nulle part la loi de notre religion ne prescrit cela. C'est absurde, surtout aujourd'hui où, soit par économie, soit par une compréhension plus élevée du mariage, nous n'épousons plus qu'une femme. Il est fâcheux d'être exposé à en épouser une qui ne vous convienne pas, ni moralement, ni physiquement. »

Le cortège du marié part pour la mosquée avec lui. Quand il débouche dans la rue, il est accueilli par les acclamations enthousiastes de la foule. A l'étage supérieur de la maison, on entend les hululements des femmes. C'est une sorte de trémolo prolongé qui sert indifféremment à exprimer la joie ou la tristesse. Maintenant, la musique est coupée de chants qu'exécute un artiste indigène renommé, paraît-il. Pour nos oreilles européennes, c'est assurément quelque chose de fort peu agréable, une série de sons à la fois rauques et nasillards. Un bonhomme à tarbouch souffle avec la plus grande conscience dans une espèce de canne à sucre qui a des sons de flûte ; ses joues sont gonflées à éclater, et il dodeline de la tête d'un air très comique.

Quelques Européennes, invitées, furent reçues dans le harem de la façon la plus aimable par les femmes indigènes. On leur offrit des tasses de café, des cigarettes. La mère de la mariée, une Circassienne au visage régulier, était couverte de bijoux. La mariée elle-même ne parut qu'assez tard dans la soirée, précédée d'esclaves portant les cachemires qui constituent les cadeaux de noces les plus habituels.

Elle était gentille et portait aussi de nombreux bijoux; elle avait l'air accablée de fatigue ou de chagrin; deux matrones soutenaient sa marche chancelante. Est-ce appréhension véritable, fatigue des cérémonies des jours passés, ou simplement attitudes de convention? Elle prit place sous une espèce de dais, attendant le fiancé. Quand celui-ci revint de la mosquée, toujours précédé par les joueurs d'instruments, toutes les femmes se couvrirent de leurs voiles; la fiancée se leva, tandis que son mari s'avançait vers elle, et elle lui baisa la main en signe d'hommage. Après quoi tout le monde se retira.

TARTARIN SUR LE NIL

Sur le pont du *Ramsès*, un fort vacarme retentit tout à coup. A notre stupéfaction, une voix française, une voix du Midi clame :

« J'arrive! Je suis arrivé! J'ai pris le chemin de fer. Je vais jusqu'à la seconde cataracte. Oui, mon cher! »

C'est Tartarin lui-même, venu en Égypte, sans doute pour dompter les sphinx. Nos premiers compagnons français, qui l'ont rencontré sur le paquebot des Messageries, font d'abord une figure assez renfrognée. Mais Tartarin n'en a cure; il leur serre la main avec effusion, il interpelle

Le Nil et les Pyramides.

l'un, l'autre, juge déjà, à bord du bateau, choses et gens. Puis, sans désemparer, il nous raconte son histoire : il est Bordelais; son père, qui a fait fortune au Guatemala, est enchanté de lui voir dépenser son argent à courir le monde. Il publie ses « impressions » et il est vraiment fort satisfait du résultat. Les pérégrinations ne l'empêchent pas, d'ailleurs, d'être un Parisien consommé, un vrai boulevardier.

« Sacrebleu! on n'a pas l'air de s'amuser sur ce bateau. »

Si Tartarin avait seulement avec lui deux ou trois de ses amis, il aurait vite « mis tout sens dessus dessous ». Cette perspective n'a rien qui séduise les compatriotes de Tartarin. Quant aux Anglais, ils regardent avec stupeur ce gaillard haut en couleur, le chef couvert d'un magnifique chapeau à panache d'étoffe, qui s'agite, gesticule, parle avec un accent formidable. Cela d'ailleurs ne déconcerte aucunement Tartarin, qui, sans s'inquiéter de savoir s'ils connaissent un mot de français, interpelle les uns, propose aux autres des parties de palets, adresse à tous ses plus gracieux sourires. Je n'ai jamais rencontré un homme qui personnifiât aussi admirablement la création de Daudet. Notre Tartarin est bruyant, hâbleur, mais bon garçon, prêt à rire de tout et de lui pour commencer.

Pourvu qu'il ait suffisamment à boire, à manger, à fumer, il est prêt à subir les plus atroces privations, et il fera les chevauchées les plus extraordinaires, — pourvu qu'il ait un âne solide et qui ne le secoue pas trop.

GASTON DE SÉGUR

M. Gaston de Ségur représente ici le grand tourisme, puisqu'il se promène au bout du monde, aux antipodes de l'Europe. D'une plume alerte, il écrit un livre de voyage qu'il intitule *Une saison en Nouvelle-Zélande*, tout comme d'autres font une saison en Suisse. Et c'est bien une Suisse qu'il retrouve là-bas avec ses belles montagnes, ses forêts et ses lacs, mais autrement curieuse que la Suisse d'Europe, si connue. La Nouvelle-Zélande, en effet, présente deux sources d'intérêts juxtaposées, mais très différentes : la colonie anglaise, toute brillante de la vie moderne, avec son confort et ses inventions; les indigènes, avec leurs coutumes étranges.

Dans son Avant-propos, l'auteur dit qu'il a rédigé ce livre pour lui-même et pour quelques amis. Pour lui-même il a voulu, en esquissant la physionomie de ces contrées qui lui ont tant plu, imprimer leur image dans sa mémoire et continuer ainsi à en goûter le charme, nonobstant la distance et la fuite des années. Ses amis, pense-t-il, s'intéresseront à ce passage de son existence. Mais, en cette occasion, ces amis ce seront tous les lecteurs, heureux de suivre en Austrasie un informateur aussi agréable.

LE TATOUAGE DES MAORIS[1]

Les vieux chefs maoris qui ont survécu offrent un visage creusé de sillons bleuâtres, semblables à des sculptures à vif; la poitrine et les cuisses ont les mêmes dessins. Pour obtenir ces tatouages, on emploie un procédé original, différent des méthodes en vogue dans les autres pays. L'opérateur, le *moko*, se sert soit d'un petit os d'albatros, mince et fort aigu, qu'il enfonce dans la peau lentement, à coups de maillet; soit d'un coquillage double, au moyen duquel il pince les lanières de chair et les arrache l'une après l'autre. Avec une fibre de phormium trempée dans une matière violacée, qu'on extrait de la veronica, il frotte ensuite l'intérieur des sillons ainsi pratiqués. Ceux-ci pénètrent profondément dans la chair; souvent ils traversent la joue; si le patient fume sa pipe au cours de l'opération, on voit les spirales bleues s'échapper des plaies. Telles sont les souffrances causées par ce tatouage, qu'on ne peut ciseler plus d'une faible partie du visage à la fois, sous peine d'exposer la vie de la victime. Quand l'enflure gagne les yeux, une cécité complète se produit et dure plusieurs jours. C'est pourquoi les femmes, moins dures que les hommes à la douleur, ne se font taillader que le menton et la lèvre supérieure. Leur rôle se borne à encourager le patient. Ce dernier, étendu tout de son long sur le sol, se soumet à un atroce supplice, afin que plus tard sa noble tête tatouée fasse l'envie des autres guerriers, l'admiration du beau sexe, cependant

[1] *Une saison en Nouvelle-Zélande*, par Gaston de Ségur. (Plon-Nourrit et Cie, éditeurs.)

que les femmes de la tribu l'exhortent au courage par leurs chants :

> Qu'on le tatoue avec le poinçon de Mataora ;
> Que l'on trace chaque ligne
> Pour que son visage devienne beau ;
> Que nos chants endorment la peine,
> Et lui donnent du courage,
> Hiki Tangaroa, Hiki Tangaroa !

Au temps où tout homme digne de ce nom s'astreignait au tatouage, il existait de vraies règles de l'art, fondées sur la coutume et la tradition ; l'opérateur les observait avec le plus grand soin, commençant toujours par les mêmes dessins, pour passer ensuite, invariablement, à tels autres. Par exemple, les premiers sillons marquaient le menton, puis venaient les six lignes au-dessous des narines ; puis sur la joue, et ainsi de suite. Vu la difficulté et la lenteur de la besogne, l'artiste se faisait payer très cher. Mais aussi quelle gloire, — l'effet final fruit de tant de

Tatouage d'un chef maori.
(Phot. autorisée par le gouvernement de la Nouvelle-Zélande.)

peine et de dépense une fois produit, — quand les belles courbes violacées ornaient la face du guerrier de dessins si serrés, qu'un centimètre à peine les séparait ! Hélas ! la génération actuelle n'est plus sensible à ces choses. Le *moko* effraye les Maoris de nos jours ; ils reculent devant les douleurs de l'opération. A Ohinemutu, à Ouakarewarewa, on voit de jeunes dégénérés dont la figure, lisse et intacte d'un côté, porte sur l'autre tout au plus une légère empreinte. Demandez-leur pourquoi ce demi-tatouage, ce honteux compromis: « J'en ai eu assez du premier coup, vous répondront-ils. Cela fait trop souffrir. »

HUIT JOURS DE COACH

Nous avons quitté la ville de Nelson ce matin, par un temps radieux. En trois heures le train nous conduit à Motupiko, qui est le point de départ des coaches pour Longsford et la gorge de l'Otira. Dès notre arrivée à la station, la diligence apparaît: c'est un vaste véhicule ouvert, à quatre chevaux. Pas de glaces aux portières; elles ne résisteraient pas longtemps aux secousses, sur les routes souvent défoncées: des rideaux qu'on ferme et qu'on ouvre à volonté en tiennent lieu. Il y a six places d'intérieur et quatre d'impériale, que nous avons retenues d'avance par télégramme. Une grosse dame se hisse auprès du cocher; nous grimpons triomphalement sur le siège le plus élevé, dominant la grosse dame, dominant le coach tout entier, même nos paquets ficelés derrière nous. Notre véhicule repose sur une suspension de cuir épaisse et élastique, qui supporte les chocs terribles bien mieux que ne feraient des ressorts d'acier. Lorsqu'on descend une côte à bride abattue, — suivant l'invariable usage en Australie, — la diligence roule et tangue à la manière d'un canot sur les vagues: de là une variété d'impressions qui entretiennent l'intérêt, rompent la monotonie du voyage. La personne assise du côté du précipice, sur l'impériale, se balance à chaque oscillation au-dessus du gouffre et croit sa dernière heure arrivée. Imagination, si l'on veut; mais j'affirme avoir vu plus d'une fois les roues de mon coach raser à une distance de trois doigts le bord du vide. Telle est l'habileté des conducteurs, que les accidents sont presque sans exemple. Pour eux le danger n'existe pas.

Le nôtre incarne le type du cocher colonial, plein de jovialité, familier, bavard, complaisant. Nous apprenons coup sur coup qu'il a nom Newmann, qu'il vit seul, qu'il subvient à l'éducation de ses sœurs, expédiées en Allemagne; que lui-même, pour satisfaire à ses goûts littéraires, écrit dans une gazette à ses heures de loisir. Sur son nez, le wisky des relais a marqué en rouge son empreinte; je croirais notre homme un peu excité aujourd'hui. Claquant son fouet avec grâce, il nous lance au galop sur la route poudreuse : un long trajet nous attend, mais des relais coupent le voyage environ toutes les deux heures. Vers le milieu du jour nous faisons halte, en rase campagne, à une petite auberge où nous allons déjeuner : on nous donne du thé, un mouton rôti; tout est simple, primitif et très propre. Newmann, avec sa courtoisie naturelle, m'offre une consommation; puis il se met à découper la viande, — ainsi le veut la coutume, — faisant asseoir en face de lui la *landlady* de céans. Nous entamions le gigot, quand des appels désespérés retentissent au dehors. Nous sortons : c'est notre grosse dame du siège, à qui l'on a oublié d'apporter l'escabeau indispensable à la descente; elle sommeillait et, en ouvrant les yeux, s'est vue avec horreur toute seule, au gros soleil, sur le coach dételé. Elle a voulu nous rejoindre sans aide : vains efforts. Les jambes, trop courtes, n'ont pu atteindre le second degré, et la voilà accrochée dans le vide, n'osant bouger. On approche de la roue l'escalier *ad hoc*, dont elle se sert comme d'un marchepied : l'opération s'effectue sans autre incident.

Après le luncheon, nous repartons avec six chevaux frais. Le roulement monotone de la voiture m'endort un peu. Un coup de coude de ma voisine m'éveille de ma torpeur : « Pourquoi Newmann jette-t-il des petits papiers tout le long du chemin, comme le Petit Poucet ? » Le conducteur a entendu, il se retourne : « Je fais le service de la poste, miss ; ce sont les lettres et les journaux pour les fermiers des environs. » Et il nous explique qu'après le passage du coach les habitants de la contrée viendront, qui à cheval, qui en carriole, de cinq, six milles peut-être, chercher leur courrier épars sur la route.

Le paysage change ; nous entrons dans les montagnes. Devant nous s'enfuient des familles de cailles de Californie. Après une longue montée, nous atteignons le col de Hope, d'où l'on découvre une belle vue des chaînes environnantes. On conçoit mal comment le pesant coach dévalera les pentes. Newmann lance en avant ses six chevaux à une allure folle. Par quel miracle le véhicule se maintient dans la route, quand l'attelage tourne à angle droit sur le vide, et que le timon touche le rocher d'un côté, tandis que de l'autre les roues d'arrière rasent un précipice sans rempart, voilà ce que je ne saurais comprendre. Quoi qu'il en soit, oscillants et secoués, essoufflés par la vitesse, nous arrivons en bas sains et saufs.

C. DE VARIGNY

Si quelqu'un est autorisé à nous parler des îles Sandwich, c'est M. de Varigny. Il a vécu pendant quatorze années dans ce petit royaume d'Océanie. Il a vu de ses propres yeux les événements qu'il raconte. Il a assisté à la transfiguration de cet archipel hawaïen, qui a passé en moins d'un demi-siècle de l'extrême barbarie, « du paganisme le plus honteux, » à une civilisation complète.

« Non, dit-il, le progrès n'est pas un vain mot, c'est la loi de l'humanité, loi voulue, imposée par Dieu, et à laquelle peuples et individus obéissent parfois même à leur insu. »

L'auteur, dans ce coin perdu de l'Océanie, a constaté la force et la marche rapide de cette loi de progrès et il y puise une foi profonde dans l'avenir de l'humanité.

Ce livre de M. de Varigny ne raconte pas seulement les voyages à travers l'archipel hawaïen et le spectacle affreux qui suit les éruptions du volcan ; il retrace l'histoire, — à laquelle il a été mêlé, — d'un peuple minuscule. Là comme ailleurs, les passions bonnes et mauvaises, les intrigues, les hardiesses, les révoltes, les enthousiasmes, agitent le gouvernement et les administrés. Toute la politique des grandes nations se retrouve en ce microcosme, comme une goutte d'eau reflète un grand panorama.

C'est le seul cas où nous voyions un de nos explorateurs jouer le rôle d'homme d'État sur le théâtre de ses voyages.

ÉRUPTION DU VOLCAN KILAUÉA [1]

Nous reçûmes à Honolulu des lettres qui nous signalaient une éruption du volcan de l'île Hawaï. Ce cratère est situé au sommet du Mauna Loa, haut de 4300 mètres. Les lettres semblaient indiquer une éruption considérable. A Honolulu même, les grondements souterrains nous prévenaient que nous étions en présence d'un cataclysme plus grave encore que ceux des années 1852 et 1855. Le conseil se réunit. En qualité de ministre de l'intérieur, je fus chargé de fréter immédiatement un bateau à vapeur pour porter des vivres, des vêtements, des provisions de toute espèce aux sinistrés. Je suggérai que le roi devait se rendre de sa personne dans l'île menacée, que sa présence y serait d'un effet considérable. J'ajoutai que puisque, plus heureux que d'autres souverains, il n'avait pas à braver les périls du champ de bataille, il était de son devoir d'affronter ceux qui menaçaient une partie de son royaume, et que sa présence ferait plus pour rassurer les indigènes, surexciter le zèle de nos agents et témoigner de son amour pour ses sujets, que tous les secours envoyés. Mon conseil fut vivement combattu. Le roi coupa court en se rangeant de mon avis, et il me désigna pour l'accompagner.

Après une traversée de quarante-huit heures, nous

[1] *Quatorze ans aux îles Sandwich*, par C. DE VARIGNY. (Hachette et Cie, éditeurs.)

débarquons à Hilo. Une foule considérable nous attendait sur la plage. Le gouverneur de l'île Hawaï nous apprit que sa demeure était détruite. L'église catholique gisait en partie sur le sol. Dans la ville, presque toutes les constructions en pierre s'étaient écroulées. Les sources taries, les puits vides, les ruines amoncelées attestaient de grands ravages.

La journée du 2 avril avait été terrible. Les secousses

Jeunes filles d'Hawaï.

se succédaient presque sans interruption. Dans l'après-midi, un choc d'une violence épouvantable agita l'île entière. Sous l'effort de la lave bouillonnante, une crevasse profonde s'ouvrit à Kapapala, vallée riche en pâturages. Les animaux surpris ne purent s'échapper, et l'on voyait des bœufs et des chèvres, que le flot boueux avait saisis par le train de derrière, cloués morts dans cette masse épaisse. Par bonheur les indigènes, effrayés par les horribles secousses des heures précédentes, s'étaient presque tous enfuis, et on ne compta que trente et une victimes indigènes.

Mais là ne s'arrêtaient pas les désastres de cette lugubre

journée. Aussi loin que l'œil pouvait s'étendre, on ne voyait plus trace des villages. Le désert, la ruine, la désolation, étaient partout. Les habitants accouraient autour du roi. La détresse était grande parmi eux. Il était urgent de pourvoir à leurs premiers besoins. Le roi leur exposa en peu de mots le but de son voyage et les mesures prises. Les sinistrés s'inclinèrent en signe d'assentiment, et l'un d'eux, le plus âgé, prit la parole. Il me semble voir encore ce vieillard à la barbe blanche, aux yeux vifs. Au nom de tous, il remercia et exposa succinctement les pertes qu'il avait subies. Sa famille se composait de vingt-deux personnes, enfants, brus, gendres, petits-enfants. Six avaient péri. Il demandait des vêtements pour les survivants, une pièce d'étoffe pour les femmes, qui feraient leurs robes, quelques vivres et les matériaux nécessaires pour refaire les pirogues et les filets de pêche. Il se faisait fort de rebâtir en peu de temps ses huttes en bambous.

Le roi lui accorda ses demandes si modérées et lui permit de couper sur ses terres les bambous et les bois nécessaires. Le vieillard s'avança lentement, s'agenouilla aux pieds du roi, et, lui prenant la main, il la porta à ses lèvres, avec un tel mélange de dignité et de reconnaissance, que je me sentais venir les larmes aux yeux devant tant de résignation et de courage au milieu de si grandes infortunes.

Après lui, un autre se présenta, puis un autre, tous racontant la même histoire avec quelques variantes. Les plus heureux avaient tout perdu, si aucun des leurs ne manquait à l'appel. Les plus malheureuses étaient les veuves, restées seules. Quant aux orphelins, le roi déclara qu'il s'en chargeait et que, suivant leur âge et leurs aptitudes, il les ferait élever par ses gens ou les établirait sur ses terres.

Cratère du volcan Kilauéa (île Hawaï). — Une gorge dans la lave.
(Phot. communiquée par Ch. Trampus, Paris.)

Toute la journée d'arrivée fut employée à ce triste travail.

A cinq heures du soir, je visitai Hilo pour me rendre compte des désastres. Les constructions en pierre avaient le plus souffert; quant aux maisons en bois à un seul étage, elles avaient mieux résisté.

Hilo est dans la baie qui porte son nom. Rien de plus pittoresque et de plus gracieux que l'aspect de cette petite ville, qui s'étend en amphithéâtre sur le bord de la mer, et dont les maisons blanches se détachent sur le fond de verdure qui les encadre. Une végétation puissante couronne les hauteurs du second plan, enveloppe chaque maison et ne s'arrête qu'à la limite des flots. Les deux pointes extrêmes de ce vaste fer à cheval s'abaissent en pente douce, couvertes d'épaisses forêts au-dessus desquelles les cocotiers balancent leurs panaches dentelés. Dans le lointain se dresse la cime neigeuse du Mauna Loa, couronnée de feu et de fumée.

Dans la soirée, je reçus la visite du Père Pouzot, missionnaire catholique de Hilo. Il venait me communiquer les nouvelles que lui transmettaient ses collègues de Kaou et de Kohala. Elles étaient désastreuses. Ce n'était qu'à grand'peine qu'ils avaient pu échapper à la mort. Nombre de leurs catéchumènes avaient péri. Le Père Pouzot brûlait du désir d'aller porter des secours et des consolations; mais le voyage par terre était impossible, et aucun capitaine de goélette ne se souciait de se rendre dans les districts menacés. J'offris au Père Pouzot de lui donner passage à bord de notre vapeur, et il y fit tout de suite transporter quelques caisses d'effets et de provisions que son inépuisable charité avait prélevés sur ses modestes ressources. Les catholiques de Hilo imitèrent son exemple, et chacun, suivant ses ressources, tint à honneur de contribuer à son œuvre. C'était touchant de voir ces pauvres gens apporter, qui une calebasse, qui un cochon, quelques poules, un mouton, des œufs, de vieux effets. Tous avaient recueilli chez eux quelques-uns des fuyards et partageaient avec eux leurs huttes et leur repas.

Nous gagnons le large, parce que la mer est forte. Sur les plages, nous distinguons des débris de toiture, des planches brisées. Notre capitaine, en regardant son village, n'y reconnaît rien. Nous avons les plus grandes difficultés pour atterrir entre les roches sous-marines, qui nous obligent parfois, lorsque nous sommes arrivés à dix mètres de la plage, à rebrousser chemin et tenter ailleurs. Quelques indigènes viennent à nous à la nage. Tous ont faim. Mme de Varigny est entourée des femmes et des enfants. Nous nous réembarquons après avoir distribué nos provisions, le cœur moins serré; mais nous n'en sommes pas moins péniblement impressionnés des pertes considérables que nous constatons. Les morts se chiffrent çà et là par centaines. Nous discutons avec le roi la question de faire venir des habitants des archipels du sud de l'Océanie, pour aider à la culture déjà si dépourvue de bras. En naviguant, nous passons la nuit à examiner les mesures à prendre. Les feux allumés sur les bords de la côte nous indiquent la présence des indigènes, et nous lançons des fusées pour avertir de notre présence.

A treize kilomètres du nouveau cratère, nous apercevons un fleuve de lave qui tombe dans la mer, en vagues noires et rouges, du haut d'une falaise à pic. L'atmosphère est brûlante; une épaisse fumée rampe lourdement sur le flanc des collines.

C'est au village de Ouaiohinu, à douze kilomètres du littoral, que le fleuve de bouc a fait irruption. Ouaiohinu n'existe plus. Une centaine de personnes y ont péri. Le reste s'est sauvé sur une hauteur qui s'écroule lentement sous eux.

J'obtiens du roi l'autorisation d'y aller. Ma femme veut absolument m'accompagner. Le trajet est affreux et difficile parmi les crevasses innombrables. A mesure que nous approchons de Ouaiohinu, la désolation augmente; de l'église il ne reste pas une pierre, nous marchons sur les toits effondrés. Au loin la lave, en ses contours sinueux, a divisé le sol en îlots; nous y voyons circuler des formes indécises à travers l'atmosphère miroitante de chaleur. Ma longue-vue me permet de les distinguer : ce sont des bœufs et des chevaux qui ont pu gagner ces îlots et qui achèvent de dévorer le peu d'herbe qui s'y trouve. Dans les plus petits, près de nous, des squelettes de ces animaux jonchent le sol : la chaleur, la soif et la faim les ont tués.

Je visitai les ruines de plusieurs fermes. Celle du capitaine Brown offrait l'aspect de la désolation la plus profonde. Je trouvai ce pauvre homme avec quelques Kanaques occupé à chercher le tombeau de sa fille, morte plusieurs années avant. A peine avait-il pu retrouver l'emplacement de sa maison; le fleuve de lave était descendu dans la plaine au milieu de la nuit. Sa plus jeune fille l'avait appelé pour lui demander ce que c'était que ce bruit de cascade qu'elle entendait, il s'était rendu sur la véranda, et, dans la nuit noire, il avait aperçu le fleuve de feu qui descendait en bouillonnant. Sans avoir le temps de rien sauver, sans autres vêtements que ceux qu'ils portaient, sans pouvoir même se chausser, ils avaient, lui, sa femme et ses enfants, pris la fuite et s'étaient refugiés sur un mamelon, à quatre cents mètres de la maison. La lave était descendue comme une inondation de feu, couvrant la plaine. En un instant, la maison et les fermes avaient pris feu comme une poignée d'herbes sèches et s'étaient écroulées dans le fleuve, qui entraînait tout. Son peu de profondeur lui avait permis de se refroidir rapidement, et maintenant le vieux Brown cherchait à retrouver le tombeau de celle qu'il avait perdue.

VICOMTE DU BOURG DE BOZAS

Ce n'est pas, hélas! le vicomte du Bourg de Bozas qui a rédigé le livre luxueux où la belle traversée de l'Afrique par sa mission nous est racontée. Le jeune explorateur est mort en plein centre du continent noir, lorsqu'il avait déjà vaincu tous les obstacles et résolu son grand problème d'atteindre le Congo français par l'Abyssinie. Mais ce sont les notes de ses carnets de route qui alimentent les pages où le parcours de cette admirable et difficile chevauchée est hérissé de dangers sans nombre et interrompu de grandes chasses non moins périlleuses.

Parfois cependant l'ouvrage copie textuellement le carnet du vicomte. Ces lignes sans le moindre apprêt ont un attrait bien plus grand que n'eût fait son récit postérieur; dans leur brièveté elles révèlent l'écrivain de race, qui trouve toujours le mot précis, la phrase claire, quand il bâcle avec un crayon l'impression qui l'a frappé.

LA PERTE DU FLEUVE OUEBB [1]

La perte du Ouebb a lieu naturellement en terrain calcaire; le calcaire, qui se fissure et se fend aisément, est la seule roche qui permette aux rivières cette fantaisie. Avant de s'enfoncer sous terre, le Ouebb coule dans un cañon étroit, Colorado en miniature, quand tout à coup une colline lui barre le chemin. Au lieu de la contourner, l'eau courageusement l'a attaquée, forée peu à peu comme une vrille, et s'est creusée ainsi vers l'intérieur une porte monumentale et caractéristique. Une série de pilastres trapus, parties plus dures du calcaire, que l'eau a respectées, soutient une sorte d'entablement sous lequel l'eau s'engouffre. Cette porte a dix mètres de hauteur. On peut pénétrer dans l'intérieur de la montagne et y suivre, à travers de splendides grottes naturelles, le cours de la rivière.

Ces grottes sont pour les habitants de Logh un sanctuaire. Elles sont, pour les Gallas de la contrée, un lieu de pèlerinage et de sacrifices. On y adore la mémoire de Cheik Houssein, saint personnage célèbre parmi tous les Gallas et même parmi les Abyssins. Dans les grottes du Ouebb, on accomplit des sacrifices réguliers d'animaux, liés à l'ancienne religion fétichiste des Gallas, leur vraie religion encore aujourd'hui, malgré l'islamisation superficielle. Dès l'entrée des grottes, dans un couloir à pente douce qui y conduit, se trouve une niche où sont suspendus à une perche les ceintures, les colliers, les bagues et les brace-

[1] *De la mer Rouge à l'Atlantique*, mission du Bourg de Bozas. (R. de Rudeval, éditeur, Paris.)

lets, dont les femmes du pays ont fait offrande pour obtenir du saint qu'il leur donnât des enfants.

Ayant descendu le couloir, nous arrivâmes dans une grande salle basse, au plafond plat, absolument régulière, et qui, par un autre couloir où coulait le Ouebb, communiquait avec la porte à pilastres de l'entrée. Un demi-jour étrange et mystérieux laissait deviner dans la pénombre d'énormes masses de colonnades. L'eau noire du Ouebb coulait avec fracas, se brisant contre certains de ces piliers énormes, et allait se perdre dans une seconde salle plus vaste, où d'énormes amas de cailloux, de galets et de blocs arrondis, témoignaient du travail antique et formidable du fleuve. La coupole, parfaitement ovoïde, striée de raies horizontales et parallèles au courant, avait ainsi été évidée, rabotée et polie au temps où le fleuve plus riche occupait toute la salle. Aujourd'hui, cantonné dans un coin, il ne l'emplissait plus que de son fracas.

Sur la plage de galets, qu'il laissait à nu, une roche isolée se dressait. C'est, dans l'imagination populaire, un jeune Galla qui fut jadis ainsi pétrifié et transformé en roche par les génies pour s'être rendu coupable de mensonge. Cette punition, sévère mais juste, ne paraît pas avoir produit sur les Gallas l'effet moralisateur qu'on eût pu en attendre. Mais, au reste, la femme de Lot devenue statue de sel a-t-elle guéri de la curiosité la plus charmante moitié de la descendance d'Adam?

A partir de ce point, les eaux du fleuve s'engouffrent dans un couloir qu'elles emplissent jusqu'au faîte. Les explorateurs, même en rampant, ne peuvent donc s'y engager. Nous visitâmes encore toute une série de grottes jadis creusées par le fleuve dans la colline et aujourd'hui parfaitement sèches. Parfois des roches éboulées encombraient les couloirs, qui s'entrecroisaient en un véritable labyrinthe. Nous nous y fûmes certainement perdus sans le guide galla qui nous accompagnait. Sortis enfin des grottes, nous allâmes contempler le Ouebb à sa sortie. Il sort de la colline par une arche géante de trente à trente-cinq mètres de haut, mugissant, et, enfin délivré, s'étale à l'air libre en méandres capricieux. Telles sont ces fameuses grottes de l'Ouebb, dont nos civilisations avancées feraient un centre d'attraction pour les touristes en mal de pittoresque, et dont ces êtres ingénus ont simplement fait un sanctuaire. Nos descendants verront-ils un jour des trains d'excursions organisés vers la perte du Ouebb? Tout arrive ; en tout cas, ce serait là une conséquence que le sultan de ce district n'a pas prévue de l'alliance tant souhaitée avec les Européens pratiques, qui débitent de la beauté et vendent de l'enthousiasme.

CARNET DU VICOMTE DU BOURG

2 novembre[1]. — Les bords du fleuve Ganalé, dans le pays de Goba, sont le pays de prédilection des éléphants. Nous partons à l'aube. Ma caravane comprend six porteurs de fusils, douze Abyssins et Daniel. J'emporte notre petite mitrailleuse, pour en essayer l'usage contre les troupeaux d'éléphants. Dix ânes portent les bagages et de la nourriture pour vingt jours, car la région du Ganalé est, me dit-on, inhabitée ; seuls les chasseurs en constituent la population éphémère.

[1] 1901.

Nous longeons le pied des monts Oboro, à travers une forêt où dominent le kosso et les bambous. La route est accidentée, traverse plusieurs gorges où mugissent des torrents d'eau fraîche.

Ghinda.

Église d'Abyssinie, près de Bizen-Rock.

Un chef galla, que je rencontre, sachant que j'allais à la chasse aux éléphants, me donne la bénédiction galla. Je me soumets au rite : il m'enduit le front d'un peu de sang d'une chèvre qu'on vient d'égorger, me met sur l'occiput un peu de graisse des intestins et une lanière de peau autour du poignet. Puis il me donne un repas abondant et m'héberge. Nous nous quittons enchantés l'un de l'autre.

3 novembre. — Le guide fait passer la caravane par des routes impossibles, sous le prétexte que c'est là le vrai chemin ; mais, en réalité, afin de me conduire dans sa demeure, de m'offrir le dourgo et de recevoir un backchich.

4 novembre. — Nous gravissons le pic de Fractoré (2400 mètres). A 1900 mètres commence la forêt dite tropicale, aux essences innombrables : palmiers phœnix et mimosas parasols en sont les plus beaux ornements, avec certaines plantes grasses qui atteignent 1 m. 50 de haut. La végétation est splendidement touffue : sous la voûte des grands arbres, un fouillis d'arbustes et de lianes forme un réseau inextricable. Nous nous débrouillons avec peine dans ce filet d'un nouveau genre. Le grand Pan doit nous considérer comme sa pêche ; mais le poisson a des dents solides : je veux dire les sabres d'abatis. Nous sortons enfin de cette forêt ensorcelée. La vue s'étend sur le Ganalé, qui est à vingt-cinq lieues.

5 novembre. — Marche toute la journée dans la forêt sauvage, en profitant des sentiers frayés par les éléphants. 23 kilomètres parcourus.

6 novembre. — Les traces d'éléphants se multiplient. Mon guide chevauche à mes côtés, bavard intarissable. J'interromps son débit pour lui demander pourquoi il s'est harnaché en guerre ; il porte, en effet, toutes ses armes et un bouclier d'argent. « C'est, me dit-il, pour être prêt en cas de rixe avec les autres chasseurs. » Car il arrive souvent que deux partis se battent autour d'un éléphant dont chacun revendique le cadavre.

7 novembre. — Dix-huit kilomètres parcourus sans incident, vers le sud, dans la savane.

8 novembre. — Un troupeau de buffles m'est signalé dès l'aurore. Je suis pendant une heure leur piste, que je perds dans un fourré inextricable. Mon boy Jean tombe dans une crevasse dissimulée sous le feuillage et profonde de quatre mètres. Dans sa chute, il se fracture le quatrième métacarpien de la main gauche et s'endommage le genou : le soir, un épanchement de sinovie se déclare. Malgré la douleur, il se refuse à quitter son service et m'accompagne pendant la chasse, diligent à me charger et à me passer mon fusil. J'admire le dévouement et le courage de ce brave garçon, le seul de mes serviteurs sur qui je puisse réellement compter.

Toute la journée, j'ai marché à travers un paysage ravissant. Des incendies ont pratiqué dans la forêt des clairières où l'herbe s'épanouit vers la lumière sans être étouffée par l'épais manteau des frondaisons. De belles fleurs jaunes diaprent le tapis vert. Sincèrement, et sans snobisme, je me crois par instants au bois de Boulogne,... conduisant ma caravane vers le Jardin d'acclimatation !

Je traverse la rivière Iadotti, et je campe, le soir, près du ruisseau Elgolé, que les indigènes disent fiévreux : je n'y ai pourtant trouvé aucun anophèles. Près du camp est une tombe illustre : le frère du dedjaz Aspho y repose. A la tête d'une troupe d'Abyssins, il venait razzier les Gallas. Arrivé chez un chef galla du nom d'Oualabo, il veut tout prendre chez lui et lui demande de lui amener ses femmes esclaves.

« Chef, répond le malin Galla, elles ne sont pas assez belles pour oser paraître devant tes yeux.

— Alors je veux chasser. Conduis-moi là où sont les éléphants.

— Chef, ils sont trop féroces pour que j'ose te mettre en leur présence. »

Là-dessus, l'Abyssin soufflète le Galla et lui réitère l'ordre de le conduire à la chasse. Oualabo, le cœur plein d'amertume, le conduisit vers un endroit connu de lui, gîte d'un solitaire redoutable. Au premier coup de fusil, toute la suite s'enfuit, et l'Abyssin, resté seul, fut piétiné et enseveli par l'éléphant sous un énorme amas de branchages. Juste punition de sa cruauté et de son imprudence : si un tel sort devait frapper tous les chefs abyssins qui razzient, on n'aurait pas à prévoir de nombreuses compétitions au trône de Ménélik.

9 novembre. — Reçu la visite d'un chef galla du nom de Robba. Il me comble de cadeaux et ne demande qu'à causer. J'en profite.

« Connais-tu les blancs ?

— Je n'en avais vu aucun avant toi.

— Comment te les représentais-tu ?

— Je les croyais grands trois fois comme nous, avec des yeux immenses et des cornes, des cheveux blancs et l'air très vieux. On m'avait dit aussi qu'ils pouvaient souffler du feu par la bouche; mais je vois bien que l'on m'avait trompé. Je suis content de voir que vous êtes semblables aux autres hommes. Mais est-il vrai que vous soyez sortis de la mer, et que vous couriez sur l'eau avec la rapidité du diable ?

— Nos parents nous ont appris à bâtir sur l'eau des maisons qui marchent avec des machines. Mais nous sommes des hommes comme vous, nous vivons sur la terre, et nous n'utilisons les bateaux que pour voyager. Crois-tu mon pays très loin ?

— Je croyais que les blancs n'avaient pas de pays, et que leur patrie était partout où est la mer.

— As-tu tué des éléphants dans ta vie?

— Jadis j'en ai tué un avec ma lance, du haut d'un arbre. Autrefois les Gallas en tuaient beaucoup. Mais depuis que les Abyssins sont venus, la maladie s'est mise parmi les bœufs, et la calamité parmi les hommes; nous sommes anéantis et nous ne chassons plus. »

10 novembre. — Le pays que nous traversons devient de plus en plus sec.

11 novembre. — Enfin nous voilà sur le territoire de chasse proprement dit. Ce matin, j'ai vu une compagnie d'éléphants. Palpitant, je vais les tirer, quand une décharge précipitée et intempestive de Daniel et du guide les met en fuite. Je me mets en colère; mais Daniel et le guide sont enchantés d'avoir fait du bruit.

12 novembre. — Je fais connaissance avec les innombrables chasseurs abyssins qui encombrent le pays. Dans un rayon de trente kilomètres, ils sont plus de cent cinquante. Il y a quelques jours, ils ont tué un bel animal; ils ont tiré trois cent vingt coups de fusils pour cela. Ils en sont tout glorieux. Je quitte la région pour en trouver une où il y aura autant d'éléphants... et moins d'Abyssins.

13 novembre. — Je suis maintenant près de la vallée du Ganalé. Le matin, j'entends un bruit de branches brisées : ce sont des éléphants qui passent non loin de mon petit camp. Ni Daniel ni le guide ne sont là; je n'ai donc pas à craindre de décharge intempestive. Aussi je prends tout mon temps. Je retrouve les traces et je les suis. J'arrive en vue de trois grands éléphants. Mais ils s'enfuient sans que je puisse les rattraper. Bientôt ce n'est plus trois, mais pour le moins cinquante éléphants qui sont à ma portée. Mais le bois où je me trouve est très touffu, et les malignes bêtes s'y dissimulent et semblent se jouer de moi. Je les entends et je ne puis les voir. Je continue pourtant de marcher, un peu à l'aveuglette; tout à coup je butte presque contre une énorme masse grise, qui barre le sentier où je suis. C'est un gros éléphant qui se met à galoper dans ma direction : je n'ai que le temps de me jeter sur le côté pour ne pas être piétiné. La bête passe, elle est déjà à trente mètres. Je lui envoie une balle : elle est touchée, car elle se retourne en hurlant. Comme soulevé des quatre pieds, l'énorme pachyderme galope sur moi. Je reste au milieu du sentier, et, quand il est à dix mètres, je lui envoie une balle en plein front. Blessé mortellement, il tombe sur les genoux. Mais il a la force de se relever et de disparaître, pour mourir dans la forêt. J'ai recherché son corps en vain.

14 novembre. — Pendant que je marche à travers bois, j'entends des piétinements d'éléphants; mais je ne puis en voir. En somme, mon excursion vers le Ganalé m'a permis de constater la présence de nombreux éléphants et de n'en tuer qu'un : encore l'ai-je perdu. Quand je rentre à Didimto, j'apprends que Daniel, sans bouger, a eu la chance de tuer un superbe mâle. Voilà bien la morale de la chasse! Toute la journée, les fusils abyssins ont fait rage dans la savane : je me crois aux petites manœuvres. Daniel et ses hommes ont fusillé un pachyderme de cent cinquante cartouches.

15 novembre. — Repos.

16 novembre. — Rien. Les Abyssins tuent un éléphant et chantent toute la nuit.

17 novembre. — J'ai tué un superbe éléphant, une femelle. C'est en mon honneur, cette nuit, que les Abyssins ont chanté. Leur cacophonie n'en fut pas moins atroce.

18, 19, 20 novembre. — Journées d'inaction et de pluie.

21 novembre. — Mon guide me signale au loin des éléphants; nous y courons; ce sont des buffles que nous trouvons. Enthousiasmé par l'aspect de tant de viande de boucherie et par l'espoir d'homériques ripailles, mon compagnon tire avant d'être à portée, et tout le troupeau s'enfuit. Décidément, tous ces Abyssins se comportent à la chasse comme le collégien qui jette aux moineaux la poudre de son premier permis.

22 novembre. — Tué cinq éléphants. Le cinquième a été revendiqué par un groupe d'Abyssins qui l'avaient touché avant moi, mais d'une balle dans le gras de l'arrière-train. Néanmoins l'usage du pays veut que la bête leur appartienne. Je m'incline.

23 novembre. — J'ai décidé de faire, avant de quitter le pays, une excursion vers la rivière Ouelmal, qui coule non loin. Après une marche pénible, j'arrive sur la rivière, qui est en ce point encaissée entre des falaises hautes de cent vingt mètres et roule des eaux abondantes et rapides. Je la traverse à la nage; puis je donne à mes hommes l'ordre de m'envoyer par la même voie mon mulet. Mais la bête est saisie, entraînée par le courant, roulée avec une rapidité effrayante vers une cascade qui gronde à cent cinquante mètres en aval. De l'écume, sa tête émerge parfois, ou ses pattes. Avant la cascade, un rocher affleure. J'y cours, et je suis assez heureux pour lancer à la bête un lasso, et nous la tirons de l'eau, mi-noyée, mi-étranglée. Je renonce à faire traverser l'Ouelmal à ma caravane. Je prends la route du retour.

AU LONG DE L'OMO

La veille, en parlant des indigènes qui peuplaient la rive opposée de l'Omo, le vicomte du Bourg avait dit : « Ils sont sauvages, mais bons enfants ; ils viendront à nous. »

Et il avait établi le camp sur les bords du fleuve.

Ses paroles ne devaient pas se confirmer sur l'heure. Le lendemain, il partait en reconnaissance avec quelques hommes, en descendant les rives de l'Omo. Bientôt, sur l'autre berge, comme la veille, des naturels apparurent. M. du Bourg, leur faisant des signes d'amitié, leur tendait des perles. Mais ils se contentaient de rire entre eux, comme pour se moquer du Frendji, qui ne pouvait les atteindre. L'après-midi, M. du Bourg prit la résolution de passer la rivière et de parvenir jusqu'au village que l'on apercevait à travers les frondaisons. Un petit bateau Berthon, qui se trouvait dans les bagages, fut aménagé, et la traversée commença.

En arrivant sur l'autre rive, nos voyageurs entendirent des cris d'alarme. C'étaient les gardes postés aux environs du village, qui signalaient de loin la venue de l'étranger.

« Courons, » dit le vicomte.

Il fallait, en effet, prévenir leur fuite. Mais la course fut vaine : quand ils arrivèrent, le village était vide. C'était un groupe peu important de huttes basses et rondes, d'une construction malhabile et hâtive : une heure tout au plus aurait suffi à l'homme le moins expérimenté pour en édifier de semblables. Tout y dénotait un peuple primitif, une civilisation presque nulle. Certaines étaient entourées d'une haie; les portes basses ne permettaient l'entrée qu'à quatre pattes. Quelques calebasses, des écuelles grossièrement taillées dans le bois, des œufs d'autruche servant de récipients, des couteaux ébréchés, des harpons primitifs, quelques oreillers et

Type de village dans le pays des Gallas (Abyssinie).

quelques sièges en bois, tel était le mobilier de ces huttes. Il dénotait des propriétaires peu civilisés. Des pirogues, allongées sur le sable, témoignaient de la précipitation de leur fuite. Pendant une heure, nos voyageurs marchèrent en s'éloignant de plus en plus de la rive. A mesure qu'ils avançaient, les mêmes cris d'alarme se transmettaient de proche en proche, se mêlant au beuglement des bêtes que l'on emmenait en hâte. Deux petits villages furent rencontrés, absolument déserts. Il y avait donc dans tout ce pays une population relativement dense, mais redoutant les étrangers.

Là encore, aux confins de l'empire de Ménélik, M. du Bourg retrouvait les effets déplorables de l'administration des fonctionnaires abyssins. Partout, dans chaque agglomération de paillottes, il laissa, comme preuve de ses sentiments amicaux, un morceau d'étoffe avec quelques perles; puis il regagna le camp.

A son arrivée, il fut rejoint par quatre Souahilis qu'il avait envoyés en reconnaissance dans une autre direction. Ceux-ci poussaient des cris de triomphe : ils avaient pu capturer un enfant. Le petit Chankalla devait avoir une dizaine d'années. Le vicomte procéda incontinent à son interrogatoire.

« Comment t'appelles-tu ?

— ...

— Comment se nomme ta tribu ?... ton village ?... tes parents ?

— ...

— Pourquoi ne réponds-tu pas ? As-tu peur ? Nous ne sommes point mauvais, et, si tu réponds, je te donnerai des perles et de beaux vêtements. »

Silence absolu. L'enfant baisse la tête, lançant à la ronde des regards obliques et apeurés. A peine quelques grognements indistincts prouvent-ils par instant qu'il entend bien, s'il ne veut point répondre. En vain le docteur lui fait-il le magnifique présent de sa vieille veste en velours enviée par tous les boys de l'expédition, et qui est certainement la plus belle pièce de bric-à-brac de la caravane. La vue en soulève des cris d'admiration et de convoitise. L'enfant se la laisse passer comme une camisole de force. On la lui ôte, en lui certifiant qu'elle lui appartient désormais : à peine daigne-t-il se coucher dessus, en gardant sa mine maussade. Le docteur est fort vexé de son échec, et le petit Chankalla se retire entre ses gardes.

Le lendemain, nouvel effort pour obtenir de lui quelques renseignements. Mais il s'entêta dans son mutisme. M. du Bourg se décida enfin à le renvoyer, muni d'une pièce d'étoffe et de quelques perles, qu'il accepta. Mais le docteur ne put le contraindre à emporter la belle veste : on dut la remettre aux bagages...

Dès le 3 juin, M. du Bourg s'occupa du transbordement de tous les bagages sur la rive droite de l'Omo. Le 10, nous arrivions chez Sa Majesté le roi Labouko, qui se portait à notre rencontre.

Il était suivi d'une quinzaine d'indigènes, tous armés. C'était un homme de cinquante ans environ, à la haute stature. Il était affublé d'une pièce d'indienne, don des Moscoves (c'est le nom qu'on donne aux Russes dans tout le pays). Trois petites plumes d'autruche, formant panache, étaient piquées dans sa chevelure rejetée en arrière et rendue compacte par un mélange de terre et de beurre. De nombreux colliers de perles noires à son cou, une vingtaine de bracelets de cuivre et de fer à son bras et à ses chevilles, complétaient son costume, dont on pourrait dire qu'il rappelait la défroque classique des rois nègres du continent noir. Parmi son entourage, on distinguait un de ses parents, dont le cou était entouré de seize colliers de fer, carcan terrible qui interdisait tout mouvement de sa tête, mais dont il semblait très fier. La physionomie de Sa Majesté était peu intelligente ; mais dans tous ses gestes, dans tous ses discours et dans les silences dont il les entrecoupait, tout annonçait un homme méthodique et réfléchi.

La conversation fut longue, cordiale dans la forme, mais pleine de réticences diplomatiques.

« Tu le vois, lui dit M. du Bourg, nos intentions sont bonnes. Nous ne voulons pas piller, mais explorer et acheter nos provisions.

— Je le vois et j'en suis content.

— Peux-tu nous vendre du sorgho ?

— Non, il n'y en a plus.

— Et des ânes ?

— Nous n'avons plus que des femelles, et les femelles ne se vendent pas. Les mâles nous ont été pris par les Abyssins.

— Allons, réfléchis bien : tu ne peux nous procurer aucun secours. Pourtant nous le payerions bien. »

Sa Majesté réfléchit, en effet.

« Si tu veux, je te conduirai dans une contrée où tu auras tout ce que tu demandes.

— Il y a des gens disposés à vendre leurs biens ?

— Non, il te faudra les prendre. Mais... je t'accompagnerai avec quelques-uns de mes guerriers. »

Maintenant Sa Majesté parle vite : il faut se hâter si l'on veut « faire le coup », car les indigènes ont déjà eu vent de l'arrivée des Frendji, et, si on ne les prévient, ils ne tarderont pas à se réfugier en des lieux où l'on ne pourra les retrouver... Cependant le vicomte réfléchit : jusque-là, il a ponctuellement payé tout ce qu'il a pris. Mais on se trouve dans des circonstances nouvelles : on est au milieu d'une population hostile, nos bêtes de somme ont été décimées depuis le Gofa, et la disette nous menace. Faut-il laisser périr nos hommes ? Les Karo et leur chef Labouko ne veulent rien vendre et ont mis à l'abri tout ce qu'ils possèdent. Que faire, sinon les utiliser et accepter leur proposition? Il faudra bien essayer de se procurer avec leur aide, *s'ils tiennent parole,* ce qui est absolument nécessaire à l'expédition.

« C'est mesure de salut public, nous disait M. du Bourg; mais il nous faudra indemniser les victimes de cette réquisition forcée. » Et il accepta, sans enthousiasme, la proposition de Labouko. Très satisfait, celui-ci indique son plan : ce sont les Galebi qu'il s'agit de visiter : ils habitent une boucle formée par l'embouchure de l'Omo et une baie du lac Rodolphe.

« D'aileurs, dit Labouko pour rassurer la conscience du chef français, tu ne seras pas le premier à agir ainsi. Jadis le dedjaz moscove (M. Léontieff) a fait de même, et, l'an dernier, un autre Moscove (M. Babitcheff sans doute) l'a imité. »

Le départ fut résolu pour le lendemain 12 juin. Les hommes de la mission fraternisaient avec ceux qui accompagnaient Labouko. Ceux-ci, pour passer l'Omo, prirent une outre, y jetèrent les objets qu'ils voulaient emporter, la gonflèrent et en ficelèrent l'orifice. L'outre flottait, formant bouée. Un des hommes qui ne savait pas nager s'y cramponnait fortement, et l'appareil était poussé dans le fleuve. Un nageur conduisait ainsi l'outre, les objets et l'homme jusqu'à l'autre rive.

Le lendemain, à l'heure dite, Labouko arrivait avec soixante de ses guerrriers. Tous étaient armés de lances et de boucliers, et leur coiffure était parée de plumes d'autruche noires et blanches.

Durant la marche, ces hommes se montrèrent de plus en plus indiscrets et plus exigeants. Tout à coup, le troisième jour, ils disparurent, ainsi que Labouko.

Ainsi, pendant deux jours, ils s'étaient nourris aux frais de notre expédition, avaient reçu des cadeaux et avaient néanmoins réussi à nous conduire hors du territoire, sans rien donner, ni une bête de somme, ni une mesure de dourah, ni un renseignement. Le tour était bien joué. Mais voici le comble. Bientôt nous vîmes s'allumer, vers le sud, une série de feux analogues à ceux autour desquels nous avions laissé Labouko. Ceux-ci étaient un signal : de loin en loin, tout au long des rives de l'Omo, d'identiques bûchers flambaient, portant la nouvelle de « l'invasion européenne ». Si ces tribus sont ennemies les unes des autres et n'hésitent pas à se piller mutuellement, toutes au moins sont solidaires devant l'étranger, réputé ennemi, qu'il soit Frendji ou Abyssin. Est-ce dans le caractère de ces tribus d'être inhospitalières, ou bien sont-ce les Abyssins, ou même les Européens de passage, qui les ont effarouchées? Peut-être les deux causes ont-elles agi, l'une renforçant l'autre.

« Toujours est-il, déclare M. du Bourg, que je plaindrais celui qui viendrait ici avec une escorte insignifiante, car la force est la seule chose que ces sauvages respecteront. »

GEORGES CLARETIE

M. Paul Hervieu, de l'Académie française, dit, en présentant aux lecteurs le récit de M. Georges Claretie : « Par droit héréditaire, le nom de l'auteur est de ceux qui recommandent le mieux un livre. » Le fils de l'éminent administrateur de la maison de Molière n'avait nullement besoin de ce pavillon pour couvrir l'excellente marchandise qu'il nous donne. « L'âme du voyage se sent et fleure dans ce volume de voyage. Il passe un vent neuf et rapide. Les aperçus des gens, les observations des choses, les paysages, les physionomies, se montrent nets et se succèdent variés, impressionnants ou amusants, mémorables dans la force des raccourcis. On navigue, on roule, on marche, on écoute, on voit, on apprend, on rêve... Pour ce beau voyage que le lecteur va faire dans sa chambre, M. Georges Claretie est le plus souhaitable des compagnons : il a les érudition qu'il faut; il parle un langage clair, élégant, précis, imagé, sentimental et ferme. L'occasion est précieuse de s'en aller pendant quatre cents pages avec lui. »

Nos lecteurs nous sauront gré de nous être effacé pour céder la parole à M. Hervieu. C'est même un devoir pour nous de ne pas nous substituer à l'écrivain qui, mieux que tout autre, sait apprécier la valeur de ceux qui écrivent.

« Quand je le revis, au lendemain de sa rentrée en France, je puis discerner sur son visage qu'il venait d'effectuer lestement une de ces étapes de l'existence qui éprouvent la trempe d'une nature. Sa personne, — d'où se dégage un air à la fois de décision virile et de douceur dorlotée, — avait pris ce teint bronzé, cette maigreur des soldats, cette pauvre mine fière, qui font aussi songer à ce que les regards d'une mère goûtent là d'anxiété en se repaissant de la joie du retour. N'était-ce pas, en effet, une vraie expédition, rude et louable, qu'avait menée M. Georges Claretie? Il revenait de ces derniers contreforts de l'Atlas, jusqu'où, d'après certains, la légende fait s'allonger le jardin des Hespérides.

« Et ce qu'il avait conquis sous les flèches du soleil, contre le dragon des fièvres et des fatigues, ce qu'il rapportait, comme par un devoir de race, en digne fils d'un écrivain illustre, c'était un Livre. »

On l'a pu remarquer, nos citations sont empruntées à des auteurs qui appartiennent presque tous à des carrières fort différentes. Cette fois, nous avons à faire à un avocat. Le conteur des lignes suivantes honore le barreau de Paris, non seulement de ses célèbres plaidoiries, mais des ouvrages où il expose avec une haute compétence les causes qu'il a défendues.

Autant que personne, nous pouvions goûter le charme et l'exactitude des pages de M. Georges Claretie, puisque nous avons vu les contrées qu'elles retracent. Les dernières de ces pages nous sont plus chères encore, parce qu'elles traitent d'un séjour à Tripoli de Barbarie, où nous avons fait de longues haltes au départ et au retour de nos missions officielles dans l'intérieur du vilayet ottoman. Elles sont stupéfiantes de précision, de clarté et de justesse.

LE HASCHICH [1]

J'ai demandé à mon guide, Isaac Arbib, s'il pouvait me mener dans un endroit où l'on fumait du haschich. Arbib prit un air grave et me regarda sans répondre.

« Oui ou non, fume-t-on du haschich, à Tripoli ?...

— On en fume, et on n'en fume pas ! »

La réponse était étrange, et évidemment Arbib me cachait quelque chose.

« On en fume, et on n'en fume pas ! Ce n'est pas une réponse, cela. Parle clairement, n'aie pas peur ! »

Il souleva la chéchia graisseuse qui lui couvrait la tête, se gratta le front quelques instants, réfléchit, parut faire un effort pour me répondre :

« C'est-à-dire qu'au coucher du soleil, il y a des gens qui fument la chira ! »

Il me dit cela très bas, mystérieusement, en regardant autour de lui, et ajouta plus bas encore :

« Ne le dites pas, c'est défendu ! Si on m'entendait !...

— Défendu ! peu importe ! Cela m'est égal. Si on en fume, cela me suffit, et je veux voir ce spectacle.

— Mais la police turque le défend.

— Je te dis que cela m'est égal ! La police turque ne me dira rien.

— A vous, c'est possible ; mais à moi ?

[1] *De Syracuse à Tripoli*, par Georges CLARETIE. (Librairie Molière, Paris.)

— A toi non plus, si tu es avec moi, je m'y engage. Mène-moi donc à une fumerie de haschich. »

Isaac Arbib reprit son air rêveur. Il semblait que je lui eusse demandé l'impossible.

« Oui; mais je ne sais pas où il y en a.

— Tu ne sais pas, tu chercheras. Lorsque je t'ai pris à mon service, tu m'as dit que tu me mènerais partout où je voudrais, que tu me montrerais tout ce que je voudrais voir. Il me faut du haschich, trouve-m'en. Cherche, je le veux!

— C'est bien! tu en auras. Viens avec moi. »

Je le suivis dans les rues de Tripoli; il marchait vite, avec un but déterminé. J'étais persuadé qu'il allait s'arrêter dans quelque ruelle obscure ou au fond de quelque impasse louche, devant un cabaret ignoré où je verrais les fumeurs de haschich accroupis sur des nattes, et rêvant dans la fumée bleue de leurs pipes.

Les rues succédaient aux rues : nous avions traversé la grande place du marché, encombrée de marchands et de bêtes de somme, franchi les hautes murailles de la ville; nous étions dans la campagne.

« Où me mènes-tu?

— Chez les fumeurs de chira. »

Il s'arrêta devant quelques tentes misérables couvertes en poils de chameau. Autour, de vagues dormeurs étendus à l'ombre, roulés dans des haillons si usés, si vieillis, qu'ils n'avaient plus aucune teinte et semblaient se confondre avec le sol, avec la terre, cette terre d'Afrique, d'une nuance indéfinissable qui tient le milieu entre le gris et le jaune.

Les dormeurs enjambés, Isaac Arbib soulève la lourde

couverture qui masque l'entrée de la tente, et dit quelques mots en arabe à l'intérieur.

Autour d'un vase noirâtre où cuisent des aliments sordides, morceaux de pain et de viande disputés sans doute aux chiens de la ville, j'aperçois quelques formes humaines à demi vêtues. Des êtres vivent là, sur le sol, au milieu de

Tripoli. — Une rue.

débris de toute sorte, vieux chiffons et vieilles ferrailles. Ils se traînent péniblement autour de cette marmite fumante. J'aperçois dans les coins sombres de la tente une couverture qui s'agite, quelque vague forme qui se meut, lamentable paquet de chair qui se traîne. Oui, ce sont des êtres, des êtres humains; ou du moins ils l'ont été. Il me semble voir des monstres ou des spectres. C'est un homme cependant, ce vieillard qui paraît être le chef ou le père. Sa barbe blanche descend sur sa poitrine; un lambeau d'étoffe lui ceint les reins, et un collier d'ambre orne son cou. Il ne bouge pas, il a l'air mort. L'œil démesurément ouvert, la pupille dilatée regarde fixement quelque point vague de l'espace.

L'homme songe. Il songe, à moins qu'il ne soit mort. Pas un mouvement, pas un geste, pas un tressaillement ; les lèvres serrées ont l'air d'être les lèvres d'un cadavre, — et toujours cet œil, cet œil hagard qui regarde sans rien voir. Cet homme est un squelette, ou plutôt une momie. La peau, desséchée et jaune comme un parchemin, colle sur des os qui ont l'air de vouloir la crever. Le crâne se voit et rit déjà sous cette peau où le sang n'a pas l'air de circuler. Aucune respiration ne soulève ces côtes décharnées qui strient cette poitrine nue. Il me semble être en présence d'une effroyable statue en bois sculpté du moyen âge, ou d'un de ces lugubres phénomènes, un de ces hommes-momies, desséchés, vivants, que l'on voit parfois dans les hôpitaux. Et ils sont tous ainsi sous cette tente, et ils sont nombreux, et il y a là des enfants, — des enfants dont la tête n'est plus qu'une boule informe jaune ou grise, de peau ridée, avec deux trous qui sont les yeux, — des yeux morts, — et de longues dents jaunâtres qui font saillie hors de la bouche, — bouche morte elle aussi et qui semble ne devoir jamais ni rire, ni parler.

Arbib, devant la porte de la tente, parlait toujours à ces larves qui avaient l'air de ne pas comprendre, de ne pas entendre. Les lèvres desséchées du vieillard s'entr'ouvrirent, laissèrent sortir deux ou trois sons rauques, et ce fut tout.

La momie n'avait pas bougé. La momie parlait cependant, vivait ; c'était donc un homme ! Arbib me fit signe de sortir.

« Venez, nous n'en tirerons rien. »

J'avais hâte de fuir loin de ces spectres.

« Quels sont ces hommes? »

Arbib sourit en me répondant :

« Ce sont des fumeurs de haschich. »

C'était donc là l'effet que pouvaient produire quelques brins de chanvre fumés dans des pipes, le haschich mystérieux de l'Orient dont on rêve, le haschich des contes arabes, des romanciers, des poètes, l'herbe de songe, l'herbe qui donne les extases et les joies, les visions les plus suaves, qui autrefois entraîna à la suite du Vieux de la Montagne des milliers de fanatiques ! C'était là, quelques êtres à peine vivants, lamentables, hideux squelettes autour d'une marmite !

« Ils ont trop fumé, me dit Arbib ; ils ne savent plus... Ils ne savent rien. D'ailleurs, ils sont trop pauvres, ils n'ont plus de chira, et la chira coûte cher... Allons ailleurs ! »

Ainsi donc ces malheureux, qui se mouraient pour avoir trop fumé le chanvre, n'avaient même plus les quelques sous nécessaires pour en acheter et mourir en paix, poursuivant leur rêve dans la fumée de leur pipe.

« Allons ailleurs ! »

Et Arbib m'entraînait.

« Ceux-là, voyez-vous, sont trop vieux. Cherchons-en de plus jeunes. »

Non loin de la petite place du marché et des murailles de la ville, dans ce faubourg de Tripoli qui mène à l'oasis, assis devant une porte, un jeune nègre, un enfant : dix ou douze ans à peine, nous regardait passer en souriant avec un bon rire gai, franc, qui découvrait des dents superbes.

Mon guide m'arrêta :

« Celui-là doit savoir où on fume du haschich. Il en fume. »

Lui aussi, cet enfant gai, robuste, sain, aux muscles solides, bien vivant, fumait du haschich! Et je pensais qu'un jour viendrait où ses muscles s'atrophieraient, ses membres se dessécheraient, cette peau se racornirait, et où il irait vieillir et mourir sous la tente, un peu plus loin de la ville, dans la campagne, avec les momies effroyables que je venais de voir, et qu'alors lui aussi serait trop pauvre pour acheter l'herbe qui tue!

L'enfant souriait; mais, aux premières paroles d'Arbib, il devint silencieux.

« Il a peur, peur de la police. »

Mon guide le rassura.

« Il ne sait pas où nous pourrons trouver du haschich; mais il le saura demain. Il nous donne rendez-vous demain matin, à la porte qui regarde le Sud. Ayez confiance en lui, je le connais. »

A neuf heures du matin, le lendemain, le jeune nègre m'attendait, exact au rendez-vous. Un colloque interminable s'engagea entre Arbib et lui, à voix basse, de peur d'être entendus.

« Que dit-il?

— Il n'a pas de haschich; mais il sait où nous pourrons en trouver et veut bien nous y mener. »

L'enfant rieur de la veille était devenu inquiet, songeur, se retournant à chaque instant, comme s'il craignait d'être suivi. Au bout de quelques minutes il s'arrêta devant une petite maison isolée, située à peu de distance des remparts, un cabaret ressemblant à toutes les guinguettes des environs de Paris, blanchi à la chaux, orné d'un balcon de bois peint en vert, où quelques chaises et des tables de zinc très banales attendaient les consommateurs. A l'intérieur, une grande salle décorée de chromos, réclames d'apéritifs italiens : Fernet, Branca, Amaro di Felsina. J'étais déçu. A quoi bon tant de mystère, tant de conversations à mi-voix, de regards furtifs en arrière, pour venir s'échouer dans le cabaret le moins pittoresque de Tripoli, et boire du vermout de Turin? Je craignais d'avoir été dupe, d'avoir été la proie d'un guide chargé par le patron de l'estaminet de lui amener des consommateurs. Le patron, Italien ou Maltais, se promenait dans son établissement, une serviette à la main. J'avais cherché une fumerie de haschich, et il me semblait être à Asnières. J'étais stupéfait. Arbib devina mes craintes.

« N'ayez pas peur, c'est bien ici. Le nègre me l'a dit... Il le sait. »

Cela ne me semblait pas possible. J'avais rêvé un cabaret sombre, orné de nattes, peuplé de fumeurs endormis sur leurs pipes. Je voulais une vision d'Orient, et je voyais des pancartes blanches avec des inscriptions italiennes : Gelati, — Granite ! »

Près de la porte, étendu sur le sol, un mendiant sommeillait. Je ne l'avais pas remarqué tout d'abord. Le petit nègre frappa sur l'épaule de l'homme endormi, qui s'étira un instant, se leva, s'appuyant sur un bâton. C'était un vieillard à barbe blanche, ridé, usé, courbé en deux.

« C'est l'homme, me dit Arbib, l'homme qui sait où est la chira. »

Le nègre lui dit quelques mots à l'oreille. Le mendiant hocha la tête, leva vers le ciel l'index de sa main droite, répondit quelques paroles brèves, rejeta sur l'épaule les plis de son burnous troué, et à pas lents, chancelants, aidé de son bâton qui tremblait entre ses mains osseuses, il s'éloigna vers les remparts.

« Vous aurez le haschich ce soir à quatre heures. Il l'a promis. Il ne peut pas l'apporter avant, car il faut aller le chercher très loin, au bord de la mer, chez des gens qui le cachent de peur des soldats turcs. »

A l'heure dite, je revins au cabaret. Assis devant une table garnie de verres de limonade, je reconnus le mendiant que j'avais vu le matin. Près de lui, assis à ses côtés, un homme, un Turc coiffé du fez rouge au gland de soie, vêtu d'une jaquette de drap noir très propre, aux boutons de cuivre. Il était jeune, une figure intelligente, une barbe brune en pointe. Il me parut être un fonctionnaire turc quelconque, un douanier ou un employé des postes.

« Quel est cet homme?
— C'est celui qui a le haschich!
— Oui; mais qui est-ce? »

Arbib mit un doigt sur ses lèvres pour me recommander le silence :

« Ne dites rien! Il ne veut pas qu'on le sache! »

Ce Turc mystérieux était d'ailleurs fort aimable. Il me fallut m'asseoir à ses côtés et boire de la limonade en sa compagnie. Il buvait lentement, à petites gorgées, sans se presser, avec l'indolence des Turcs apathiques. Nous étions silencieux tous les quatre autour de la petite table de zinc; le temps commençait à me sembler long, les limonades se succédaient aux limonades : j'avais hâte de fumer enfin du haschich.

« Mais quand vous voudrez, me dit Arbib; il vous attend... »

Il, c'était le Turc si aimable, à la jaquette de drap ornée de boutons jaunes.

Je les suivis dans un petit escalier en spirale, en pierre, aux marches recouvertes de plâtre blanc, et qui aboutissait à une terrasse. L'homme au fez rouge se pencha un instant au-dessus de la balustrade, un peu inquiet, de crainte d'être épié. Personne n'avait suivi, la campagne était déserte sous le soleil ardent de l'après-midi; enfermée dans ses hautes murailles, la ville au loin somnolait.

Une petite porte basse s'ouvre sur cette terrasse, donnant accès à une chambre aux murs blancs, éclairée par deux toutes petites fenêtres et dallée de carreaux de terre rouge.

Quelques chaises en paille, une table en bois blanc, c'est tout; la chambre est vide, très propre et toute blanche. Une odeur indéfinissable y règne, pénétrante et fade, imprégnant les plâtres du mur, les faïences du sol, la table, les chaises; — une odeur étrange, qui ne ressemble à aucune autre, mélange de parfums d'église et d'odeur de bazar turc, d'encens et de bois de santal, odeur de poussière et d'herbes brûlées. Il semble que tous les parfums de l'Orient à la fois ont été répandus pour la célébration d'un culte mystérieux dans cette petite chambre blanche, qui ressemble à une salle d'opérations chirurgicales.

Le Turc au fez rouge s'assit sur une chaise et déposa sur la table une petite tabatière noire en bois laqué. Le vieux mendiant, qui était monté lui aussi, s'assit à son tour, et tira de dessous ses haillons un instrument bizarre assez volumineux qu'il plaça sur la table, à côté de la tabatière. C'était la pipe pour fumer le haschich.

Elle est étrange, et ressemble plutôt à un instrument de chirurgie qu'à une pipe. Le fourneau est en métal, en zinc, et se compose de deux troncs de cône réunis par la base; l'un d'eux, celui du sommet, se termine par une petite coupe de terre rougeâtre où se place le mélange de tabac et de haschich. A la base, un long tuyau de roseau très large, par lequel on aspire la fumée. La pipe était vieillie, usée, salie; les lèvres humides et grasses avaient laissé des traces brunâtres sur le tube du roseau, peut-être les lèvres de ces malheureux que j'avais vus agonisants sous la tente, de ceux-là qui étaient trop pauvres aujourd'hui pour fumer la chira.

Avec des précautions infinies, le Turc ouvrit sa petite tabatière, remplie d'une matière noirâtre un peu humide, ressemblant à du tabac de cantine mouillé.

« C'est, me dit Arbib, un mélange de cigares maltais hachés et de chira. »

A côté de sa tabatière, le Turc avait placé une petite boule noire, luisante, ressemblant à un caillou, et qui dégageait une vague odeur de musc. C'était le haschich que j'allais fumer, mélangé avec du tabac.

C'est avec une certaine émotion que j'approchai mes lèvres du tube de roseau pour respirer les premières vapeurs de la pipe, qu'on m'avait allumée. Une fumée âcre se dégageait, me prenant à la gorge, pénétrant mes bronches, me faisant tousser.

« Fumez doucement, » me dit Arbib.

La fumée montait en spirales, lentement, vers le plafond de la chambre. L'odeur bizarre, l'odeur que j'avais sentie en entrant, devenait de plus en plus intense; je ne toussais plus, j'aspirais de toutes mes forces les nuages bleus qui sortaient du tube de roseau, et cette odeur, ce parfum, de plus en plus étrange, de plus en plus vif, je l'aspirai avec délices.

« Une autre pipe encore?
— Oui, une autre; une autre, vite! »

C'étais exquis, bizarre et délicieux à la fois; cela ne ressemblait à rien. Ce parfum, je ne l'avais jamais respiré; cette sensation étrange, cette chaleur que ressentait tout mon être, je ne l'avais jamais éprouvée.

« Une autre, une autre encore! »

A la troisième, Arbib m'arrêta :

« C'est assez pour aujourd'hui! »

Assez? Il ne me semblait pas que cela pût faire mal. Je n'avais éprouvé aucun trouble. Je parlais, je raisonnais, mon cerveau était intact. Pourquoi assez? Il me semblait seulement avoir fumé un tabac très parfumé, très étrange, — et c'était tout.

Quand j'eus fini, le Turc à son tour bourra la pipe et se mit à fumer, lentement, bouffée par bouffée, avalant la fumée. Les yeux mi-clos, le corps penché en avant, les coudes sur la table, il paraissait somnoler, perdu dans un rêve.

Le temps passait, et il dormait sur sa pipe éteinte.

J'avais vu ce que je voulais voir, j'avais fumé le haschich; je voulais partir.

« Nous partons? »

Arbib frappa sur l'épaule du Turc endormi, qui se réveilla en sursaut. Le vieux mendiant, jusque-là immobile, prit la pipe à son tour et se mit à fumer. J'achetai, pour quelques sous, un assez gros morceau de haschich, et je partis. Là-haut, dans la petite chambre blanche, près de la terrasse, le Turc à la jaquette noire et le vieux mendiant continuaient leur rêve dans le parfum de la fumée bleue...

Pas d'engourdissement, pas de rêves, rien, je n'ai rien éprouvé; un parfum très étrange, très subtil, dont l'odeur me poursuit, imprégnant mes narines, et c'est tout...

Il fait très chaud au dehors, et les murailles de la ville ont l'air de blocs de métal en fusion. Comme ils me semblent loin, les remparts de Tripoli! Jamais ils ne m'ont paru si loin, et comme le soleil est brûlant! Je suis très las, — est-ce le haschich? Oui, ce doit être le haschich, car ma fatigue augmente. Je vais revenir à l'hôtel. Je n'ai plus rien à voir dans la ville, il faut rentrer, rentrer le plus vite possible. Je me hâte; — elles sont toujours aussi loin, les murailles de Tripoli; cependant je marche vite, il me semble; je les atteins, je suis dans la ville, — enfin! Mais elle est longue à traverser, la ville. Comme je me sens fatigué! Arbib me suit, j'entends son pas derrière moi; il s'approche, me regarde :

« Comme vous avez l'air drôle! »

Sa voix sonne étrangement. Il m'a dit que j'avais l'air drôle. Pourquoi ai-je l'air drôle?... Oui, il a raison, je puis avoir l'air drôle, car je suis en sueur. Ce doit être le haschich. Je marche plus vite, toujours plus vite; j'ai hâte de rentrer, rentrer chez moi... Je n'entends plus le pas lourd d'Arbib, qui doit me suivre : peu importe, je connais mon chemin. Je n'entends plus son pas, mais il me semble entendre sa voix; elle sonne de plus en plus étrangement, elle s'éloigne, se perd dans le lointain :

« Drôle!... Vous avez l'air drôle!... »

Je n'entends plus Arbib. Il doit être là cependant. Je ne veux pas me retourner, ce serait du temps perdu, et j'ai hâte de rentrer. Je ne suis plus fatigué, je me sens léger, très léger ; je marche vite. Je croise une femme dans la rue enveloppée d'un châle blanc. Elle me regarde ; son œil est étrange, elle me parle et me dit :

« Vous avez l'air drôle ! »

C'est bizarre, elle m'a dit cela en arabe, il me semble, et je ne sais pas l'arabe, et j'ai cependant compris !... La femme a disparu. Devant sa porte, un enfant, un petit Juif au fez rouge, lève la tête ; lui aussi me dit que j'ai l'air drôle. Il me semble que quelqu'un me pousse par derrière ;

Femmes arabes de Tripoli.

qu'une main énorme, gigantesque, me saisit aux reins et me lance en avant. Oui, je la sens, elle m'étreint, de ses doigts. Un bruit vague derrière moi ; c'est quelqu'un qui me parle tout doucement à l'oreille :

« Rentre, rentre chez toi ! »

La main se crispe, me pousse de plus en plus; la voix grandit :

« Il faut rentrer, rentrer vite. Va dormir, dormir, dormir!... »

Je ne marche plus, je cours, une course folle. Je descends au galop des rues en pente, que je ne reconnais pas, bondis par-dessus des corps endormis dans des ruelles; je traverse des places, des marchés. Je ne sais plus où je vais, et la main me pousse, et la voix me parle :

« Dormir, va dormir! »

Je bouscule des passants, je traverse des foules. On me parle : tout le monde me parle à la fois. Des visages grimaçants se tournent vers moi; j'entends tout le monde :

« Drôle!... tu as l'air drôle! »

La foule s'amasse, il me semble; elle tourbillonne autour de moi. Je cours toujours. La voix me poursuit :

« Il faut dormir, dormir, dormir! »

Les maisons me paraissent danser autour de moi, prennent des aspects fantastiques. Où suis-je? Je ne reconnais pas Tripoli. Quels monuments bizarres! Qu'ai-je fait? Pourquoi suis-je ici? Les minarets oscillent, se penchent vers moi. Ils me parlent, eux aussi :

« Drôle! drôle!... tu as l'air drôle! »

Est-ce que je deviendrais fou? La foule hurle à mes oreilles :

« Tu as l'air drôle! »

Les maisons me le crient au passage. Le boulanger qui cuit son pain abandonne son travail pour me crier :

« Tu as l'air drôle! »

Je sens que je deviens fou. Non; quelqu'un me guide : la main qui m'a saisi par derrière, et qui me pousse, qui me conduit, et la voix qui me dit à l'oreille, toujours, incessante :

« Dormir !... Il faut dormir,... va dormir !... »

L'hôtel de la *Minerva!* Je suis chez moi, dans ma chambre, sur mon lit. Je vais dormir. Enfin !... Je dors, je me sens dormir. Oh! la voluptueuse sensation que l'on éprouve lorsqu'on se sent envahir par le sommeil, peu à peu, doucement, dormir sans rêves! Oui, je dors, je le sens. Je n'entends plus rien, je ne vois plus rien; il n'y a que du noir. Je dors...

Un léger bruit à côté de moi, dans la nuit; il me semble qu'on a marché. Non, je me suis trompé, ce n'est rien. Je dors toujours, je le sens. Je ne me suis pas trompé, il y a quelqu'un là; j'ai entendu un bruit d'étoffes que l'on froisse, un bruit de pas. Quelqu'un parle très bas; je n'entends pas, mais quelqu'un parle. La voix grandit; oui, il y a quelqu'un, je le vois, quelqu'un tout près de moi, là, à gauche, près de mon lit: c'est un nain, un horrible nain à face de vieillard. Il a un bâton à la main. Il me parle, et je ne comprends pas ses paroles. Il crie de plus fort en plus fort. Je ne comprends toujours pas.

Le nain grandit. Ce n'est plus un nain, c'est un géant maintenant, sa tête touche au ciel. On parle à droite aussi; derrière moi j'entends des voix. Je veux crier, je crie : « Que me veut-on? Laissez-moi! Ce sont des visions, j'ai pris du haschich. » Oui, je sens que je crie, et aucun son sort de mon gosier, je n'entends rien... C'est fini, tout a disparu. Je suis dans la nuit, je dors... Non, je ne suis plus dans la nuit. Il fait clair, au contraire; je vois une rivière, des arbres, des arbres en fleur, tout roses; un pont, un pont en bambou, une pagode. Je suis au Japon; oui, c'est le Japon. Pourquoi le Japon? et il me semble dire à haute voix : « Pourquoi le Japon? » Non, ce n'est plus le Japon, c'est une salle d'hôpital maintenant. Je suis dans un lit, un petit lit de fer. Il y a quelqu'un couché à ma droite dans un lit semblable, quelqu'un à gauche aussi. Des lits, des lits partout, avec des malades. Je suis en sueur, les draps collent sur mon corps, la senteur de cette salle et l'odeur aigre de la sueur des malades m'écœurent. Je veux appeler le médecin, je veux partir. Pourquoi donc suis-je ici? Je me souviens : on m'a mis ici parce que j'étais fou, parce que j'entendais des voix; et que tous ceux qui sont là dans des lits, comme moi, sont des fous. Mais maintenant je suis guéri, je n'entends plus de voix, je veux partir! — Si, j'entends encore des voix; le nain est là, toujours; il se promène encore dans la salle entre les lits, il parle encore... On s'est trompé, on n'aurait pas dû me mettre ici; les voix que j'entends, c'était le haschich qui me les faisait entendre. Le nain qui se promène là, c'est une vision. Je ne suis pas fou, mais je puis le devenir. Oui, je comprends comment on peut le devenir, je comprends pourquoi les fous entendent des voix. Je veux me lever, voir le médecin, expliquer au docteur comment il y a des gens qui peuvent devenir fous, car j'ai compris la genèse de la folie. Il faut faire vite, avant que je devienne tout à fait fou... Mais je ne puis pas me lever...

Mes jambes sont de plomb. Je suis étendu dans mon lit, je ne puis bouger. L'hôpital a disparu. Où suis-je? Je ne sais pas! Je ne sens plus mon corps; il est devenu léger, très léger. Il me semble être au centre d'une sphère immense, bleuâtre, étoilée, qui m'enveloppe. Mon cœur bat, bat de plus en plus vite; et à chaque battement il me semble que la sphère se gonfle comme une immense bulle de savon. Elle devient énorme, immense; c'est mon cœur qui la fait battre. Elle s'éclaire de lueurs étranges, se boursoufle, monte; elle atteint les étoiles, elle crève. Mon cœur ne bat plus; je ne sens plus rien, je n'entends plus rien. Il me semble que je suis mort. C'est donc cela, la mort : ne plus sentir, ne plus penser, être dans une atmosphère légère, éthérée, toute bleue. Oui, c'est cela...

On frappe à ma porte :

« Monsieur, le dîner est servi ! »

C'est Pepino, l'hôtelier de l'hôtel *Minerva*. Je me lève. J'ai grand'faim. Une voix rude et sonore monte de la salle à manger :

« Pepino ! de la bière ! »

C'est le général von Rüglish Pacha qui est à table.

Un peu d'eau sur la figure, et c'est fini : je vais très bien.

Sur ma table, une petite boule noirâtre, sentant vaguement le musc, est là pour me rappeler que j'ai bien fumé du haschich. Et je pense avec tristesse à ces malheureux que j'ai vus hier, sous la tente, maintenant trop pauvres pour acheter du chira. Et c'est pour de telles sensations, de telles visions, qu'ils sont devenus ces spectres effroyables, ces cadavres vivants !

Je ne fumerai jamais plus de haschich.

E. COTTEAU

M. E. Cotteau a parcouru sur le globe terrestre, en tous sens et pendant de nombreuses années, un nombre considérable d'itinéraires.

Comme les plus vaillants d'entre ses collègues, il a souvent quitté les routes tracées pour se lancer à l'aventure sur les sentiers inconnus. Il en a rapporté, non un livre, mais une bibliothèque de livres très variée. Ce qui augmente la valeur de ces ouvrages, c'est qu'ils sont intentionnellement des guides pour les globe-trotters, pour les lecteurs désireux de l'imiter. Tout y est exposé pour faciliter la tâche des successeurs dans les régions parcourues. Mais de quelles couleurs chatoyantes les peintures sont brossées! Cette qualité, qui nous occupe seule ici, nous la mettons en relief en choisissant la description de Bénarès, la ville sainte des Hindous.

BÉNARÈS [1]

A notre entrée en ville, le fonctionnaire indigène préposé à la garde du poste de police nous salue respectueu-

[1] *Promenade dans l'Inde et à Ceylan*, par E. Cotteau. (Plon-Nourrit et Cie, éditeurs.)

sement, en s'inclinant jusqu'à terre et en portant successivement la main à sa poitrine et à son front. Après avoir suivi un certain nombre de rues populeuses et passé devant une mosquée où un enfant donne à manger à une trentaine de chiens affamés, nous arrivons enfin sur les bords du Gange. Là nous remplaçons notre voiture par un grand bateau assez délabré.

Commodément assis dans de larges fauteuils de rotin, installé sur la dunette, nous descendons le courant le long de la rive gauche, passant en revue lentement et tout à notre aise l'incomparable décor qui se déroule sous nos yeux. C'est vers 4 heures du matin que les femmes de haute caste, se dérobant aux regards, descendent aux bords du fleuve pour s'y livrer, à la faveur de la nuit, aux ablutions journalières prescrites par les livres sacrés. Depuis longtemps elles ont regagné leur demeure; mais les rives n'en présentent pas moins une animation incroyable. Une foule bronzée, aux vêtements multicolores, se presse sur les derniers gradins. Hommes, femmes, enfants, entrent pêle-mêle dans le fleuve; chacun est muni de son vase de cuivre, bien reluisant, qu'il remplit d'eau sainte et dont il s'asperge le corps à diverses reprises. Du haut de la berge, des idoles colossales, peintes de couleurs éclatantes, président à ces cérémonies, et, de leurs gros yeux hébétés, semblent contempler tout leur peuple en prière. Une épaisse fumée s'élève d'une plate-forme à demi ruinée qui s'avance au-dessus des eaux : c'est là que l'on brûle les cadavres, dont les restes informes seront précipités dans le fleuve. Un corps humain, à moitié décomposé, descend le fil de l'eau à quelques mètres de nous, sans que nul n'y fasse la moindre attention.

Bénarès. — Palais au bord du Gange. (Phot. communiquée par Ch. Trampus, Paris.)

Plus loin, la ligne des édifices qui bordent le rivage est brusquement interrompue; des escaliers disjoints, des tours penchées, disparaissent à demi dans une vase noire et gluante. Mais partout, sur les talus fangeux comme sur les dalles de marbre, on remarque la même animation, la même foule accroupie priant à la face du soleil.

Sur une étendue de quatre à cinq kilomètres, des palais magnifiques, flanqués d'élégantes balustrades et de pavillons superposés, alternent avec les pyramides élancées des sanctuaires hindous. Du haut des terrasses, des figuiers plusieurs fois centenaires projettent au loin d'énormes rameaux bizarrement contournés. Au-dessus de ces sombres verdures apparaissent, resplendissants, les coupoles dorées et les kiosques de marbre blanc. Toutes ces constructions sont assises sur une ligne imposante de hautes et puissantes murailles. Car, dans la saison des pluies, le niveau du fleuve s'élève à douze ou treize mètres au-dessus de son niveau actuel. Bénarès étant la ville sainte, la plupart des rajahs et des riches particuliers ont voulu y élever de pieuses fondations, ou du moins s'y faire construire une habitation; de là cette longue succession d'édifices si variés de style, depuis la pagode brahmanique et le temple bouddhique du Népaul jusqu'à la belle mosquée d'Aurengzeb, dont les sveltes minarets s'élèvent à la hauteur de quarante-cinq mètres au-dessus d'une terrasse qui domine elle-même de trente mètres le niveau du fleuve.

Après le défilé de ce magnifique panorama, unique au monde, nous reprenons une voiture, et nous nous faisons conduire à la pagode consacrée à la déesse Dourga, épouse de Siva et patronne des singes. Plusieurs centaines de ces animaux vivent dans le temple ou dans ses environs, errants en liberté par les rues, sur les murs des jardins ou sur les terrasses des maisons. Dans l'espoir d'une distribution de vivres, ils épient chaque voiture qui se dirige vers leur quartier général. Aussi les voyons-nous gambader sur notre route, nous regardant de leurs yeux clignotants et chassieux. Moyennant quelques graines et noix, nous assistons à un curieux spectacle. Toute la tribu, perchée sur les dômes et les clochetons, dégringole avec agilité. De vieux patriarches, de gros gaillards bien nourris, au ventre d'une belle couleur orangée, de jeunes mères portant leurs petits dans leurs bras, bondissent sur les escaliers, se livrant des batailles épiques, et traduisant leurs impressions diverses par des grimaces et des petits cris de satisfaction ou de colère.

Le temple consiste en un quadrilatère entouré d'une colonne ouverte qui domine un bel étang bordé de gradins. Au centre s'élève une élégante pyramide couverte d'une infinité de tourelles et de sculptures délicates représentant toute la série des animaux que la mythologie hindoue a élevés au rang des dieux. On nous montre, dans la cour, l'emplacement des sacrifices et le couteau qui vient de servir à l'immolation d'un jeune chevreau. Ce lieu est en grande vénération parmi les indigènes. De nombreux fidèles y font journellement leurs dévotions, déposant leurs offrandes sur l'autel sacré, au plus grand profit des nobles brahmines chargés des affaires temporelles et spirituelles de la déesse.

En retournant à Sekrob, nous croisons deux éléphants. Plus loin, une troupe de chameaux fait la sieste, à l'ombre d'un figuier gigantesque : hommes et bêtes, étendus pêle-mêle au milieu des ballots de marchandises, dorment paisiblement.

Dans l'après-midi, nous visitons d'abord la mosquée que l'empereur Aurengzeb a élevée sur l'emplacement d'un temple de Vichnou. C'est avec les matériaux de ce temple, démoli par ses ordres, que le conquérant mogol a fait construire ce monument grandiose destiné, dans sa pensée, à affirmer le triomphe de Mahomet sur Brahma.

Dans le voisinage se trouve la célèbre pagode de Siva, que l'on appelle communément le Temple d'or. Siva est la divinité régnante à Bénarès. Mais la contenance de la foule est fort peu édifiante; autour de nous tout s'agite, dans l'espoir de nous soutirer quelques pièces de monnaie. Des vaches sacrées promènent çà et là leur ennui, fourrageant d'un air mélancolique les feuillages et les fleurs qui jonchent le sol. Le peuple, qui tient la race bovine en grande vénération, s'écarte religieusement devant ces animaux, qui, sans aucun respect pour la sainteté du lieu, salissent tout sur leur passage. De dévots personnages recueillent précieusement ces reliques d'un nouveau genre, auxquelles ils attribuent une merveilleuse efficacité pour certains usages.

Un enclos voisin renferme le *Puits des connaissances*. Il s'en échappe des exhalaisons méphitiques, évidemment engendrées par la décomposition des offrandes végétales que les pèlerins y jettent à profusion; ce qui n'empêche pas ceux-ci de puiser sans cesse dans l'eau putride, qu'ils boivent sur place ou rapportent précieusement dans leur pays.

Malgré l'intérêt qui s'attache à cette étrange agglomération de temples et d'idoles bizarres, nous ne fîmes pas un long séjour dans ce quartier sacré, où l'on est assailli par une demande incessante de bakchiz, où toute une population de prêtres et de mendiants s'attache à vos pas avec un acharnement qui me rappelle la voracité des mouches de Port-Saïd. Tout cela, joint à la malpropreté et à l'odeur repoussante qui se dégage d'un réseau de sombres ruelles où ne pénètrent jamais les rayons du soleil, rend particulièrement désagréable la visite de cette partie de la ville sainte.

Nous complétons la journée par une promenade à pied à travers les bazars du quartier commerçant. Les rues y sont tellement étroites, que la circulation en voiture y serait absolument impossible. Elles sont dallées, bordées de hautes maisons de pierre avec balcons aux étages supérieurs. Nous traversons parfois de longs passages voûtés, étroits et sombres; les femmes se tournent le visage contre la muraille et ramènent leurs écharpes sur leur tête, ce qui est, de leur part, une marque de respect. Un grand diable à demi nu s'est improvisé notre cicerone; nous ne pouvons nous en débarrasser. Armé d'un long bambou, il nous précède de quelques pas, criant et gesticulant comme un possédé. Gare aux épaules de ceux de ses concitoyens qui ne nous témoignent pas tous les respectueux égards! S'ils ne se rangent pas assez vite pour nous livrer passage, c'est à coups de trique qu'il se charge de les rappeler à l'observation de leurs devoirs.

Les boutiques sont petites et obscures; ce sont des espèces de fours ou plutôt de niches creusées dans la muraille, à trois ou quatre pieds au-dessus du sol de la rue. Le marchand, abrité par un auvent, se tient au dehors, accroupi sur un petit mur faisant sailllie et couvert de nattes.

Nous visitons quelques bazars où se vendent de belles étoffes de soie et de velours brodées d'or, de fines mousselines constellées de paillettes métalliques, des objets de laque, des idoles de bronze, des vases et des plats de cuivre merveilleusement ciselés. Il est très difficile d'acheter le moindre objet; le marchand ne manque jamais de vous en demander quatre ou cinq fois sa valeur. Il faut marchander avec opiniâtreté et perdre ainsi beaucoup de temps.

Dans la soirée, alors que, nonchalamment étendus sur les fauteuils de la véranda, nous nous reposions des fatigues du jour en songeant à celles du lendemain, un indigène vint nous donner une curieuse représentation en imitant à la perfection le chant des oiseaux et les cris de toutes sortes d'animaux. La lune brillait du plus vif éclat à travers le feuillage des grands arbres. Notre artiste, ayant épuisé son répertoire, ne tarda pas à disparaître; peu à peu tous les bruits s'éteignirent. Longtemps nous restâmes ainsi, mon compagnon et moi, sans échanger une parole. Le calme de cette belle nuit, succédant à l'agitation d'une journée si bien remplie, nous impressionnait profondément.

LE PRINCE HENRI D'ORLÉANS

Le vendredi 9 août 1901, le prince Henri d'Orléans expirait à Saïgon, victime des maladies contractées pendant ses nombreux voyages.

On connaît les grandes randonnées de ce voyageur moissonné à la fleur de l'âge, sa traversée hardie du plateau thibétain, et ses itinéraires périlleux du Tonkin aux Indes. Entre ces longs trajets, il se reposait en faisant des excursions dans les régions inconnues de l'Indo-Chine et de Madagascar; il parcourait les ports de la Chine, l'Abyssinie, le Transvaal; il organisait des chasses aux tigres dans l'Inde. De chaque région il rapportait une idée exacte, précise, qu'il excellait à exprimer dans des ouvrages d'une lecture fort agréable. Nous allons le suivre dans la jungle du Népaul, puis chez les missionnaires du Thibet et dans les montagnes du Tonkin.

UNE BATTUE DANS LE NÉPAUL [1]

On monte sur l'éléphant au moyen d'une petite échelle. L'animal se couche à cet effet, sur un mot prononcé par

---

[1] *Six mois aux Indes.* — *Chasse aux tigres*, par le prince Henri d'Orléans. (Calmann-Lévy, éditeurs.)

son *mahout*. Nous voulons nous habituer à nous passer de cette échelle qui encombre notre houdah, et nous essayons de nous hisser sur le derrière aplati de l'éléphant, en nous aidant tant bien que mal de sa queue, de ses pieds et de la corde qui tient le matelas. Nous y parvenons à peu près. — *Mayl!* crie le mahout : l'éléphant se relève, et nous prenons notre aplomb. Ainsi, tandis que, pour le cheval, la politesse consiste à tenir la selle, ou à offrir son genou comme point d'appui, — à éléphant, pour être galant, il faut tenir le bout de la queue de l'animal, et former une marche avec cet appendice.

Enfin, nous voici installés. Nous nous formons en ligne devant le camp. Trois éléphants séparent chacun de nous de son voisin. En franchissant un petit bois, j'assiste pour la première fois à une scène qui chaque jour se renouvelle et m'amuse toujours autant. Je vois les mahouts entamer avec leurs animaux une véritable conversation, que ceux-ci comprennent très bien et dont ils tiennent compte. Tantôt c'est un arbre qui barre la route et qu'il faut casser : l'éléphant appuie son front sur le tronc et se met à pousser; quand l'arbre commence à plier, il achève son œuvre en mettant le pied dessus. Mais ce qu'il y a de plus drôle, ce sont les discussions muettes et les tergiversations auxquelles cette opération donne lieu. Dans les premiers jours surtout, le mahout, pour m'étonner sans doute, ordonne fréquemment à son éléphant de casser des arbres, même quand cela n'est pas nécessaire et qu'il reste assez de place pour le passage. L'animal s'en aperçoit et, n'aimant pas se donner de la peine pour rien, feint de n'avoir pas entendu et passe à côté. Le mahout n'admet pas toujours cette manière d'agir et lui répète son ordre : alors l'éléphant, ne pouvant plus ignorer, change de prétexte et fait semblant de ne pouvoir l'exécuter, en poussant sans aucune conviction. Ordinairement le mahout triomphe, mais après une vraie comédie. Plus loin, c'est une branche à droite, en l'air, ou une liane qui barre la route; sur l'injonction de son mahout, l'éléphant la saisit dans sa trompe et la brise. Il se charge ainsi de nous frayer une route, d'écarter les épines, et s'il a oublié, par mégarde, quelque branche, au mot de *pichou* il recule aussitôt pour casser.

Tout en étudiant l'intelligence et la faculté de raisonner de ces animaux, je m'habitue à leur langage, et, si je ne parviens pas encore à y répondre, du moins suis-je bientôt à même de l'interpréter.

Ils ont trois cris bien marqués : un cri court et élevé, qui ressemble absolument au son d'une trompette; cet appel strident marque d'ordinaire l'effroi. Les éléphants le font entendre souvent en présence d'un animal étranger, surtout du sanglier. J'anticipe sur la suite du récit pour dire qu'ils ont bien plus peur de ce dernier que du tigre. Le sanglier, animal bête et brave, hésite rarement à charger, et parfois leur fait de cruelles entailles aux jambes.

La deuxième note est un aboiement pareil à celui d'un chien sur la patte duquel on aurait marché. Ceci marque surtout le mécontentement contre le mahout qui les force à faire quelque chose contre leur gré.

Enfin, une sorte de râle qui va du ronflement sourd au rugissement, et qui sert à exprimer toutes sortes d'impressions, selon la modulation qu'il prend, la fureur, la fatigue, la faim, etc.

L'histoire naturelle distingue deux variétés de tigres : le tigre royal du Bengale, c'est-à-dire le tigre de la plaine, et le *Hill-tiger* ou tigre des montagnes. C'est à ce dernier surtout que nous avons affaire : il diffère du premier par sa taille plus ramassée; il est plus haut sur pattes, plus trapu, et sa coloration est plus foncée : il a plus souvent à bondir qu'à courir, de là les particularités de sa structure. Les chasseurs classent ordinairement les tigres en trois catégories : le *tueur de gibier, celui qui vit de bestiaux*, le *mangeur d'homme*. Le premier, au dire des tenanciers du pays, rend de véritables services à l'agriculture, en gardant pour ainsi dire les champs, qu'il protège contre les dévastations des cerfs et des sangliers. Sanderson le considère comme un animal utile et souhaite que la race n'en soit jamais détruite.

Le *tueur de bestiaux* est le plus répandu dans la péninsule. Il enlève de temps à autre une vache ou un buffle, dont il se nourrit pendant plusieurs jours; à part cela, il est inoffensif et n'inspire aucune terreur dans le pays où il vit.

Quant au *mangeur d'homme* (*man-eater*), il est heureusement assez rare. C'est ordinairement un tigre de la catégorie précédente qui, blessé ou affamé, s'est jeté sur un homme et a trouvé la proie appétissante et facile. Le tigre devenu *man-eater* est l'animal le plus dangereux qui existe : il connaît l'homme et ne fuit pas devant lui; il l'attaque même en plein jour et préfère sa chair à tout autre aliment. Nous n'avons, du reste, entendu parler d'aucun animal de ce genre pendant nos chasses [1].

Les tigres abondent dans le Népaul; ils n'y sont jamais chassés. Les Anglais s'en abstiennent, parce qu'une pareille

---

[1] Le prince Henri chassait à ce moment-là avec son cousin le duc d'Orléans, le marquis et la marquise de Morès, le colonel de Parceval et un lord anglais, le duc de Montrose.

Le royal vaincu. (Tableau de M. R. Ernst.)

expédition est fort chère, difficile à organiser, enfin et surtout parce qu'ils ne peuvent obtenir la permission de pénétrer dans cet État indépendant. Les indigènes vivent en bonne intelligence avec les félins, auxquels ils payent malgré eux, mais sans révolte, un impôt prélevé sur leurs troupeaux. Loin de les troubler, ils les protègent même. J'ai vu des indigènes, connaissant parfaitement le gîte d'un tigre, refuser de le livrer; ils ont une crainte superstitieuse des vengeances auxquelles pourrait se livrer l'âme du fauve. Si d'ailleurs il prenait à quelqu'un d'entre eux la fantaisie de poursuivre un tigre, le chasseur serait puni par le gouvernement, qui, dans son autocratie toute-puissante, se réserve la destruction des animaux féroces.

. . . .

Arrivés à une certaine distance de l'endroit où nous supposons que gîte le tigre, — bois fourré, jungle de hautes herbes, — nous nous formons en front de bataille sur une ligne de près de trois cents mètres de large, séparé l'un de l'autre par trois ou quatre éléphants batteurs, et nous nous portons en avant. Les premières fois, nous trouvons de grandes difficultés à maintenir notre front; la droite peut, en effet, être retardée par un passage de rivière ou une marche dans le bois, tandis que la gauche avance, et réciproquement; peu à peu cependant nous nous habituons à cet ordre, et le ralliement se fait sans trop de peine.

Lorsqu'on marche contre un tigre, on a la consigne de ne tirer aucun autre animal, de peur de donner l'éveil; mais la nature semble positivement se moquer de nous, car c'est toujours dans ces moments-là que nous voyons le plus de gibier. Parfois le tigre a décampé, et nous cheminons quatre ou cinq heures sans résultat, éreintés par les secousses des éléphants et brûlés par un soleil de feu : que de regrets, alors, sur tout ce que nous avons laissé échapper !

Lorsque le tigre est surpris sur pied ou réveillé par le bruit, il cherche à filer dans les herbes et à s'enfuir. La tentation est grande alors de lui envoyer un coup de fusil, mais mieux vaut ne pas le tirer de loin ; il court rarement à une longue distance d'une seule traite, et en le poursuivant on a chance de l'approcher à une bonne portée, c'est-à-dire à une quarantaine de mètres.

. . . .

Tout à coup le colonel me dit avec un sang-froid admirable :

« Il y a un tigre devant nous. »

Je fais comme si je n'avais pas entendu, et, sans que personne ne s'en aperçoive, j'oblique insensiblement à droite, pour devancer les autres. — Que voulez-vous ! en chasse, on est égoïste !

Aussitôt mon éléphant donne un coup de trompette, et devant le colonel débouche un énorme tigre. Rien de plus beau que cet animal, à la peau rayée de noir sur fond roux, franchissant d'un seul bond, sans effort, des touffes de trois à quatre mètres de hauteur.

Nous lui exprimons notre admiration par une salve bien nourrie ; il n'en fuit pas moins au galop : puis je ne vois plus que du feu ; car, après la pétarade de nos trois fusils, la ligne fait conversion à droite, et une décharge générale s'ensuit. La fumée se lève, et un tigre est là : est-ce le même ? en est-ce un autre ? Je n'ai jamais pu tirer la chose au clair, et je reste persuadé que les tigres ont des relations diaboliques.

Quoi qu'il en soit, un tigre est devant nous, filant à découvert, à cent cinquante mètres. On force le pas des éléphants ; j'enrage, pour ma part, de ne pouvoir faire avancer le mien ; c'est une grosse éléphante qui continue obstinément à marcher de son pas régulier, en dépit des coups de hache que lui administre, par derrière, un autre mahout détaché à son service... (Voyez un peu quelle complication : un éléphant pour me porter, et un éléphant pour porter l'homme qui frappe le mien !) Cela ne m'empêche pas, heureusement, de saluer encore le tigre ; seulement je le tire à deux cents mètres au lieu de cent cinquante.

Il tombe enfin, et je ne m'explique pas comment ; car, visé par chacun des tireurs de la ligne, il devait fatalement échapper à tous. Il faut croire que le sort en avait décidé autrement, et que la dernière heure de l'animal était sonnée.

C'est une grande tigresse de huit pieds neuf pouces que nous venons d'abattre. Naturellement les commentaires commencent aussitôt : d'après les uns, il y a deux animaux, car nous avons tiré d'abord un mâle ; pour les autres, il n'y en a qu'un. M. de Boissy ne discute même pas : c'est son tigre, il en est sûr. Le docteur arrive et reconnaît le trou de sa balle. Quant à mon cousin, il l'a vu rouler sur son coup. Je me tais, n'aimant pas les querelles, surtout celles-là. J'en suis récompensé ; car, après un long examen, on crie :

« Qui a tiré une balle de 450 ? »

Tout le monde se tait excepté moi, qui en ai tiré quatre... Hourra ! la première balle est de moi : le tigre m'est adjugé !

LES MISSIONNAIRES FRANÇAIS AU THIBET (1891) [1]

Maintenant, plus que jamais, les affaires de Chine sont à l'ordre du jour; chaque matin les journaux nous entretiennent de nouveaux massacres d'Européens, de pillages de missions, d'émeutes mal réprimées; et presque toujours ce sont les missionnaires que ces mouvements atteignent les premiers. Beaucoup de gens qui ont mal étudié ces questions, qui n'ont pas voyagé en Chine, ou qui se sont tenus seulement dans les ports à demi européens, n'ont pas vu que les missionnaires sont les premiers attaqués, parce qu'ils sont les premiers exposés, parce qu'ils sont dans des provinces où des agents diplomatiques ou des commerçants ne pénètrent pas et surtout ne séjournent pas, parce que, enfin, ils prennent pied dans des villes que d'autres Européens craindraient d'habiter. Des sinophiles, nous pensons, mal renseignés, se sont faits les rapporteurs de légendes absurdes, en cours dans la populace chinoise, telles que celle du vol des enfants par les Pères; des esprits étroits ou passionnés, sous un prétexte humanitaire, ont pris le parti des Chinois contre les missionnaires; quelques-uns même ont été jusqu'à féliciter les habitants du Céleste-Empire des persécutions qu'ils dirigeaient contre les religieux, leur procurant la gloire du martyre. Je veux croire que ces écrivains n'ont pas traversé la Chine, qu'ils n'ont pas rencontré des Français loin du pays, qu'ils ne les ont pas vus travailler à l'œuvre de civilisation à laquelle ils consacrent leur vie.

Pour nous qui avons trouvé nos compatriotes aux

---

[1] *L'Ame du voyageur*, par Henri-Philippe D'ORLÉANS. (Calmann-Lévy, éditeurs.)

postes les plus éloignés de la frontière de Chine, qui avons vécu avec eux, accueillis à bras ouverts, nous savons ce qu'ils font et ce qu'ils ont fait; nous leur devons et nous nous devons à nous-mêmes de dire ce qui en est. Ce n'est pas d'une question religieuse, encore moins politique, mais nationale avant tout, que je veux parler; ce sont les intérêts de la France dans l'Extrême-Orient qui se trouvent en jeu avec ceux des missions; je ne crois pouvoir le mieux faire comprendre au lecteur qu'en mettant sous ses yeux le but poursuivi et le résultat déjà atteint par une poignée de Français à la frontière du Thibet. Qu'il veuille bien me suivre à travers une période d'un demi-siècle, le long des crêtes de l'Himalaya d'un côté, ou du cours du haut Mékong de l'autre : il verra les efforts considérables produits par nos compatriotes, les services qu'ils ont rendus, les droits qu'ils peuvent revendiquer et le peu d'appui qu'ils reçoivent de la mère-patrie. Ayant vu ce qui a été fait, il croira peut-être aux sentiments élevés qui animent nos missionnaires.

. . . .

En 1844, deux missionnaires lazaristes, les Pères Huc et Gabet, donnaient le signal des explorations hardies au cœur de l'Asie, en pénétrant, grâce à un déguisement, à Lhaça. Trop vite chassés de la ville pour avoir rien pu y fonder, du moins rapportaient-ils des renseignements précieux; dans le voyage le plus extraordinaire qui eût été accompli en Asie depuis Marco Polo, ils faisaient connaître deux grandes routes du Thibet, celle du nord et celle de l'est. A Lhaça, ils laissaient le souvenir du nom français, et aux missionnaires français ils montrèrent la possibilité de gagner la ville sainte.

Le charme qui semblait entourer la « ville des esprits » était rompu : on y avait pénétré, on y avait séjourné, on pouvait donc y retourner.

Dans l'audace du Père Huc, on retrouve le zèle de l'apôtre et l'ambition de l'explorateur; mais ce qu'il avait fait, ses successeurs ne pouvaient l'entreprendre, son voyage devait montrer aux missionnaires à venir la nécessité de renoncer à la route du nord. Pour mener à bien leurs entreprises, ils ne pouvaient se laisser isoler de leurs confrères par des centaines de kilomètres de désert; avant tout, il leur fallait une base d'opération à laquelle ils fussent reliés; aussi tournèrent-ils leurs yeux d'un autre côté.

Au sud, le Thibet est en contact direct avec un pays civilisé : l'empire anglais des Indes, qui déborde entre ses alliés ou tributaires. Entre ceux-ci et le Thibet se dresse la chaîne colossale de l'Himalaya, barrière redoutable, mais non infranchissable; de nombreuses routes la traversent.

La frontière est partout; des Indes au Thibet il n'y a qu'une enjambée. Ce pas à faire, en vain quelques Français le tentent pendant huit années consécutives, de 1850 à 1858. Suivant avec une ténacité remarquable, de l'est à l'ouest, la longue frontière des Indes, ils font l'ascension des principaux cols, s'adressent successivement aux petits souverains, passent parfois outre, continuent sans cesse leurs tentatives, souvent repoussés, jamais rebutés.

A cette tâche dangereuse deux d'entre eux trouvent pourtant la mort : MM. Krik et Bourry sont massacrés, en 1854, par des sauvages Michmis, sur les confins du haut Assam et du Dza-yul.

Ce meurtre n'est pas fait pour décourager des missionnaires; il faut, pour les arrêter, un ordre de leur supérieur, Mgr Demazures, sacré évêque de Sinopolis et vicaire apostolique du Thibet. Tous les efforts seront concentrés sur la frontière de Chine.

Malgré l'aide intéressée des Anglais, huit ans de tentatives continuelles pour franchir la frontière des Indes, au nord, n'ont pas encore donné un résultat pratique.

L'œuvre des missionnaires a progressé plus rapidement à l'est. De ce côté, le Thibet touche à l'une des provinces les plus peuplées de la Chine, au Setchuen, puis au Yunnan. Hérissé de hautes montagnes, bordé de larges fleuves qui coulent du nord au sud, ici, comme ailleurs, il se protège par ses frontières naturelles. Un débouché le met en communication avec chacune des provinces chinoises.

Dans ces voies de pénétration au Thibet, les missionnaires s'engageront aussi loin qu'ils pourront, souvent chassés au mépris des traités, pillés, menacés de mort, quelques-uns même massacrés, ne comptant sur d'autre soutien que leur volonté et leur courage héroïque; ils reviendront sans cesse, ils parcourront la région en tout sens, établissant du nord au sud une ligne de stations intermédiaires le long du Lang-tsang-kiang (haut Mékong) dans le pays des salines et des mines et gardant à l'est leurs communications avec les missions du Setchuen et du Yunnan.

Déjà, en 1860, lorsqu'ils sont rejoints par leurs confrères de l'Inde, quatre Français se partagent la mission du Thibet.

Des écoles ont été fondées, des couvents établis avec des religieuses chinoises, et une vraie colonie a été créée. Ces résultats étonnants sont dus surtout au zèle et au courage du Père Renou. Après un premier voyage en 1848, où Renou n'a pu s'avancer sur la grande route de Lhaça que jusqu'à Tsiamdo, il repart en 1851, arrive au Yunnan, traverse Li-Kiang et va s'établir pendant dix mois dans un couvent thibétain; il s'est fait passer pour marchand chinois, s'instruit à la dérobée sur la langue du pays qu'il veut évangéliser, et note les mots qu'il apprend sur de petits morceaux de papier qu'il cache dans sa manche pour les recopier la nuit et les coudre ensuite dans son habit; c'est ainsi qu'il compose les éléments du remarquable dictionnaire thibétain-français que compléteront ses successeurs.

Deux années plus tard, il loue à un riche Thibétain, pour seize taëls (cent trente francs) par an, la vallée de Bonga; la location est faite à perpétuité, l'acte est selon les formes. La nouvelle colonie est à la porte du Thibet, du Setchuen et du Yunnan. Sa rapide prospérité justifie suffisamment le choix fait par le missionnaire : il a acquis une vallée couverte de forêts, ne produisant rien et abandonnée des indigènes, qui la fuient comme pestilentielle. Mais voici que sous la direction de M. Renou les arbres s'abattent, et avec eux la fièvre tombe; la terre est fertilisée par l'incendie à la mode thibétaine; des semences indigènes et des graines de France sont semées; la récolte est excellente; les villages voisins sont employés et trouvent leur profit à ce travail. Chaque année ajoute quelque nouveau succès. En 1856, la maison s'achève, c'est l'ère de prospérité. Mais à l'ombre du bonheur s'éveille la jalousie; ce sentiment doit guider une première attaque en 1858. Le courageux pionnier qui est à la tête de la colonie échappe à peine à la mort. Mais ses plaintes trouvent un écho à Pékin. Les autorités thibétaines devront céder. En vain, les lamas de Lhaça ont-ils offert de l'argent à l'empereur en échange de son appui contre les hommes de la religion d'Occident. Le *fils du soleil* a d'autres préoccupations : à l'est de l'empire, ses troupes ont été mises en fuite, son palais livré aux flammes, et il a dû se soumettre aux conditions de Tien-tsin. La conclusion du traité est un événement capital aux yeux des missionnaires.

Les termes de l'article 6 exigé par la France, ratifié par le Tsung-li-yamen, semble devoir leur assurer, de la part de la Chine, la liberté d'enseigner leur religion ; de la part de la légation française, l'appui et la protection de la mère-patrie.

Le traité a été affiché à Lhaça. Des passeports, signés par le baron Gros et le prince Kong, sont donnés de Pékin aux Pères pour le Thibet.

Pour qui n'a pas eu affaire aux Chinois, il semble que rien ne doive s'opposer à la réussite du voyage entrepris par les Pères. Et pourtant cet excès de précautions, cette abondance de permissions, cette aide empressée de la part des autorités, ne sont pas de bon augure.

L'événement doit justifier les appréhensions des voyageurs.

Les missionnaires sont arrêtés en route à une vingtaine de jours de Lhaça, dans cette même ville de Tsiamdo que Renou n'a pu dépasser. *Le nommé Thou, évêque français, chassé par les mandarins de la terre des herbes* (ainsi porte le passeport de retour, délivré à Tsiamdo à Mgr Demazures), retourne à Pékin.

Durant les troubles qui agitent Chinois et Thibétains, la mission subit une grande perte dans la personne de M. Renou. Charles-Alexis Renou, du diocèse d'Angers Lou (en chinois), qu'on a surnommé à juste titre le « Père de la mission du Thibet », s'éteint à Kiang-ka en 1863. Il a été enseveli près de cette ville à l'ombre d'un rocher, sentinelle dressée à l'entrée de cette contrée ingrate, à laquelle il a donné sa vie sans pouvoir la conquérir à la foi.

La mort de M. Renou est bientôt suivie de la perte de Bonga. Attaquée en 1864 et défendue avec héroïsme par Desgodins, la colonie est définitivement détruite l'année suivante.

Le légat chinois, acheté par les grandes lamaseries au prix de *vases pleins de pièces d'or* (c'est sous cette forme que sont donnés les pots-de-vin au Thibet), a apposé sa signature à l'ordre de destruction.

A Pékin, la légation française ne fait rien pour obtenir une réparation; c'est à peine si on envoie aux missionnaires un passeport pour M. Renou qui est mort. Nous sommes loin du temps où des troupes européennes entraient à Pékin et brûlaient le Palais d'Été : on suit maintenant une autre politique envers la Chine; une politique de concessions où nos ministres compromettent leur dignité et affaiblissent le prestige du nom français. Bientôt les Chinois savent qu'à tout prix on veut éviter des complications; aussi, après les épouvantables massacres de Tientsin (1870), ne s'étonneront-ils pas d'en être quittes pour une somme d'argent et des excuses faites à M. Thiers par le promoteur même de ces horreurs.

Franchissons un espace de quatorze années et examinons la situation en 1877, à la mort de Mgr Chauveau, qui a pris, en 1863, la succession de Mgr Demazures, rentré en France.

La mission du Thibet compte cinq cent soixante et un chrétiens partagés en sept districts, ayant chacun une résidence et une chapelle; quatre pharmacies, quatre écoles et un collège-séminaire ont été fondés.

Le siège épiscopal est à Ta-tsien-lou, dans le Setchuen thibétain. La ville est très bien choisie, c'est un centre de commerce important. A Ta-tsien-lou, le cuir et les cornes du Dégué, l'or de Batang, le musc du Kham, sont troqués contre le thé et les étoffes de Pékin, que portent à Lhaça les longues caravanes de yaks. A Ta-tsien-lou, le Talaï-lama a son acheteur, son *carbun*. L'ambassade du Népaul à Pékin et la caravane du Tachileumbo s'arrêtent à Ta-tsien-lou un mois, la première tous les cinq ans, la seconde tous les deux ans. A la frontière des deux contrées, Ta-tsien-lou est le grand marché entre le Thibet et la Chine.

A Yerkalo, pays des salines sur le haut Mékong, à quelques journées au sud de Kiang-ka et au nord d'Atentsé, prospère un vaste établissement. Une grande maison a été construite en 1873, pouvant abriter, outre les missionnaires, plusieurs familles chinoises; une cathédrale a été édifiée par des charpentiers du Yunnan, et la bibliothèque comprend près de quatre mille volumes.

Avec Ta-tsien-lou et Yerkalo, Batang et Tsekou sont, en 1877, les centres des principaux groupes de la mission. Ces stations sont disposées sur deux lignes qui s'étendent chacune sur plus de deux cent cinquante kilomètres à vol d'oiseau et viennent se couper à angle droit à Batang, c'est-à-dire à la route impériale de Pékin à Lhaça. La mission forme ainsi un coin dont la pointe serait enfoncée sur la voie de pénétration au Thibet vers le cœur de ce pays encore fermé.

Réduits à leurs propres forces, les missionnaires français sont dans l'obligation de rester à la porte de ce Thibet dont la Chine continue à leur fermer l'accès en dépit des traités.

Les missionnaires ont des raisons particulières de passer outre; aussi, malgré le manque d'appui effectif de la part de la légation française, la mauvaise volonté des Chinois et la haine des lamas, nos compatriotes continuent leur œuvre civilisatrice à la frontière du Thibet avec un courage et une ténacité que rien ne peut abattre. Le caractère même de leur entreprise leur a gagné la confiance et l'amitié des peuplades sauvages qui habitent les hautes vallées de la Salouen, du Mékong, du Yang-tsé. Nos missionnaires sont avant tout colonisateurs; où ils séjournent, ils cherchent à augmenter le bien-être matériel des peuples avec lesquels ils se mettent en rapport; ils savent que, chez les gens primitifs, c'est en faisant du bien aux corps qu'on gagne les âmes.

Lorsqu'ils s'établissent dans une localité, les Pères commencent par former une pharmacie, si petite qu'elle soit; ils distribuent des remèdes aux alentours, visitent les malades, fréquemment abandonnés des leurs, les consolent, opèrent parfois des guérisons qui, pour être simples chez nous, n'en paraissent pas moins merveilleuses au centre de la Chine.

Le premier et le plus grand des bienfaits introduits par nos compatriotes dans ces contrées est la vaccine.

La petite vérole est le fléau dévastateur par excellence au Thibet; on le redoute à bon droit plus que tout autre, et on le traite comme le pire ennemi. Devant lui se rompt tout lien d'amitié ou de parenté ; la pitié même fait place à la cruauté que guide la terreur. Lorsque la maladie se déclare dans une famille, les membres atteints sont jetés à la porte, les parents de la victime sont repoussés des voisins et, s'ils veulent passer outre, attaqués à coups de pierres ou de lances comme des bêtes sauvages ; il ne leur reste ordinairement qu'à crever de faim ou de misère. A ce mal terrible, point de remède. Des médecins chinois ont pretendu guérir le mal en insufflant dans la gorge des malades de la poussière faite de croûtes prises sur un cadavre; soumis à ce traitement, plus des trois quarts meurent. Arrivent les missionnaires, ils inoculent à l'européenne du virus pris sur un enfant sain; leur procédé réussit presque infailliblement, et c'est par milliers que des individus, étonnés de la science des Français, viennent camper autour de leurs établissements pour être préservés du fléau. Les prêtres oublient alors les persécutions auxquelles ils ont été en butte de la part des uns et celles que leur réservent les autres ; ils ne savent s'ils ont affaire à des païens ou à des convertis, à des civils ou à des lamas; ils n'escomptent pas l'avenir, ils ne fixent pas de prix, ne demandent pas de conditions : ils voient devant eux des créatures humaines qu'ils peuvent secourir, et ils distribuent leurs bienfaits indistinctement aux uns et aux autres.

Non contents de guérir ou de préserver les populations du fléau épidémique, ils s'attaquent à certaines maladies mortelles et les chassent de la contrée ; c'est ainsi que, la cognée à la main, ils repoussent dans ses derniers retranchements la fièvre, la dangereuse fièvre des bois ; nous avons vu plus haut l'assainissement de la vallée de Bonga. A cette œuvre si utile ici de déboisement, ils convient les pauvres ; ils leur fournissent ainsi du travail et, la récolte faite, leur font prendre part au bénéfice : après la peine, ils les payent en nature. De cette manière, il se crée peu à peu, sous l'habile direction des Pères, une organisation bienfaisante et civilisatrice rappelant, par beaucoup de traits, celle des couvents au moyen âge.

On a vu un missionnaire, le Père Goutelle, parvenir à racheter un convoi de cent esclaves, en le suivant pendant quinze jours, étape par étape, un sac de sel du Yunnan sur le dos.

Remèdes de toute espèce, vaccine, assainissement de vallées, défrichement, introduction de plantes utiles, travail pour tous, régime libéral dans leurs propriétés, rachat d'esclaves, tels sont en quelques mots les principaux bienfaits matériels dont les missionnaires français ont doté le pays où ils se sont établis. Guidés par la foi religieuse, ils cherchent à améliorer la condition des peuplades au milieu desquelles ils vivent ; mais, bien que loin et abandonnés de la patrie, ils n'ont jamais oublié qu'avant tout ils sont Français.

La connaissance qu'ils ont donnée, l'admiration qu'ils ont laissée du nom de Français, qui, traduit en thibétain, prend le sens de « brave », le soin qu'ils ont mis de placer leurs stations à quatre ou cinq jours de distance les unes des autres, du nord au sud, reliées au Yunnan, afin de faciliter une route au commerce français vers le district minier et le cœur même de la Chine, seraient autant de titres suffisants à la reconnaissance et à l'appui effectif de la mère-patrie. Mais il y a plus : chez nos missionnaires, à côté de l'apôtre, à côté du colonisateur, on trouve le savant. C'est aux travaux des Pères Huc, Armand David, Renou, Desgodins, Biet, Gourdin, Delavaye, et de tant d'autres modestes savants dont les noms à peine connus mériteraient d'être écrits au Panthéon des hommes célèbres, que la France instruite doit de marcher de pair avec l'Angleterre et la Russie pour l'exploration de l'Asie centrale : histoire, géographie, histoire naturelle, linguistique, ethnographie, les missionnaires ont fourni à toutes les branches des documents recueillis avec un zèle infatigable, une ténacité que rien n'a démentie, au prix d'efforts inouïs. Quelques-uns ont succombé à la tâche, d'autres les suivront; les morts seront sans cesse remplacés, parce que, sur ce champ de bataille héroïque, deux sentiments soutiennent les combattants, la foi en Dieu et l'amour de la patrie.

SUR LA RIVIÈRE NOIRE [1]

Nous sommes au 22 janvier. Le résident supérieur, M. Chavassieux, qui lui-même monte à Cho-Bo, nous offre de prendre place avec lui sur le *Cho-Bo*, steamer des Messageries fluviales [2].

Quelques dernières poignées de main aux amis qui nous accompagnent au quai, et maintenant en route!

[1] *Autour du Tonkin*, par Henri-Philippe d'Orléans. (Calmann-Lévy, éditeurs.)
[2] A Hanoï.

Une nuit d'arrêt auprès de Viétry, et le lendemain dans la matinée nous atteignons le confluent de la rivière Noire. La couleur des eaux la distingue nettement du fleuve; certains poissons de mer, nous dit-on, la sole par exemple, ne passeraient pas cette ligne; la raie, au contraire, remonte jusqu'à quelques heures au-dessus de Cho-Bo. A droite, on aperçoit les maisons blanches d'Hong-Hoa, demi-cachées dans la verdure, et plus loin les collines auxquelles elles s'appuient.

Nous sommes encore dans le Delta, du moins en pays plat; mais la limite supérieure n'est pas éloignée. Devant nous le terrain se soulève de tous côtés; à gauche, le Bavi énorme, déjà entrevu d'Hanoï; sa silhouette enveloppée de brume me rappelle parfois le Fusi Yama, cette montagne si parfaite, si pure, qu'elle a été surnommée la perle du Japon. Le mont Bavi, encore imparfaitement exploré, étonne les savants par la puissance de sa flore, par la richesse de sa faune. Ses flancs nourrissent plus de vingt espèces de chênes. Quelques colons français qui avaient voulu s'établir à ses pieds durent à leur imprudence d'être massacrés; une famille fut assassinée par vengeance : le père, saigné comme un porc; le fils eut la gorge coupée, mais ne fut pas décapité. En agissant ainsi, ses meurtriers indiquèrent qu'il parlait la langue du pays, mais en faisait mauvais usage; quant à la femme, on dut l'immoler pour faire disparaître un témoin gênant.

Entre le Bavi et la rivière, sur le bord même de celle-ci, se dressent, pareils aux ruines de quelque cathédrale gothique qu'eussent envahies le lierre et les plantes sauvages, les rochers Notre-Dame. Un petit poste de miliciens établi sur une terrasse se trouve protégé par sa situation ; on ne peut l'atteindre que par une échelle, qui est retirée en cas de défense.

Jusqu'ici notre steamer s'avançait lentement, cherchant à éviter les bancs de sable, les heurtant parfois, souvent obligé de revenir sur ses pas pour décrire un cercle com-

Hanoï. — La rue Francis-Garnier.

plet. Des aigrettes, des oies, des hérons, s'enlèvent au milieu des cris les plus discordants, fuyant les balles de nos winchesters impuissantes à les atteindre. Un convoi de pirogues, que nous croisons, s'éparpille des deux côtés comme une bande de canards ; nous comptons soixante-dix embarcations portant les indigènes d'un village qui émigre.

Plus loin flottent de grands radeaux de bois et de bambous ; nous entrons dans un chenal profond, où la navigation est plus aisée.

Malgré la sauvage grandeur du paysage, il nous tarde de sortir de ce couloir sombre, humide et qui a quelque chose d'effrayant. Un coude nous rejette en pleine lumière; les murailles se ferment derrière nous; la rivière, divisée en plusieurs bras, s'étend au fond d'une grande cuvette barrée en amont par un chaos de rochers gris, jetés pêle-mêle les uns sur les autres. Sur la rive gauche, au-dessus d'une plage de sable le long de laquelle nous stoppons, un monticule flanqué de cânhas indigènes est entouré, au sommet, de palissades que surmonte un drapeau tricolore : nous sommes à Cho-Bo.

Tandis que nous jetons l'ancre et que les sifflets du steamer annoncent notre arrivée, une troupe de soldats indigènes, portant le drapeau français et commandés par deux gardes civils, descendent le coteau. Un Français en habit noir les précède, qui vient présenter au résident supérieur la garnison et les chefs du pays.

L'hospitalité nous est offerte dans le poste, où nous allons nous établir le lendemain, après le départ du steamer et de ses passagers. Ce n'est pas sans un certain sentiment de plaisir que je vois se rompre le dernier lien nous attachant au monde soi-disant civilisé.

La garnison est insuffisante, et on se trouve à la merci d'un coup de main du terrible chef pirate encore invaincu, dont les bandes parcourent la boucle formée par la rivière Noire et le fleuve Rouge. Le souvenir du drame sanglant dont Cho-Bo a été le théâtre il y a plus d'un an est vivant, et les ruines encore debout de l'ancienne résidence sont des témoins qu'on ne peut faire taire. Le résident, M. Rougerie, décapité; une partie de la garnison massacrée, plus de trente mille cartouches et un grand nombre de fusils à tir rapide saisis.

Les chaloupes ne remontent pas au delà de Cho-Bo[1].

Le 26 au matin, nous nous entassons tant bien que mal dans un grand sampan, avec quelques boys, deux interprètes annamites et Yao. Un drôle de petit personnage

Village du Tonkin.

que ce Yao, et qui mérite d'être présenté : figurez-vous un gamin de neuf ans pas plus haut que ma botte, déjà bien précoce, marchant comme deux et fumant comme quatre, portant sur les épaules une tête ronde, malicieuse, chinoise, nous dit-on, que surmonte élégamment une petite toque rouge. Adorant son second père (M. Vacle, qui l'a payé seize piastres à des pirates du haut pays), et malin comme un singe, le petit Yao lui rend toute sorte de ser-

[1] Écrit en 1890.

vices, dont le moindre n'est pas de faire à merveille le métier d'espion. Déjà grand voyageur et polyglotte sans le savoir, notre homme (il serait froissé d'être traité autrement) écoute tout, entend tout et redit tout à son patron, dans quelle langue, je n'ai guère encore pu m'en rendre compte : qu'importe! maître et élève se servent et se comprennent, c'est l'essentiel; et, sans s'en douter, M. Yao rend peut-être de plus importants services à la République française qu'aucun des interprètes du poste; nous le verrons à l'œuvre.

A Phuong-Lam, le chef est célèbre par ses chiens particulièrement bien dressés. Deux d'entre eux gardent les autres. A heure fixe, des écuelles sont disposées pour la meute; un coup de tam-tam range chaque animal devant sa portion, mais ce n'est qu'au second coup qu'il est autorisé à y toucher.

Nos montures nous attendaient là. A cheval et en marche!

Une tasse de thé prise chez notre hôte, et nous repartons. Nous formons une longue caravane; outre nos boys, les interprètes et quelques tirailleurs que nous avons amenés, des chefs nous précèdent à cheval. Nos bagages sont portés par des gens du pays, à l'aide de longs bambous qu'ils tiennent deux à deux sur leurs épaules, l'un marchant devant l'autre. Une vingtaine d'indigènes armés nous suivent; ils portent la veste flottante jusqu'à la ceinture, rappelant le *makouazeu* chinois, des pantalons larges coupés aux genoux, un demi-turban autour de la tête; les pieds sont nus, et les jarrets entourés de bandes de toile. Dans la ceinture est passé un coupe-coupe à étui de bois, rappelant par la forme les sabres japonais; leurs fusils sont longs et légers, avec un canon étroit, brillant; la crosse courte ; on ne l'épaule pas, mais on l'appuie contre la joue ; la mèche roulée autour du bras en bracelet est allumée à l'extrémité, qui se consume lentement. Malgré l'imperfection de l'arme, ils sont bons tireurs.

Piétons et cavaliers contournent en longue file un lac entouré de roseaux, au milieu desquels est tracé un étroit sentier ; sur les bords courent un grand nombre de poules d'eau bleues à pattes rouges ; elles se domestiquent facilement et, laissées auprès des maisons, font, à l'instar des oies du Capitole, très bien la garde.

Nous arrivons au pied des collines. Il faut alors se livrer à une véritable escalade très pénible, sous bois, dans la boue et sur des rochers glissants, où les chevaux, débarrassés de leurs cavaliers et laissés à eux-mêmes, accomplissent de vraies acrobaties. La végétation puissante intercepte la lumière ; les caoutchoucs gigantesques dominent, chargés de parasites : fougères, lycopodes, orchidées. On se sent petit sous ces géants des tropiques, qui semblent peser sur vous de toute leur hauteur, et nous avons hâte d'être arrivés au sommet après avoir sué, soufflé, peiné durant une heure. Une ascension pareille suffit à expliquer la force des pirates ; que voudriez-vous, en effet, que fît ici une colonne contre dix hommes connaissant le pays et bien embusqués ? Pour être maître de la région, il n'y a qu'un procédé, celui qu'emploie M. Vacle : avoir les chefs avec soi, les diviser entre eux et les tenir l'un par l'autre.

GRENARD

F. Grenard, aujourd'hui consul, a été le second et l'ami de l'infortuné Dutreuil de Rhins. Il a raconté l'itinéraire accompli à travers le Thibet inconnu par la savante mission, qui était complètement achevée lorsque son chef trouva une mort tragique. C'est le récit de cet événement douloureux que nous reproduisons ici.

MORT DE DUTREUIL DE RHINS [1]

Le 1er juin 1894, nous partîmes aux premières blancheurs de l'aube, heureux de quitter des lieux peu hospitaliers[2], de savoir que la caravane que nous conduisions devait être la dernière, de sentir, comme à la portée de la main, le but longtemps rêvé et désiré. Le petit moine bouddhiste qui nous avait suivis jusque-là avait déserté à la vue de l'accueil que son grand frère nous avait fait. Nous n'avions donc point de guide. Les traces de la route se per-

---

[1] *Le Thibet. Le pays et les habitants*, par F. Grenard. (Armand Colin, éditeur.)
[2] Gyé-Rgoun-Do, dans la partie orientale du Thibet, qui avait été abordé par la partie occidentale.

dant en des fondrières herbeuses, Dutreuil de Rhins se méprit et remonta une vallée au lieu de la traverser. Obligé ainsi à un détour considérable, il ne put aller camper ce jour même à Tong-Bou-Mdo et dut faire halte à mi-chemin. On dirait que toutes les circonstances se concertaient pour le mener au lieu et à l'heure où son mauvais destin l'attendait. Le lendemain, notre nouvelle caravane fut fort éprouvée par la difficulté du chemin, montant ou descendant des pentes escarpées, passant par des rocailles ou des fondrières. Plusieurs yaks (buffles) restèrent en route. Après sept heures de marche, nous approchions de Tong-Bou-Mdo lorsque la pluie se mit à tomber, légère d'abord, puis d'une violence extrême. Tous nos vêtements furent bientôt transpercés. Dutreuil de Rhins, qui se plaignait d'une vive douleur aux épaules, pressa le pas pour aller se mettre à l'abri au village. A notre arrivée, nous ne trouvâmes aucune porte ouverte et personne dehors. Au bruit que nous fîmes, deux hommes se montrèrent et nous dirent qu'il n'y avait point de place dans les maisons. Comme la vallée était fort étroite et que les rares endroits où la pente ne fût pas trop forte paraissaient couverts de cultures, nous leur demandâmes de nous indiquer un lieu où planter notre tente. Ils nous répondirent avec une nonchalance insolente :

« Descendez la vallée, vous trouverez bien. »

Nous aperçûmes une enceinte de murs, entourant un assez grand espace de terrain vide avec un hangar inoccupé. C'était un enclos à bestiaux, qui, les troupeaux envoyés aux pâturages d'été, ne servait plus à rien.

« Laissez-nous camper dans cette cour qui vous est inutile, dit Dutreuil de Rhins, nous vous payerons.

— Le propriétaire de l'enclos est absent, répliqua le propriétaire lui-même, et il a emporté la clef.

— Des contes! repartit brusquement Dutreuil de Rhins impatienté. Je ne puis pas rester ainsi sous la pluie. Ouvrez-moi cette porte tout de suite. »

Le bonhomme s'éloigna en grommelant et appela sa fille, qui vint avec la clef et retira le cadenas. Il n'y avait à l'intérieur qu'un peu de combustible.

« Laissez cela, dis-je au propriétaire, nous en avons besoin. Tenez, voici deux roupies[1], et avant de partir nous vous payerons pour la location de l'enclos.

— Ah! voilà des gens qui savent parler! Si vous manquez de quelque chose, vous n'avez qu'à dire; nous vous le fournirons. »

En effet, un véritable zèle à nous servir succéda à la mauvaise volonté du début. On nous apporta de l'eau, de la paille, une motte de beurre. Un garçon d'environ seize ans s'institua notre marmiton et se mit avec ardeur à son emploi de rencontre. La pluie cessant, quelques individus vinrent nous voir. Dutreuil de Rhins en profita pour produire la lettre thibétaine que Pou-lao-yé lui avait donnée et demanda si quelqu'un savait lire. Le jeune marmiton s'offrit et lut le document à l'assistance. C'était une traduction résumée de notre passeport chinois, avec une spéciale et pressante recommandation de S. E. le légat impérial de ne nous voler ni nos chevaux, ni nos yaks, ni rien qui fût à nous.

« *Di té bo ré* (c'est excellent comme le pouce aux autres doigts), » dirent les Tibétains en levant leur pouce en l'air pour marquer la vivacité de leur approbation.

[1] La roupie vaut environ deux francs.

Tout cela sentait un peu l'hypocrisie, et il eût été prudent de ne point s'attarder. Ce jour même, un *dorgha* vint de la part de Pou-lao-yé. On appelle dorgha, au Thibet, un homme qui fait les fonctions de gendarme et de courrier et qui, d'une manière générale, est le factotum d'un fonctionnaire. Celui-ci, qui se nommait Ti-So, avait les cheveux rasés. Cet ancien brigand, fils de brigand, s'était rangé, avait pris femme chez les Tao-rong-pa, et, changeant de métier en même temps que de pays, était devenu gendarme au service des Chinois; mais il avait eu soin de conserver sa tête rase, signe de cousinage avec les bandits de Ma-Tchou, qui pouvait être précieux à l'occasion. Il louchait de burlesque façon, grimaçait et riait sans cesse, avait toujours l'air pressé et agité, parlait vite, abondamment, bruyamment, aimait à donner des conseils quand on ne lui en demandait pas et se vantait volontiers. Il nous dit qu'il avait été prié par Pou-lao-yé de nous aider dans nos achats à La-Bourg-Gon-Pa, qu'il avait beaucoup d'influence dans le pays, qu'il était l'ami particulier du grand lama, qu'il avait une vive sympathie pour nous, qu'il nous servirait avec ardeur et espérait que nous l'en récompenserions avec notre générosité coutumière; que si nous partions le lendemain, il aurait le plaisir de faire route avec nous; qu'au demeurant il était très pressé et demandait la permission de nous quitter jusqu'au lendemain. Et il partit.

Le jour suivant, m'étant levé avant l'aube, je faisais commencer les préparatifs du départ, lorsque Dutreuil de Rhins, sortant et voyant le ciel voilé de nuages noirs et bas, donna l'ordre de rester. Les quelques personnes avec lesquelles je pus causer me répondirent d'une manière sèche, brève et évasive. J'eus une vague impression que les choses pourraient mal tourner.

La nuit suivante, nous étions à peine endormis que l'on vint nous avertir de la disparition de deux chevaux. Nous n'en avions plus que le nombre strictement nécessaire, et nous ne possédions plus assez d'argent pour en acheter. Au point du jour, deux chevaux thibétains furent pris par nous comme gage. Les indigènes n'attendaient qu'un prétexte pour nous attaquer. Une rumeur s'éleva qui, sans cesse grandissante, emplit bientôt tout le village. Un cri formidable de : *Ki ho ho!* retentit par la vallée. Comme nous sortions de l'enclos, j'entendis un coup de fusil et le sifflement strident d'une balle. Il était 4 heures et 15 minutes du matin. Cependant nous nous mettons en marche selon notre ordre accoutumé, Dutreuil de Rhins en tête avec son winchester, moi en queue, armé de ma seule boussole. Les coups de feu continuent, rares d'abord, se firent de plus en plus nombreux. Nous nous abstenions de riposter, croyant à une simple démonstration comminatoire. Dutreuil me disait :

Thibétains.

« Les gaillards ne tirent pas mal, une balle vient d'effleurer ma pelisse. Le diable, c'est qu'on ne voit pas le bout du nez d'un seul de ces gredins.

— La situation est mauvaise, répliquai-je; nous nous ferons tous tuer, si nous ne nous hâtons de gagner un endroit plus favorable. »

La fusillade des Thibétains étant devenue très vive, régulièrement soutenue, et plusieurs de nos animaux ayant été atteints, nous commençâmes à tirer, mais avec ménagement, car nous n'avions en tout que soixante-douze cartouches. Je quittai Dutreuil de Rhins pour gagner la tête de la caravane, la diriger le mieux possible et prendre moi-même un fusil à l'un des hommes qui en ignoraient le maniement. Quelque temps encore, et le mauvais passage serait franchi; la montagne cessait d'être à pic, on pouvait en gravir la pente, se mettre hors de la portée des fusils ennemis. Soudain j'entendis des cris de détresse; je compris que Dutreuil de Rhins avait été blessé. Me retournant, je le vis à quelque trente pas de moi, debout encore, s'appuyant sur sa carabine. Je me précipitai, et il tomba défaillant dans mes bras. Je couchai l'infortuné sur une pièce de feutre à un endroit où la route s'élargit un peu et derrière un petit mur d'un pied de haut, de sorte qu'il fut à l'abri des balles. J'envoyai chercher l'agent chinois et fis mettre en liberté les chevaux précédemment saisis, espérant que les Thibétains nous accorderaient au moins un moment de répit dont je profiterais pour préparer une litière et emporter le blessé au plus vite. La vue de la plaie ne me laissa pas d'espoir : la balle avait pénétré profondément dans le bas-ventre, un peu au-dessous de l'aine gauche :

« Ne me touchez pas, murmura-t-il, je souffre trop. Arrangez-vous avec les Thibétains, et ramenez la caravane à l'endroit d'où nous venons. »

Et il demanda un verre d'eau. Le blessé prononça encore quelques paroles indistinctes, comme s'il rêvait :

« Bandits!... Travail perdu... Beau temps pour partir. »

Alors le malheureux vomit du sang et s'évanouit. Sa tête et ses mains étaient plus froides que les pierres du chemin [1].

---

[1] Une attaque de Thibétains sépara M. Grenard de son chef agonisant, et le reste de la caravane dut fuir en déroute.

BARON E. DE MANDAT-GRANCEY

Il y a peu de régions du globe que le baron de Mandat-Grancey n'ait parcouru ; mais c'est dans l'Amérique du Nord qu'il a le plus longuement séjourné. L'élevage du cheval l'y attirait de préférence. Nul ne connaît comme lui les *ranchs* où les « gars » normands s'attachent à la reproduction de la race percheronne, et nul ne nous a fait mieux connaître la vie dans ces fermes françaises du Dakota. Pour la décrire, il raconte avec fidélité ce qu'il voit, avec précision ce qu'il entend, laissant au lecteur le soin de tirer les conclusions que ses récits paraissent comporter. Nous le rejoignons au ranch de Fleur-de-Lys, où il nous conte de curieux épisodes.

UNE CHASSE A LA VIPÈRE [1]

Je venais de sortir, quand tout à coup, à cinquante pas à peine de la maison, mon chien tombe en arrêt devant une toute petite touffe d'herbe. Assez étonné, je m'ap-

---

[1] *La Brèche aux buffles. Un ranch français dans le Dakota*, par le baron E. DE GRANCEY. (Plon-Nourrit et Cⁱᵉ, éditeurs.)

proche et aperçois un superbe serpent à sonnettes, que mon chien avait évidemment surpris au moment où il faisait sa sieste. Il était encore enroulé sur lui-même, mais relevait déjà la tête d'un air peu rassurant. Heureusement, le chien était à bonne distance ; il n'y avait donc pas péril en la demeure. J'eus l'idée de m'offrir une petite chasse à courre. Tout près de là, au coin du jardin, se trouvait l'appartement des cochons, comme on dit en Normandie. Le *ranch* en possède un ménage. Ils ont même des noms empruntés à la politique contemporaine. Le personnel du ranch est jeune et passionné ! Comme je n'ai malheureusement plus la même belle excuse, je les appellerai, — c'est des cochons que je parle, — *Marat* et *Théroigne de Méricourt*.

J'allai ouvrir la porte de leur logis. *Marat*, qui était occupé à grignoter un gros épi de maïs, mit immédiatement le nez dehors, grogna deux ou trois fois d'un air de satisfaction, sortit en trottinant et puis se mit à explorer les environs. *Théroigne* ne tarda pas à le suivre, accompagnée de sa petite famille, qui folâtrait autour d'elle. Je les poussai devant moi dans la direction du serpent. Il avait déjà détalé ; mais, en arrivant près de la touffe d'herbe qui lui avait servi d'abri, *Marat* s'arrêta tout à coup en ronflant d'un air de vif intérêt. Il donna quelques vigoureux coups de boutoir dans le sol, comme pour bien s'assurer de la nature des émanations qui venaient titiller ses nerfs olfactifs ; puis, poussant deux ou trois grognements brefs, il se mit en chasse, le nez à terre comme un chien qui suit une voie. Il avait rencontré celle du serpent à sonnettes.

Théroigne s'était arrêtée, suivant de l'œil son conjoint.

Quand elle le vit repartir, elle s'avança lentement, comme pour se rendre compte de ce qui se passait. Elle aussi, du premier coup, comprit manifestement ce dont il s'agissait; car, poussant une exclamation joyeuse qui correspondait clairement à la fanfare du bien-aller, elle prit chasse à son tour.

J'avais suivi toute cette scène, qui m'intéressait vivement. Du reste, j'aurais pu sonner la vue; car, à cinquante ou soixante pas devant la meute, je voyais distinctement briller au soleil, par moments, le long corps gris d'argent de la bête de chasse, qui filait entre les pierres, à la recherche probablement d'un trou protecteur. L'animal se rendait évidemment compte de la gravité de la situation : de temps en temps il levait la tête pour regarder derrière lui d'un air inquiet, et il n'avait pas tort, car nous gagnions rapidement du terrain sur lui.

Quand nous fûmes tout près, le serpent vit bien qu'il ne fallait plus essayer de fuir. Il fit tête tout de suite à la meute. Dressé de vingt ou vingt-cinq centimètres, sifflant avec fureur et agitant ses grelots, il attendait bravement l'attaque, la gueule largement ouverte. *Marat*, de son côté, s'était arrêté brusquement, le corps replié en arrière, tous les poils de son dos hérissés; son petit œil lançait des flammes. Derrière lui, la truie, immobile également, ses petits entre les jambes, grognait sourdement, comme pour l'encourager.

Ce ne fut pas long. Tout à coup *Marat* bondit en avant : ses deux pieds retombèrent sur le corps du serpent, qui eut les reins brisés. Je crois qu'il avait eu le temps de mordre son adversaire au col; mais le venin se fige dans la graisse des cochons et ne produit aucun effet.

La minute d'après, toute la famille était attablée; je suis fâché d'être obligé de dire que, dans l'ivresse de son triomphe, *Marat* paraissait disposé à tout garder pour lui. Mais *Théroigne*, bonne mère, se chargea de le ramener bien vite à de meilleurs sentiments. Elle commença par bourrer ce père dénaturé deux ou trois fois, puis elle s'adjugea une bonne moitié du serpent, en découpa quelques tronçons qu'elle distribua à ses petits, et commença à manger elle-même avec le plus bel appétit. Au bout de cinq minutes, il n'en restait rien.

LA VIE AU RANCH

C'est dans l'après-midi que les « gars » normands s'occupent un peu du jardin. Je suis toujours stupéfait quand je vois tout ce qui sort de ce jardin à peine soigné, dans lequel on ne met jamais de fumier, et qu'on s'est contenté de labourer deux fois, au printemps, avec une charrue. Il y pousse des choux, des potirons et des carottes à n'en savoir que faire. Nous mangeons tous les jours des melons excellents. Les navets qu'on en tire font l'admiration de mon domestique. Il m'en a apporté quelques-uns, l'autre jour, qui pesaient plus de deux livres. Mais ce qui me semble phénoménal, c'est le rendement des pommes de terre. L'année dernière, Raymond avait trouvé, dans un journal, l'annonce d'un jardinier de New-York qui proposait à tous les amateurs de leur envoyer, à titre d'expérience, deux livres d'une variété nouvelle, l'*Early-Rose*, dont il disait merveille. On lui en a demandé. Les pommes de terre qu'il a envoyées ont fourni cinquante-quatre œils : elles ont été plantées au printemps dernier dans un coin du jardin. On a fait la récolte hier, et j'ai eu la curiosité de faire peser devant moi ce qu'on a retiré des trous. Ces deux livres ont donné deux cent sept livres de pommes de terre, dont plusieurs pesaient plus d'un kilogramme : cela fait donc un rendement de cent pour un ; tandis que, chez nous, un rendement de vingt pour un est considéré comme satisfaisant. J'ajoute que ces pommes de terre étaient excellentes.

Nous avons quelquefois des visites. Hier, je prenais le frais devant la maison, quand je vis deux cavaliers armés jusqu'aux dents s'arrêter à la porte. L'un deux, un homme superbe, de six pieds de haut, arrive à moi :

« Vous êtes le baron de Mandat-Grancey ? me dit-il.

— Pour vous servir.

— Vous êtes catholique ?

— J'ai cet avantage.

— Très bien! Voici ce qui nous amène. Je m'appelle Ignace Bellemare. Je suis Canadien; mon compagnon est Irlandais d'origine. Il s'appelle John Walsh. Nous sommes tous les deux fermiers à une vingtaine de milles d'ici. Nous sommes établis déjà depuis plusieurs années. Nous n'avons pas à nous plaindre. Nos fermes sont bonnes. Je ne donnerais pas la mienne pour dix mille dollars! Mais tous deux nous avons des enfants. Walsh en a neuf, et moi sept. Les voilà qui grandissent, et nous ne trouvons dans ce pays aucun secours religieux. J'aimerais mieux les voir morts qu'hérétiques (textuel). Nous avons écrit à l'évêque, qui nous a répondu que, si nous parvenions à construire une chapelle et à assurer l'entretien d'un prêtre, il nous en enverrait un à Custer. Alors nous nous sommes mis à courir le pays pour chercher tous les catholiques qui s'y trouvent et leur demander des souscriptions. Voilà déjà quinze jours que nous sommes en route. Vous êtes ici bien loin de Custer ; mais cependant j'espère que vous nous aiderez ! Si nous ne pouvons pas venir à bout de réunir la somme nécessaire, nous sommes décidés à quitter le pays ! »

Et il me tendit la liste de souscription. Lui et Walsh s'étaient inscrits en tête pour cent dollars chacun, qu'ils s'engageaient à payer chaque année !

Après m'être inscrit à mon tour, j'ai gardé ces deux braves gens à dîner. Comme nous devions pendre la crémaillère quelques jours plus tard et inaugurer la nouvelle maison avec un bal, je priai mes convives de nous amener leurs filles.

Et, au jour dit, nous vîmes arriver une cavalcade composée du père Waslh et de ses quatre filles. En les voyant sauter en bas de leurs chevaux, bêtes et gens ruisselant de sueur, je me disais qu'il fallait avoir bien envie de danser pour accepter notre invitation. Il était près de 8 heures quand Mlles Waslh ont fait leur apparition : elles venaient de faire une quarantaine de kilomètres ; elles ont dansé toute la nuit, et le lendemain, à 7 heures du matin, elles sellaient elles-mêmes leurs chevaux et repartaient pour retourner chez elles.

La pendaison de la crémaillère à Fleur-de-Lys a, du reste, été le grand succès de la saison. Il y avait quatorze danseuses. D'abord, Laura, la servante de l'auberge de Buffalo-Gap : elle était venue accompagnée de son oncle, l'éditeur en chef de *Buffalo-Gap News*, qui publia le lendemain un premier Buffalo de trois colonnes uniquement consacré à la fête.

Outre Laura, il y avait les quatre filles de notre ami Walsh, puis cinq ou six femmes de fermiers et une ou deux *cow-girls*, venues des *ranchs* du voisinage. En fait de danseurs, il y avait vingt ou vingt-cinq *cow-boys* dont on avait, pour plus de sûreté, consigné les revolvers au vestiaire. L'orchestre était également composé de *cow-boys*, dont l'un jouait même remarquablement du violon; un autre avait une flûte, et le troisième, un instrument dont je ne sais pas le nom, mais dont il tirait des sons bien extraordinaires.

Ici, il ne faut pas donner une goutte de bière ou de whiskey aux cow-boys, ou sans cela il y aura mort d'hommes. C'est pourquoi tous les revolvers sont mis sous clef.

ACHILLE RAFFRAY

L'Abyssinie était fort mal connue lorsque M. A. Raffray y fut amené par sa passion d'entomologiste. Les insectes et les papillons, dont il avait recueilli une copieuse collection en Algérie, offrent de nombreuses variétés nouvelles dans l'ancien empire de Théodoros. Une mission fut aisément accordée au jeune naturaliste par le ministère de l'Instruction publique; mais M. Raffray n'emporta pas que des boîtes antiseptiques et des filets. Le savant était doublé d'un chasseur : il mit en bandoulière un fusil avec lequel il tira souvent sur les grands fauves.

CHASSE A L'HIPPOPOTAME [1]

Nous avions vu le Nil bleu et le lac Tzana, le Négouss et Gondar, livré une bataille rangée; notre voyage pouvait sembler complet. Il y manquait une chose cependant, c'était un exploit cynégétique, et l'on nous disait qu'au Taccazé il y avait une quantité d'hippopotames. L'occasion

[1] *Abyssinie*, par A. RAFFRAY. (Plon-Nourrit et Cⁱᵉ, Paris.)

paraissait excellente pour leur faire une chasse en règle; comment ne pas céder à la tentation? Nous partîmes de très bonne heure pour descendre sur les bords de la rivière.

C'était le 26 janvier. Depuis cinq mois il n'était pas tombé une goutte d'eau dans les montagnes de l'Abyssinie; aussi la rivière n'était plus qu'une succession de bassins qui s'écoulaient les uns dans les autres par de minces filets d'eau.

Tous les habitants de la rivière, hippopotames, crocodiles et poissons, se trouvaient parqués dans ces bassins, où nous pouvions les fusiller tout à notre aise.

Des bandes de singes gambadaient dans les arbres, des perroquets caquetaient au-dessus de nos têtes, des pintades fuyaient à travers les buissons; des insectes, des papillons couraient sur le sable ou voltigeaient autour des fleurs. C'était à ne pas savoir par où commencer l'attaque. Je n'avais pas à hésiter : je fis la chasse aux papillons et aux oiseaux, tandis que mon compagnon se postait aux abords de la rivière.

L'hippopotame vient la nuit à terre pour pâturer, et les indigènes prétendent qu'il est alors dangereux de l'attaquer. Cette masse énorme se meut avec agilité; un homme ne peut lui échapper à la course, surtout si le terrain est vaseux; mais, le jour, il reste dans l'eau et n'apparaît à la surface que toutes les cinq ou huit minutes pour respirer. Il montre alors le dessus de son énorme museau, son petit œil et ses petites oreilles, respire avec bruit, puis s'enfonce de nouveau dans sa liquide demeure.

On peut, lorsque la rivière n'est pas large, le tirer de très près; mais sa peau est à l'abri de la balle, et, s'il n'est touché à l'œil, il ne semble pas plus s'apercevoir d'un coup de fusil que d'une chiquenaude.

Les indigènes ne nous avaient point trompés en nous disant que les hippopotames pullulaient dans le Taccazé. A chaque instant on entendait un grognement, on voyait émerger une masse brune; vite un coup de fusil la saluait au passage, mais toujours sans résultat.

Vers 4 heures du soir, il fallait songer à regagner

Caravane de Dankalis, tribu guerrière de l'empire éthiopien.

le village où nous devions coucher. Nous étions montés à mule et nous nous dirigions vers un gué, quand, en côtoyant la rivière, nous vîmes quatre hippopotames, qui, jouant ou se battant, sortaient de l'eau jusqu'à mi-corps. M. de Sarzoz[1] saute à terre, saisit son fusil et atteint l'un d'eux à l'œil. Les autres disparaissent aussitôt; mais le blessé reste à la surface, se débattant, reniflant avec fracas et perdant des flots de sang. C'était une agonie monstrueuse. Je me mis alors de la partie, et nous le cri-

[1] Consul de France à Massaouah.

blâmes de balles pour hâter sa mort, sans pouvoir y réussir.

Il cessa peu à peu de se débattre, devint immobile et, entraîné par le courant, alla disparaître sous l'eau, dans un endroit plus profond. Tout cela avait duré plus d'une heure, et le jour commençait à baisser. Nous ne pouvions nous décider à abandonner une si belle proie; quant à se mettre à l'eau pour rechercher l'hippopotame, il n'y fallait pas songer, tant il y avait de crocodiles qui flottaient à la surface comme des troncs d'arbres.

J'en avais, dans la journée, compté onze, rangés à la file sur le sable et se chauffant au soleil comme de grands lézards.

Nous avions bien cherché aussi à les approcher; mais ces affreuses bêtes ne dormaient que d'un œil, et au moindre bruit sautaient dans l'eau.

Il fallait donc attendre que le cadavre de l'hippopotame flottât à la surface et, entraîné par le courant, vînt s'échouer sur les galets; c'est ce que nous fîmes. Une pintade grillée sur des charbons composa notre dîner, et, étendant nos couvertures sur le sable, nous nous y couchâmes tranquillement.

Le lendemain matin, au point du jour, nous trouvâmes l'hippopotame échoué au milieu de la rivière, sur un banc de galets. Il fallait se mettre à l'eau pour arriver jusqu'à lui. De nombreux crocodiles commençaient à le dévorer.

Nous ne perdîmes pas courage cependant, et nous nous mîmes aussitôt à fabriquer un radeau avec des arbres morts. Séduits par la perspective du thaler, un de nos hommes se décida à tenter l'aventure. A peine posait-il le pied sur le radeau, que les troncs, reliés par des lanières en cuir, se séparèrent; il ne se rebuta pas, et, s'entourant des troncs d'arbres comme d'un rempart, il s'avança dans l'eau. Des bords de la rivière, nous tirions des coups de fusil, lancions des pierres, poussions des cris à faire trembler la montagne, pour effrayer les crocodiles.

Chasse à l'hippopotame en Abyssinie.

L'Abyssinien arriva sans encombre jusqu'à l'hippopotame, lui attacha à la patte une lanière et revint à terre sain et sauf. On hala l'énorme animal; mais les berges étaient trop hautes en cet endroit pour qu'on pût songer un seul instant à le hisser à terre.

Ce fut à notre tour de nous mettre à l'eau. Dégainant alors tout ce que nous avions de couteaux et de poignards, nous entreprîmes de lui couper la tête pour remporter son crâne comme trophée.

Notre victime était une jeune femelle et malgré cela d'une si belle taille, qu'il nous fallut plusieurs heures d'un travail acharné pour venir à bout de notre besogne. La tête détachée du tronc, on la tira à terre pour la disséquer.

Nos hommes, pendant ce temps, découpaient sur son dos des lanières de cuir pour faire des courbaches, et se taillaient des biftecks dont ils se régalaient. La viande, entrelardée, avait un aspect séduisant et ressemblait à celle du porc : convenablement assaisonnée, ce serait, je crois, une très bonne viande à manger.

FÉLICIEN CHALLAYE

M. F. Challaye est l'un des premiers et des plus distingués écrivains qui profitèrent des bourses de voyage de l'Université de Paris pour entreprendre des études économiques dans les régions lointaines. Il choisit, pour théâtre de ses investigations, le Japon et l'Extrême-Orient. Il en rapporta un livre qui contient, sous une forme très simple, une quantité de renseignements et de réflexions inédits.

LA MAISON JAPONAISE [1]

Le Japonais a conservé l'essentiel de la vie matérielle, et tout d'abord la maison.

La maison japonaise est en bois. Elle comprend parfois un simple rez-de-chaussée, plus souvent un rez-de-chaussée surmonté d'un étage. Elle n'est jamais complètement entourée de murs : d'ordinaire un couloir intérieur en fait le tour, tantôt laissé ouvert à l'air et au soleil, tantôt protégé par des parois mobiles, en papier opaque (*shoji*), qu'on peut à volonté tirer ou faire disparaître; la

[1] *Au Japon et en Extrême-Orient*, par Félicien CHALLAYE. (Armand Colin, éditeur.)

nuit seulement on installe des planches, qui ferment complètement la maison.

A l'intérieur du couloir s'ouvrent les chambres. Ce qui frappe en une chambre japonaise, c'est son absolue nudité : il n'y a rien ; il n'y a pas un meuble : ni table, ni chaise, ni fauteuil, ni lit, ni armoire. A terre, des nattes, d'une propreté étincelante ; tout autour, des cloisons mobiles (*fousouma*), faites d'un papier opaque soutenu par un léger quadrillage en bois, et glissant dans des rainures. On peut ainsi aisément réunir deux petites chambres pour en former une grande, en supprimant la cloison ; ou bien, en la faisant apparaître, diviser une grande chambre en deux petites. — Les nattes ont toujours la même dimension : six pieds sur trois ; on indique leur nombre pour préciser la grandeur de la chambre ; on dit : une chambre de six ou dix nattes. — Les Japonais tiennent beaucoup à la propreté de leur demeure : d'ordinaire on renouvelle deux fois par an les murs de papier ; on change les nattes chaque automne. On marche toujours sans chaussures à l'intérieur de la maison : on se déchausse à la porte, avant d'entrer.

Musiciennes japonaises. (Phot. Enami, Japon.)

Dans le fond de la chambre japonaise, il y a généralement une sorte d'alcôve (*tokonoma*) destinée à recevoir quelques objets d'art : sur un degré de bois poli, on place

Lit de femmes japonaises. — L'oreiller est en bois, et elles y placent leur nuque, non leur tête, pour ne pas déranger pendant la nuit leur coiffure très compliquée.

un vase, une boîte, un encrier, ou une statuette, en bois, en laque, en porcelaine, en ivoire ou en bronze : par exemple, un plateau en laque d'or, dans le coin duquel s'envolent des cigognes; un porte-bouquet de bronze, adoptant la forme d'une tige de bambou; un brûle-parfum où, sur une fleur en relief, une sauterelle est posée. —
Dans le vase se trouve un bouquet japonais, fait de quelques branches fleuries, de courbure différente et de hauteur inégale, disposées selon les règles d'une esthétique minutieuse formulées dès le XVIe siècle. — Sur le mur du *tokonoma* pend une longue peinture, sur soie ou sur papier, encadrée d'une bande d'étoffe (*kakémono*). On change de temps à autre ces œuvres d'art; on change le *kaké-*

Repas japonais. (Phot. Enami, Japon.)

mono, choisissant, parmi les peintures que possède la famille, celle qui convient le mieux à la saison, au temps, à la couleur du jour, à la nuance morale particulière que les événements projettent sur la vie sentimentale des hôtes de la maison. — Cette alcôve aux œuvres d'art, c'est un souvenir de l'ancien autel bouddhique; c'est la place sacrée près de laquelle on fait asseoir les hôtes pour les honorer.

En examinant une chambre japonaise, on découvre peu à peu d'autres détails témoignant d'un effort pour embellir la demeure et charmer les yeux. Sur le papier des cloisons mobiles, il y a souvent des dessins d'animaux, de plantes, de rochers, d'une grande finesse, tous différents les uns des autres : les Japonais ont une horreur légitime de la symétrie. Des trous ayant la forme d'un doigt permettent de faire mouvoir les *fousouma* qui servent de murs et de portes : ils sont souvent garnis d'une enveloppe de bronze artistiquement travaillée. En les regardant de près, on distingue deux grues qui s'envolent, une tortue, ou les branches contournées d'un pin.

Dans cette chambre, où ne se trouvent à l'ordinaire que quelques objets de beauté, les meubles n'apparaissent que pendant le temps qu'ils sont utiles. Un hôte arrive : vite on met sur la natte un coussin, sur lequel il s'agenouille pour se reposer; devant lui, s'il fait froid, on place un brasier renfermant de la cendre chaude.

Au moment du repas, on apporte à chacun une petite table laquée, haute de quelques centimètres, sur laquelle se trouvent un grand nombre d'assiettes et de bols, en porcelaine ou en laque, munis de couvercles; sur ces assiettes ou dans ces bols, il y a des soupes de fèves ou d'algues, du poisson cru (à la sauce de gingembre), du poisson rôti, du poisson bouilli, une sorte de macaroni, le *soba*, recouvert de filets d'anguille, des œufs, des haricots, des pousses de bambou, des racines de lotus. Les mêmes plats composent les trois repas que les Japonais prennent le matin, à midi et le soir; le premier déjeuner est seulement plus court et plus léger. Le riz, qui remplace notre pain, est la base de l'alimentation. La petite servante, agenouillée devant un baquet de bois plein de riz, en remplit les bols des dîneurs : ceux-ci, tenant le bol dans la main gauche, et les deux baguettes dans les trois premiers doigts de la main droite, picorent dans les plats, mangent avec le riz un peu de légume ou de poisson. Pendant le repas, les Japonais boivent, dans des tasses minuscules, du thé sans lait ni sucre. Avant le repas, ils prennent parfois un petit verre de *saké* (alcool de riz) chaud.

Quand c'est l'heure de dormir, on étend sur les nattes quelques épaisses couvertures servant de lit. L'oreiller des

Japonaise fabricante d'éventails au travail. (Phot. Enami, Japon.)

hommes ressemble à un traversin étroit; celui des femmes est en bois, et elles y placent leur nuque, non leur tête, pour ne pas déranger pendant la nuit leur coiffure très compliquée. S'il y a des moustiques, on suspend au plafond une moustiquaire de gaze bleu-vert. Au matin, la servante débarrasse la chambre de ces meubles inutiles.

Les armoires sont remplacées par des ouvertures ménagées dans les murs et fermées à l'aide de parois mobiles en papier. Chaque maison a une cuisine, au plancher de bois, sans nattes, et une salle de bains.

Telles sont les demeures qu'habite l'immense majorité des Japonais ; telle est la vie qu'ils y mènent. Il y a, au Japon, dans les *Ports ouverts* surtout, un certain nombre de maisons européennes ; mais presque toujours ce sont des Européens qui les occupent. Les hauts fonctionnaires sont obligés d'avoir une chambre meublée à l'européenne pour recevoir les étrangers ; mais le reste de la maison est japonais, et ils y vivent à la japonaise. Dans la plupart des grandes villes se sont ouverts, depuis quelques années, des restaurants étrangers (*seiyō-ryōri*). Le menu y est écrit en un amusant sabir : *pan* (pain) ; *bierou* (bière), *omelettou*, *biftecki*, etc. C'est que les Japonais, tout en conservant leur nourriture nationale, trouvent amusant parfois de dîner à l'européenne.

Pourquoi préfèrent-ils, en principe, leur genre de vie ancien ? A la fois pour des raisons d'ordre économique et d'ordre sentimental. La maison de bois et de papier se bâtit en quelques jours ; la nourriture est peu coûteuse : grand avantage en un pays pauvre. La simplicité des mœurs rend possible une existence insouciante, d'un idéalisme charmant : il n'est pas nécessaire d'accorder à la vie matérielle plus d'importance qu'elle ne mérite. De là des sentiments très originaux, dont il est impossible de trouver l'équivalent en Europe. Un japonisant de Tokio me disait avoir vu plus d'un Japonais rire au spectacle d'un incendie dévorant sa propre maison ; il perd peu à cette aventure ; il a généralement le temps de sauver les quelques objets précieux qu'il possède ; puis la loi accorde certaines faveurs aux incendiés, et l'usage veut que les parents et amis leur fassent des présents qui réparent le dommage. Cette vie si simple est profondément égalitaire, bien que l'organisation sociale soit encore féodale et aristocratique. J'ai trouvé partout au Japon, dans les auberges de village comme dans les maisons d'anciens *daïmyos*, le même genre d'habitation, d'ameublement, de nourriture. Les différences de fortune ou de situation s'affirment beaucoup moins qu'en Europe ; elles s'indiquent seulement aux dimensions plus ou moins vastes de la maison ou du jardin, à la valeur plus ou moins haute des objets d'art.

ABBÉ CHEVILLARD

Encore un missionnaire apostolique, un Français qui a servi son pays dans les régions les moins connues! Pour lui, notre siècle est le siècle des explorateurs, dans lequel les femmes elles-mêmes ont voulu payer leur tribut à la science. La France doit marcher à l'avant-garde. Le sort le conduit en Asie, où l'ont précédé des prêtres admirables, tels que Huc et Gabet en Tartarie et au Thibet; Crick, dans l'Himalaya; Dourisbourg, chez les Ban-Har. A la sueur et au sang des apôtres se mêlent la sueur et le sang de nos soldats; Rivière et ses marins viennent de tomber, frappés par les balles des Pavillons-Noirs. L'abbé Chevillard, modestement, s'efforcera de payer son tribut. Il aborde le royaume de Siam.

LA FORÊT VIERGE [1]

Dans les forêts vierges du Siam, les fourrés inextricables forment entre les troncs des grands arbres des retraites accessibles seulement aux fauves, aux bêtes féroces. Çà et là, sur les lisières, on rencontre quelques sentiers; partout ailleurs on ne peut avancer que la hache à la main.

[1] *Siam et les Siamois*, par l'abbé Similien Chevillard. (Plon-Nourrit et C¹ᵉ, éditeurs.)

Ici, ce sont des bambous épineux qui barrent le passage ; là, l'enchevêtrement des lianes est tel, que seuls les singes peuvent en pénétrer les dédales. Plus loin, près d'un arbre au tronc vigoureux, un vieux roi de la solitude gît, abattu par la tempête et miné par les ans. Dans son flanc rongé habite le cobra, dont la morsure glace le sang, ou le boa aux anneaux d'acier. Le tigre royal rugit ou miaule à la tombée de la nuit ou à l'approche de l'homme ; le rhinocéros et l'éléphant ébranlent le sol dans leur course effrénée. Si parfois l'écho lointain répercute les grondements de l'orage et si l'éclaire illumine la nappe sombre de la verdure, l'âme, comme malgré elle, est saisie de terreur.

La solitude, l'immensité, pèsent sur le cœur et en compriment les battements. Le voyageur chrétien admire en silence la puissance du Créateur ; dans ces espaces immenses habités par les fauves, il se sent seul, humble et sans force, courbe la tête et prie.

Et cependant la forêt vierge a ses charmes enchanteurs, l'œil aime à s'élancer au sommet de la voûte verdoyante, et il cherche à pénétrer les fourrés, asiles des paons, des argus et des poules sauvages. Il admire les grands prophitèques se balançant mollement aux lianes comme les enfants à une escarpolette ; il écoute le chant des oiseaux égayant les solitudes par leur plumage éclatant ou leurs trilles cadencés, et suit dans leur vol saccadé les papillons aux mille couleurs à la recherche des orchidées suspendues tantôt par des fils invisibles, tantôt appliquées aux troncs rugueux des grands arbres.

La forêt vierge, c'est la majesté dans la création, c'est la vie sans cesse renouvelée, avec ses mystères impénétrables à tout autre qu'à son auteur.

C'est sur les frontières du Laos que se trouvent les forêts les plus belles et aussi les plus riches en bois de teck, au commerce duquel se livrent, à Bangkok, un grand nombre de Chinois. La plus grande scierie appartenait jadis à M. Bonneville, un des Français que l'on aime, loin de son pays, à rencontrer sur son chemin.

Pour l'exploitation, la seule difficulté sérieuse est le manque de voies pour effectuer les transports; avant tout il convient de chercher une forêt située non loin d'un cours d'eau. On peut recueillir toutes les essences possibles. Une exploitation fort intéressante est celle du bois d'aigle. C'est moins un bois qu'une sorte de pétrification, résultat d'une agglutination de la sève ou peut-être d'une piqûre d'insecte. En frappant avec des maillets les arbres soupçonnés, on s'assure de la présence du parfum précieux; on abat ceux que l'on a choisis, on débite le tronc en billes que l'on fend dans la longueur, et le bois d'aigle apparaît sous sa forme bizarre.

Cette récolte expose les chercheurs à bien des difficultés et à des péripéties de tous genres. Il faut compter avec les tigres, mais surtout avec les cynocéphales, qui donnent parfois aux huttes des ouvriers de véritables assauts et forcent ceux-ci à quitter la place.

On rencontre aussi le *ton-lak*, d'où les Chinois extraient la laque. C'est un arbuste qui, par incision, donne un suc laiteux, gris, visqueux et vésicant au suprême degré. Pour obtenir la laque on filtre ce suc, que l'on conserve dans des vases de terre que l'on couvre d'un peu d'eau pour empêcher la dessiccation. Qui ne connaît les meubles laqués du Japon et de la Chine? Ce qu'on sait moins, c'est l'art d'employer la laque comme lit à la dorure; la dorure à la laque est inattaquable comme durée et comme éclat; elle défie nos procédés les plus en vogue et résiste dehors aux intempéries des saisons mieux que la galvanoplastie et la dorure au mercure. Pour s'en convaincre, il suffit de visiter les ruines des anciennes capitales : Nophaburi, Ajuthia, etc.

Pour ne parler que d'Ajuthia, brûlée et ruinée de fond en comble par les Birmans vers la fin du xviiie siècle, où le rhinocéros et le tigre royal hantent les propylées des temples et des palais, où la liane aérienne s'allonge de l'arbre au fronton de la pagode, où le marabout s'endort sur la tête d'un bouddha, tandis que le boa enroule ses anneaux autour de la colonne privée de chapiteau, où, cent années durant, le soleil brûlant et les pluies torrentielles ont calciné et inondé les dieux effrités par le temps, on voit briller l'or de leurs parures, qui scintille avec éclat.

Le bambou croît partout à profusion. On connaît ses usages innombrables et les ressources immenses qu'en retire l'industrie locale. Les asperges siamoises sont de jeunes pousses de bambou, que l'on coupe à leur sortie de terre; elles constituent un aliment de fort bon goût. On peut les conserver toute l'année séchées ou salées.

Certaines espèces de bambou, servant à confectionner des pipes indigènes, sont très recherchées et se vendent au poids de l'or.

On fait avec la pellicule du bambou un papier qui remplace l'amadou, et que tout voyageur doit nécessairement emporter dans ses excursions.

Une plante très usuelle, c'est le *rotang*. Le Siam en possède toutes les variétés. On y trouve le rotin osier, le rotin à cravache, le rotin à corde, enfin celui qui donne les beaux joncs de Malacca.

Le rotin est employé au Siam à fustiger les criminels.

Dans les mains du maître, c'est un moyen puissant d'autorité ; dans la famille, il habitue les enfants à l'obéissance passive, et des faisceaux de rotin sont portés par le bourreau devant le roi dans les audiences et les réceptions officielles.

Portail du palais du roi de Siam, à Bangkok.

Le supplice du rotin est affreux et imprime sur le dos des traces indélébiles. Les parties rotinées sont zébrées régulièrement ; car l'exécuteur ne doit jamais, s'il est habile, frapper deux fois à la même place.

Après avoir dépouillé le patient jusqu'à la ceinture, on

lui passe au cou une cangue placée de telle sorte qu'il ne puisse faire aucun mouvement. Un des bouts de la cangue repose sur le sol; l'autre s'appuie sur un pieu fiché en terre et haut d'environ cinq coudées. On attache les pieds à l'extrémité inférieure, les mains au milieu de la cangue ; les reins, ceints d'une corde, sont fortement tendus, et la peau à chaque coup se fend douloureusement. Il est rare qu'un homme puisse supporter cent coups avant de mourir. On peut, — et cela arrive dans certains cas où les juges ont un ordre spécial, — tuer un homme avec quatre ou cinq coups de rotin seulement. Il suffit pour cela de faire décrire à l'instrument de supplice une courbe telle, que la pointe frappe la région du cœur.

Les forêts sont riches en benjoin, l'encens est loin d'y être rare.

On y trouve également de nombreux cotonniers. Le cacaoyer pousse spontanément. Le poivrier, le piment, le sésame, l'indigo, la canne à sucre, abondent. Les meilleurs tabacs sont ceux de Bang-pla-Soi. Le Siam est riche en matières tinctoriales, telles que le sumac, l'arthocarpus, le campêche, l'ébénier, le carthame, la cochenille. Le gingembre officinal y est employé comme agent thérapeutique et dans la toilette des femmes et des enfants. Les fougères arborescentes étalent sur les flancs des monts leurs feuillages aussi légers que les plumes de l'autruche ; les orchidées font l'ornement des solitudes, les nymphéas embaument les étangs. Le nénuphar, ornement obligé de toutes les fêtes religieuses, est pris comme symbole de l'abondance et de la fécondité. Il symboliserait mieux l'âme pure, amie de la retraite, car il n'aime pas les eaux bourbeuses et croît toujours à l'abri des courants et des tempêtes.

G. DE LA SALLE

M. de la Salle quitta Paris pour assister aux combats de la guerre russo-japonaise. Son carnet de route, simple, rapide, élégant, compose un fort intéressant volume d'études pittoresques sur les régions traversées et sur les événements de Mandchourie. Nul « reporter » n'en a rapporté de meilleur ni de mieux improvisé. On va en juger.

DE PARIS EN MANDCHOURIE [1]

J'ai quitté Pétersbourg hier soir, sans papiers, sans autorisation pour aller au front des opérations militaires. Que va-t-il arriver? Bah! *mâlèche*, disent-ils au Caire; *nitchevo*, en Russie; « je m'en moque, » en France.

Me voici pour de bon sur la route de Mandchourie, car j'espère bien trouver à Irkoutsk l'autorisation télégraphique de joindre l'armée : des Anglais, des Américains et des Allemands l'ont obtenue déjà.

Je n'ai passé que quelques heures à Moscou. Les villes, leurs monuments ne m'intéressent pas à l'heure actuelle :

---

[1] *En Mandchourie*, par G. DE LA SALLE. (Armand Colin, éditeur.)

il me faut des batailles. J'ai été au Kremlin, ce n'est pas affolant. J'ai visité une église où il y a trop d'or ; j'ai vu, d'une hauteur, des coupoles à foison.

Je me faisais un épouvantail du Transsibérien. Pour l'instant, je m'y trouve fort bien. Je suis seul dans un petit coupé de sleeping : je dors dans des draps, la nuit. Malgré mon désir de me lier avec mes compagnons de voyage russes, une certaine suspicion que je devine chez eux à mon endroit, leur froideur évidente, me font rester à l'écart. J'ai d'ailleurs deux excellents compagnons de route : mes collègues anglais. L'un, M. Baring, a vécu en Russie, parle couramment le russe. Il emmène en Mandchourie un domestique russe, ancien soldat de la garde, géant qui impose.

M. Baring parle français comme moi. Il me « colle » sur nos auteurs. Il a habité Paris, qu'il aime. Quel singulier type d'Anglais, si différent de ceux que j'ai rencontrés jusqu'ici ! Polyglotte, érudit, aimant peu les sports, mais lisant le grec, citant Verlaine.

L'autre n'est pas moins intéressant ni sympathique. Il est tout jeune, a vécu, lui, d'action, et si bien, qu'il possède une expérience, une maturité de jugement, un bon sens que des hommes de trente ans pourraient lui envier. Porteur d'un grand nom, la vie s'offrait à lui aisée, luxueuse, facile... A seize ans, il était au Transvaal, où, durant toute la guerre, nuit et jour, il fit le coup de feu, sous le soleil implacable, par les nuits glacées, crevant de faim plus d'une fois... Et le voici, roulant de nouveau à l'extrémité de la terre.

Le plus bel apanage de l'Angleterre est peut-être les dimensions de cette île où l'on se sent vite les coudes gênés, et où l'hiver est noir, le climat ingrat : on ignore là notre béatitude, l'insouciance à laquelle nous pousse une patrie privilégiée, vaste, faite de grasse terre, de soleil, de lumière, de joie, mais dans laquelle nous ne puisons pas aussi bien, en naissant, les germes de cette énergie obstinée.

. . . .

Les jours se suivent, monotones. Nous passons au travers de steppes immenses, de forêts dénudées. Les villages sont

Irkoutsk.

rares. Ce paysage est sinistre. Il semble que cette nature sauvage et morne râle sous l'étreinte de l'hiver. L'œil finit par s'accoutumer si bien à la répétition du spectacle de la veille, que je m'imagine accomplir un voyage de rêve, sans espoir de but, d'une durée éternelle.

Me voici enfin à Irkoutsk. Aucune dépêche : c'est désespérant. Vont-ils me refuser l'accès de la Mandchourie?

La réputation d'Irkoutsk semble méritée. C'est bien une ville de bandits, morose et sale. On ne voit dans les rues que femmes de la Croix-Rouge, par centaines; elles partent chaque jour pour le front et s'offrent, à l'hôtel, des banquets d'adieu. On voit ici des Chinois, déjà.

Avant la déclaration de guerre, la ville était infestée de Japonais, la majorité, soi-disant, blanchisseurs ou photographes ; tous espions naturellement. Les Russes m'ont l'air trop insouciant. Ils savent fort bien le métier de ces Japonais, mais se contentent d'en rire. Un officier d'état-major japonais vient de passer officiellement près d'un an à Irkoutsk sous le prétexte d'apprendre le russe. Il ne fréquentait personne, refusait toute invitation, pour n'avoir pas, probablement, à recevoir chez lui, et occupait ses journées à se promener dans les environs de la ville. Il ne voyait qu'un compatriote, un photographe. Dernièrement un officier général japonais vint le voir, du Japon. Ils eurent une longue conférence, à la suite de laquelle l'étudiant de langue russe vint annoncer au gouverneur qu'il lui fallait retourner de suite au Japon : son père, disait-il, était à l'agonie. Le gouverneur le laissa s'envoler sans difficultés ; la guerre éclata quelques jours après.

. . . .

La police m'a donné un papier qui me permettra d'atteindre la station de Mandchourie, à la frontière. Trente kilomètres nous séparent du Baïkal. Nous arrivons à la nuit. La traversée du lac est de soixante kilomètres. Une longue attente avant de pouvoir s'embarquer. Je fais ma première rencontre avec des soldats russes partant pour la guerre ; ils sont une centaine qui montent à bord, vêtus de la capote couleur de bure. Ces hommes sont massifs, solides, graves. Ils s'avancent en silence, sans bousculades, lentement. Non loin fument les cheminées d'un grand brise-glace. Sa forme, dans la demi-obscurité, ressemble vaguement à une forteresse flottante. On y place les wagons, des convois entiers, qui roulent de nouveau, à peine débarqués.

Tantôt unie, puis rugueuse, la nappe blanchâtre des glaces s'étend à perte de vue. La lune se lève. Sous sa lumière dure, le lac gelé prend des teintes livides et présente un aspect féerique, avec son fond de hauteurs sombres, dont les pointes aiguës montent dans le ciel pâle. L'*Angara*

Brise-glace sur lequel le Transsibérien fait la traversée du lac Baïkal.

s'avance lentement. Bientôt commence la banquise; elle semble attendre, hostile. Soudain le navire tout entier gémit, marque un arrêt bref; l'étrave, avec un « croc » sourd, éventre la nappe qui s'ouvre, béante, se fend, se brise par places, rejette et entasse les uns sur les autres des morceaux énormes, épais d'un mètre. Lorsqu'ils s'écrasent, ces blocs éparpillent au loin d'innombrables fuseaux qui étincellent sous la lune comme des diamants, ruissellent en cascades éblouissantes, puis disparaissent dans le remous des eaux sombres, avec un grondement de cataractes.

. . . .

L'animation, dans les gares, augmente chaque jour; les arrêts des trains se multiplient, imprévus, sans raisons apparentes. Chaque pont, chaque passage est gardé par une sentinelle ; l'usage d'appareils photographiques est interdit : tout sent la guerre. Aux stations, ce ne sont qu'uniformes, cliquetis de sabres et d'éperons. L'arme au bras, des soldats gardent les voitures chargées d'ambulances, de munitions, de roues de canons. Dans les fourgons, portes entr'ouvertes, luisent les yeux des huit petits chevaux cosaques, face à face sur deux rangs de quatre, qui hennissent joyeusement vers les seaux d'eau fraîche. Chevaliers-gardes, houzars, dragons, Arméniens, Tatars, cheveux blonds, yeux bleus, types d'Orient, s'entre-croisent et se confondent, fraternisent dans les buffets étroits. Je songe à l'adversaire, à la petite île, là-bas, perdue aux bords du Pacifique...

Je fais la connaissance d'une bande d'officiers. Ils m'ont pris en amitié, ceux-là, et je m'initie aux mystères du jeu de *nakao*, sorte de baccara. Ce que j'aime moins, c'est l'ardeur qu'ils mettent à me faire apprécier le *vodka* (eau-de-vie de pomme de terre). J'ai l'impression de vider une lampe à esprit-de-vin. Eux, ne commencent à sourciller qu'au quinzième ou vingtième verre. Ils boivent, c'est effrayant ; nuit et jour, ils mangent et remplissent leurs gobelets. Puis ils chantent des chansons de cosaques, mélancoliques, et s'accompagnent sur la *balalaïka*, sorte de mandoline rudimentaire. Certains airs me semblent bien symboliser les immensités monotones que nous avons traversées durant des semaines.

Hier soir, l'un des officiers m'a raconté des histoires stupéfiantes. Dans les provinces maritimes se trouvent quelques garnisons perdues, où la vie des militaires s'écoule dans une solitude atroce. Voisins des mers glaciales, ils vivent là, aussi solitaires qu'au plus noir de l'Afrique. Durant huit mois de l'année, un hiver qui descend quelquefois à 50, 60 degrés. Les oiseaux tombent gelés, souvent en plein vol.

Quand ils n'en peuvent plus, les officiers inventent des distractions. L'une consiste à faire venir après dîner, dans la salle du mess, un ours. Les ours pullulent dans la région. La bête est poussée de force dans la pièce ; les lumières sont éteintes, et chacun vide son revolver, au petit bonheur. Les munitions épuisées, on éclaire de nouveau, et l'on constate les résultats. Parfois l'ours n'est que blessé : rendu furieux, il a frappé au hasard dans la nuit. De temps à autre, aussi, on trouve un camarade par terre, percé d'une balle.

GABRIEL BONVALOT

Lorsque le duc de Chartres voulut que son fils Henri commençât sa vie de prince par le métier d'explorateur, c'est à M. Gabriel Bonvalot qu'il confia les débuts de celui qui devait rapidement atteindre à la maîtrise, d'un des plus grands découvreurs de l'Asie centrale. Le guide et l'élève étaient attirés par cette terre des contrastes, où les plus affreux déserts alternent avec des oasis d'une fertilité extrême, les villes « retentissantes de bruits agréables » avec les « solitudes où la profondeur du silence grandit encore ».

Le voyageur, dit Bonvalot, dont la bouche est amère encore de l'eau saumâtre puisée aux citernes de la steppe aride, rencontre soudain des fleuves ayant l'allure majestueuse de mers qui s'en vont, et où il boit la meilleure eau du monde. Après avoir parcouru des plaines infinies, il arrive au pied de montagnes dont l'œil peut à peine découvrir les cimes, qui se cachent dans les hauteurs du ciel. S'il a le courage de franchir cette barrière en grimpant des sentiers difficiles, il se trouve au milieu d'un océan de montagnes d'où il craint de ne pouvoir sortir, et s'il monte et descend des semaines, des mois de suite, n'apercevant du ciel parfois qu'un tout petit coin bleu, s'il se dirige du côté où le soleil se dresse chaque matin, il finit par aboutir à un pays où les cours d'eau abondent, où des hommes cultivent, avec des animaux énormes, des terres d'une richesse incroyable.

Nous allons rejoindre notre auteur au beau milieu de ce plateau du Pamir qu'il franchit courageusement avec le prince Henri d'Orléans.

DANS LE PAMIR [1]

« Allah est grand! Allah est grand! » répète le mollah annonçant la prière. Il est temps de se lever. Je regarde ma montre : 2 heures 40.

« Eh! Rachmed! eh! Ménas! il faut se préparer! Du thé! du feu! »

La lanterne est allumée; une flambée ne tarde pas à éclairer les compagnons, qui s'étirent. D'une tente à l'autre les gens s'appellent, la neige gelée grince sous les pas, quelques-uns toussent : on entend le bruit d'un réveil. Je sors. Le ciel est couvert légèrement. Pas de vent. 10 degrés de froid. Espérons que ce beau temps va continuer.

Assis sur le feutre, nous buvons le thé en attendant l'apparition de la lune. Les chevaux mangent une dernière botte; on en charge quelques-uns de bois. La lune paraît. Qu'elle est belle! avec quelle grâce elle plane dans le firmament! Elle ne nous paraît pas aussi éloignée que disent les astronomes.

Nous rentrons dans la tente pour déjeuner, puis nous

[1] *Du Caucase aux Indes*, par Gabriel Bonvalot. (Plon-Nourrit et Cie, éditeurs.)

endossons notre harnais et nous montons à cheval. Nous sommes bientôt dans le défilé qui mène à la passe de Zaldik.

D'abord la neige n'est pas profonde, un mètre à peine, et le sentier est solide relativement, grâce à la gelée. Puis

Indigènes du Ferganah.

la montée commence, et nous grimpons sur les roches; les pentes n'ont point gardé de neige, et la gelée qui nous sert dans le bas nous est ici un obstacle : elle a rendu les pentes glissantes, et, malgré les excellentes jambes des bêtes et leur énergie, les chutes commencent. A chaque instant on fait halte, afin que les chevaux reprennent haleine, puis l'ascension recommence; les chevaux, tête basse, les naseaux dilatés, se cramponnent aux aspérités : le sol cède souvent sous leurs pieds, la croûte se rompt, une pierre se détache, et ils montent à l'assaut nerveusement, comme pris de la peur du vide qu'ils guignent de l'œil et sentent derrière eux. A bout de souffle, ils s'arrêtent, les jambes raidies ; leurs flancs s'élèvent et s'abaissent par la poussée et le ressac de l'air. Quelles courageuses bêtes !

Puis nous descendons dans un couloir, et nous tombons sur une suite de véritables puits dont la place est marquée par les groupes des Kirghis qui se reposent, qui hissent les bagages ou les chevaux, et se traînent dans la neige avec les coffres sur le dos, l'un d'eux tirant le portefaix par devant, un autre l'épaulant par derrière. Nos chutes sont nombreuses. Chaque fois plusieurs hommes aident à relever les gisants : on dirait des cavaliers en pain d'épice posés sur de la farine, immobiles. On commence par dégager ou dévisser le cavalier, puis on le hale, et c'est ensuite le tour du cheval.

A 10 heures, nous nous réfugions sur une croupe caillouteuse que le vent a balayée. Il nous éventera, nous aurons froid, mais nous serons à l'abri des avalanches. On déblaye la neige, on s'installe. Le soleil donne, et il nous brûle. A 11 heures : +29°. A 4 heures, la neige tombe dru : — 6°. A minuit : — 12°.

Dans la nuit, le vent d'est se met à souffler avec violence. A 5 heures, dans la tente : — 17° ; dehors : — 19°. Nos hommes, exténués, dorment. Inutile de les éveiller, de hâter le départ, on ne peut profiter de ce que la neige est gelée : les cordes ne sont pas maniables à l'ombre, et il est impossible de charger les iouks ou de les ficeler. Nous devons attendre le soleil, qui rendra souples les cordes et les membres engourdis des hommes.

Avec le soleil, la neige fondra ; mais que faire ? En

s'éveillant, nos hommes se plaignent du froid. Rachmed a saigné du nez, il a eu mal à la tête toute la journée d'hier.

Tout le monde a sur les vêtements des paillettes, des cristaux de glace ; les moustaches ont enfilé des perles, dans la barbe il y a des pierreries. Seuls nos nez, très rouges, laissent échapper une vapeur qui se condense instantanément ; elle tombe sur nos calepins et ponctue de glaçons mes notes.

De quelque côté que l'œil se risque, tout est blanc : un linceul immaculé est développé sur cette nature sans vie, au calme cadavérique. Beaucoup ont déjà les lèvres gercées, les yeux malades, les joues brûlées. Ils se soignent à leur façon et prennent les précautions suivantes : sur les lèvres, ils appliquent la feuille d'une plante grasse qu'on recueille dans l'Alaï en été : ils en ont un petit sac plein. Ils se fabriquent des lunettes spéciales avec un crin emprunté à la crinière ou à la queue des chevaux : ils engagent une touffe sous leur bonnet de peau de mouton ; elle retombe en broussailles devant leurs yeux, qu'elle protège contre la réverbération. Quant aux joues, ils les barbouillent tout simplement de boue où le crottin entre pour une bonne part.

19 mars. — Nous avons le plus éblouissant des spectacles. Au nord, c'est la barrière de l'Alaï ; au sud, le pic Kauffmann (7 000 m.), et le Kizil-Aguin (6 600 m.). La neige revêt tout, à l'exception des roches aux parois lisses où elle ne peut s'accrocher. La journée est belle. La plaine s'étale ainsi qu'un fleuve entre deux berges colossales, et elle est si éclatante, si brûlante par l'effet de la réverbération et du rayonnement, que l'on croit marcher dans du soleil, et le ciel, au-dessus de nos têtes, est si terne en comparaison, qu'on le prendrait pour cette terre où l'homme s'agite. Et, à nos pieds, le scintillement est tel, qu'on dirait que de la lumière coule et que sur cette lumière on a sablé les étoiles de là-haut après les avoir réduites en une poussière de diamants impalpable, aux reflets d'or, d'une vibration incessante et insupportable.

Sadik va devant. Il se laisse guider par son flair d'homme sauvage. Soudain son cheval enfonce; malgré l'habileté du cavalier, ses coups de fouet, ses efforts, il ne peut ni se relever ni se dégager. Sadik lui-même est pris sous la bête couchée et haletante. On les aide : les voilà tous les deux sur pied.

C'est le recommencement de la série de chutes et de culbutes des jours précédents. Le chef de file ôte sa pelisse, la pose sur son cheval qu'il tire par la bride, et, de son long bâton, il cherche où il doit aller, à la façon d'un aveugle. Et on le suit. Nous traçons des zigzags infinis, qui allongent beaucoup le chemin. Nous avançons parfois de vingt mètres par minute, tantôt de dix.

On n'en peut plus. Tous sont sans souffle, sans force, presque complètement aveuglés ; nous avons des maux de tête, des suffocations ; tel est étendu sur le dos, à côté de son cheval sur le flanc ; un autre se repose debout, la tête appuyée sur sa selle ; celui-ci, en retard, frappe à coups de fouet son pauvre animal, à la queue duquel il se cramponne comme un noyé à une amarre. On en voit qui saignent du nez ; les chevaux eux-mêmes perdent du sang par les naseaux, le sang gèle, et ils reniflent des rubis ; ils en ont aussi sur le corps, taché de caillots rouges là où de petites veines éclatent.

Un cheval a presque disparu dans un trou ; on le hisse, on le traîne comme s'il était mort, avec des cordes qu'on lui a glissé sous le ventre ; puis c'est une sangle qui rompt qu'on répare. Si un cheval de bât tombe, on doit le décharger, et ce n'est pas chose facile de dénouer les cordes du côté de l'ombre (à midi, il y a encore — 5°) ; elles sont couvertes

Femmes kirghizes.

de glace, et les mains gourdes sont inhabiles. On coupe donc les cordes, on remet le cheval sur ses jambes, et les coffres sont de nouveau placés en palan. Parfois on doit les porter sur le dos, après avoir déblayé avec les pelles, car de tous côtés la neige est profonde de deux mètres. On y plonge en entier des bâtons plus haut qu'un homme.

La caravane est semée comme les grains d'un chapelet dont le fil a été rompu. Les grains noirs font un tas là où un cheval ou bien un homme arrête par sa chute la marche des suivants, tant qu'on n'a pas repêché ceux qui se débattent.

Et cela dure de 8 heures du matin à 4 heures et demie du soir, sans prendre de repos. Où voulez-vous qu'on fasse halte? Nous allons jusqu'à extinction de forces. En route, on partage un peu de pain avec sa bête, on mange un abricot séché, du millet grillé qu'on grignote à la poignée et qui donne le jarret d'arriver enfin au monticule où on campera.

Avec la pelle on déblaye la neige; puis les feutres sont étendus, la tente dressée, le feu allumé avec de l'esprit-de-vin. On prépare le thé et la bouillie de millet pour nous et pour les affamés qui arrivent les uns après les autres. Les pauvres chevaux, mis à ban après qu'on a desserré leurs sangles, s'exténuent encore à creuser du sabot la neige, afin d'atteindre la mauvaise herbe et les racines peu nourrissantes ensevelies plus bas.

24° de froid. On ne sait comment faire pour dormir. Si l'on entasse sur soi les pelisses, on a chaud, mais on est oppressé; si on les écarte, on grelotte; si l'on met le nez à l'air, il gèle. Aussi on passe la nuit à se plonger sous les couvertures et à en sortir pour respirer, ni plus ni moins qu'un canard apercevant le chasseur qui le guette s'enfonce sous les eaux, vient respirer à la surface et se cache de nouveau, car l'ennemi est toujours là.

Le soleil paraît. Il monte, il réchauffe, et tout le monde, bêtes et gens, dégèle. Les chevaux s'agitent, les hommes soulèvent les couvertures; peu à peu les conversations s'engagent, et à mesure que le mercure s'élève, les propos sont plus gais. A 10 heures, au soleil, on entend chantonner. Les cordes s'assouplissent, et les préparatifs commencent.

Deux Kirghis nous invitent à venir à leur bivouac. Ils nous montrent le chemin en traînant la jambe et nous conduisent à un ravin abrité du vent. Un filet de fumée s'élève d'un feu de crottin. Le sol en est couvert, de crottin; les deux Kirghis en ont fait des tas dans lesquels ils s'enfoncent pour dormir. Cet endroit s'appelle Ourtak. Un troupeau de moutons et de chèvres y est rassemblé.

Le propriétaire du gîte nous étend quelques peaux et nous offre à souper : du mouton bouilli dans de l'eau qui a pris un goût de crottin très prononcé, soit que le vent ait soupoudré d'une poussière de fiente la neige qu'on a fait fondre, soit que la fumée du feu pénètre dans la cafetière. Car c'est dans une cafetière que ces gens cuisent leur manger. Ils n'ont pas d'autre vaisselle. Ils tirent les morceaux de viande avec leurs doigts, les déchirent à belles dents, et à tour de rôle boivent le bouillon. Il n'est pas salé. Tandis que nous dégustons ce mets délicieux, notre amphitryon nous conte son histoire.

« J'étais allé vendre des moutons à Kachgar. Je suis revenu sur mes pas; l'hiver m'a surpris, la neige s'est mise à tomber. J'ai eu mille peines à traverser le Kizel-Art, où j'ai perdu deux chevaux et tout mon bagage. Je me suis arrêté ici, où mes moutons et mes chèvres trouvent sous la neige un peu d'herbe de l'an passé. J'étais décidé à attendre le beau temps avec mon domestique que voici. Nous mangions nos moutons et nos chèvres. Nous n'avons plus un grain de sel, et il nous reste très peu de pierres pour faire du feu; mais comme le crottin ne manque pas, nous l'entretenons constamment, afin de n'être pas obligés de l'allumer chaque jour. »

Nos bagages n'arrivent pas, et cela se comprend. Nous

n'avons pas de tente, et nous dormirons à l'air. J'ai, sur la croupe de mon cheval, tout ce qu'il faut pour dormir; mais Ménas a confié sa besace à un Kirghis qui n'est pas arrivé, et nous n'avons pas de quoi manger ni faire le thé.

Nous nous arrangeons du mieux que nous pouvons. Le vent souffle avec violence au-dessus de nos têtes, il hurle, de temps à autre il nous effleure de ses caresses glaciales. Aussi je prends le parti de me réfugier au milieu des moutons et des chèvres. Un bouc appuie sa tête contre la mienne, je me garde bien de bouger. Une brebis se couche sur mes pieds; une autre lèche la glace collée à mes vêtements, puis s'étend tout le long de mon corps. Une chaleur délicieuse me pénètre, et je m'endors en faisant de beaux rêves. Ils ne durent pas longtemps; je suis éveillé par le passage sur mon corps d'une partie du troupeau, qui a été pris d'une des paniques propres à cette gent timide. J'essaye en vain de prendre place au milieu d'eux, ils sont en défiance et fuient quand j'approche. Il ne me reste qu'à m'accroupir près d'un feu sans ardeur qui ne suffit pas à me défendre du froid, et je lutte contre l'engourdissement en me promenant. Mes compagnons m'imitent. Il n'y a pourtant que 18° de froid; mais la brise est incessante, et ceux qui ont passé sur la place de la Concorde au mois de décembre, par un bon vent, comprendront tout le désagrément de la situation. En revanche, les étoiles paraissent plus grosses et nous jettent plus de lumière que chez nous.

MADAME JENNY DE TALLENAY

Peu de Français ont connu le Vénézuela comme la fille de la marquise Olga de Tallenay, et peu d'écrivains ont su allier aussi bien les observations graves de l'économie politique avec les récits pittoresques et émouvants. Écoutons-la raconter un voyage dans la Cordillère.

DE PUERTO CABELLO A VALENCIA [1]

Il nous fallait une voiture de voyage. Un brave Indien nous en offrit une, en même temps que ses services personnels comme cocher et comme guide, à raison de quarante francs par jour.

Le lendemain, à 3 heures de l'après-midi, Inginio, — car tel était le nom de notre automédon, — se trouvait devant notre porte, surveillant fièrement trois bons chevaux qu'il interpellait tour à tour sous les noms poétiques de *Flor de mayo*, *Estrella* et *Rayo de luz*. Les nobles coursiers partent au grand trot, stimulés par les claquements de fouet traditionnels.

[1] *Souvenirs du Vénézuela*, par Jenny de Tallenay. (Plon-Nourrit et Cie, Paris.)

Nous prîmes la route de Valencia, assez large, bordée de cocotiers et de buissons épais. Une voiture nous précédait, soulevant des nuages de poussière. Bientôt nous en fûmes couverts des pieds à la tête. Inginio, suffoqué ainsi que nous, s'efforçait de dépasser le malencontreux véhicule. Après de savantes manœuvres, et non sans un échange de propos assez vifs entre les deux cochers, Flor de mayo, Estrella et Rayo de luz finirent par l'emporter, au prix d'une course folle.

La route s'élève peu à peu vers les montagnes de l'intérieur.

Nous nous proposions de passer la nuit à El Cambur. Nous y serions arrivés de bonne heure, sans un incident d'assez mauvais augure : il fallut avancer au pas, parce qu'un des chevaux s'était mis à boiter.

Pendant qu'Inginio dételait ses chevaux et les menait boire au petit ruisseau voisin, nous entrâmes dans la salle commune de la *posada* (auberge). Deux hamacs y étaient suspendus, dans lesquels deux créoles se prélassaient agréablement. L'hôtesse se présenta bientôt, et nous demanda ce que nous désirions :

« Une chambre pour la nuit.

— Suivez-moi, » nous dit-elle aussitôt, un sourire sur les lèvres.

Elle nous conduisit dans une chambre voisine, où quatre hamacs étaient tendus, prêts à recevoir les voyageurs.

« Voilà, nous dit-elle en nous désignant ceux du fond ; ceux-là sont libres, et vous y serez bien ! »

La perspective de coucher dans un véritable dortoir, en compagnie d'inconnus, ne nous plaisait nullement. Je proposai à mon mari de déplier nos *cobijas* et d'aller nous installer sous la galerie. Entendant cela, l'hôtesse nous offrit sa chambre, petite, mal éclairée, où il n'y avait pour tout ameublement que deux hamacs et une chaise, mais où nous avions au moins l'avantage d'être seuls.

Tandis que le souper cuisait, nous allâmes nous asseoir sur une grosse pierre. Un charretier nègre me cria tout à coup :

« *Cuidado! niña, una culebra!* »

Je me levai précipitamment, et j'aperçus en effet, à l'endroit où j'avais été assise, un serpent noir, mais si mince, si petit, qu'on eût pu le prendre pour un ver de terre.

Nous n'eûmes qu'à nous louer du souper. On y fait une bonne cuisine.

Vers 2 heures du matin, Inginio frappait à notre porte, nous annonçant que tout était prêt pour le départ. En effet, en mettant le pied dehors, nous découvrîmes Rayo de luz, Flor de mayo et Estrella, déjà sous le harnais et secouant impatiemment leurs grelots. Notre voiture portait trois lanternes, deux de côté et une de face, qui suffisaient à peine à éclairer un coin de la route. Le ciel était sombre, sans étoiles ; autour de nous s'épaississaient les ténèbres. Cette obscurité inusitée nous étonna d'abord, mais elle nous fut bientôt expliquée. Arrivés à un demi-mille de El Cambur, nous vîmes un trait de feu sillonner l'horizon, tandis que le bruit du tonnerre se faisait entendre dans le lointain.

« *Caramba!* s'écria Inginio, nous aurons un fameux orage !

— Retournons à El Cambur, lui dis-je.

— Non, non, nous aurons le temps d'atteindre Las Trincheras... »

Et, fouettant ses chevaux, il leur fit prendre le trot. Nous étions horriblement secoués, car le chemin était rempli d'ornières, qu'il était impossible d'éviter tant la nuit était noire. A notre gauche se creusait un ravin profond, qu'il fallait côtoyer, à cause des collines qui, à notre droite, resserraient la voie. Bientôt la pluie se mit à tomber avec force, formant des cascades dont le flot s'épanchait bruyamment dans le précipice voisin. Le ciel s'illumina de plus en plus; les coups de tonnerre devinrent incessants : nous assistions à une vraie débâcle, et la nature entière semblait convulsionnée autour de nous.

Notre cocher criait; les chevaux affolés n'obéissaient plus aux guides, se cabraient, se jetaient de côté, et nous mettaient à tous moments en danger de verser. Inginio se précipita de son siège, se jeta au-devant des chevaux et leur lança une couverture sur la tête.

Les pauvres animaux s'arrêtèrent tout tremblants. La nuit était plus noire que jamais, une violente rafale ayant éteint soudainement nos lanternes.

« Nous devons attendre ici, exclama le cocher, il n'y a plus moyen de marcher ! »

Il faut avoir assisté à un ouragan sous les tropiques pour se faire une idée de l'irrésistible puissance des éléments, leur équilibre une fois rompu. Tout plie, tout cède, tout est balayé par le vent et les ondées; les plus humbles ruisseaux s'enflent, grossissent, deviennent d'impétueux torrents roulant des troncs d'arbres, des quartiers de rochers parmi leur masse écumante : rien de plus imposant et de plus terrible!

Vivement impressionnés, nous restâmes là, immobiles, au fond de notre voiture, trempés jusqu'aux os, distinguant vaguement, grâce à de vives lueurs, la cime des arbres se tordant sous la tempête ; tantôt l'horizon se remplissait de feux, tantôt il se couvrait d'épaisses ténèbres. Peu à peu cependant le bruit diminuait, et les éclats de la foudre

Types du Vénézuéla.

devenaient moins fréquents. Il y eut un moment de calme, puis le ciel s'éclaircit, et quelques étoiles scintillèrent entre les nuages.

« En route ! » dit Inginio en faisant claquer son fouet.

Les chevaux repartirent, et nous reprîmes notre voyage. Il était 5 heures du matin lorsque nous atteignîmes Las Trincheras.

Le peuple vénézuelien est très honnête, et l'on jouit à cet égard, dans tout le pays, d'une sécurité parfaite. On entend rarement parler de vols à main armée, de magasins forcés ou d'étalages dévalisés. Si le fait se présente à de longs intervalles, il est presque toujours attribuable à des étrangers. Quelques-uns d'entre ceux-ci font preuve, à l'occasion, d'une audace rare. On cite, par exemple, l'anecdote suivante. Un individu pénétra un jour dans une maison, à Caracas, entra délibérément au salon, y prit un canapé, le mit sur son épaule et regagna prestement la porte de la maison. Le propriétaire de celle-ci, assis sous une galerie, l'aperçut à ce moment.

« Que faites-vous là ? » lui cria-t-il.

Le voleur se retourna, sans aucune marque de surprise.

« Voulez-vous m'acheter un canapé ? répliqua-t-il.

— Non, merci, je n'en ai pas besoin.

— Excusez-moi. »

Et l'individu sortit posément, emportant le meuble. Le volé ne s'en aperçut qu'après.

A peine étions-nous réinstallés dans notre véhicule, qu'Inginio parut, encore tout excité à la suite d'une conversation avec quelques *arrieros*, ses amis. Il nous mena bon train. La route que nous suivions se peuplait de plus en plus ; ici, des caravanes de charrettes ; là, de longues files d'ânes, le tout encombré de ballots bien ficelés sous des enveloppes de cuir.

« Voici Valencia ! » s'écria notre cocher, en étendant son fouet vers l'horizon.

La capitale du Carabobo est située dans une magnifique vallée de plus de trois milles de largeur. Nous traversâmes des rues propres, bien pavées, bordées de magasins, et Inginio arrêta ses chevaux devant une grande maison à porte cochère. C'était un véritable hôtel, bien meublé, bien tenu, fondé jadis par un Français, et dirigé par le fils de celui-ci. Les mendiants ont l'habitude, au Vénézuela, de faire une tournée générale le samedi, de porte en porte ; ils frappent partout, ce jour-là, sans se lasser, avec une ténacité incroyable.

« *Quien?* » leur crie-t-on pour en finir.

Et une voix dolente répond :

« *Una limosnita por amor de Dios!* »

Leur visite est généralement prévue, et l'on prépare, à leur intention, une petite pile de *centavos* (centimes). Lorsqu'elle est épuisée, on se contente de leur dire :

« *Perdon.* »

Et ils s'en vont, espérant être plus heureux ailleurs.

Tout le monde connaît à Caracas un mendiant qui est un type du genre. C'est un bon vieux mulâtre à cheveux blancs, qui s'en va de rue en rue, confortablement assis sur un âne, entrant partout avec sa monture et distribuant généreusement sa bénédiction à tous ceux qui lui donnent quelques sous.

Les Vénézueliens sont naturellement très charitables. Plusieurs établissements de bienfaisance, des orphelinats, entre autres, sont entièrement soutenus par leurs dons volontaires. Des dames, appartenant à la meilleure société, organisent fréquemment des expositions d'objets de tous genres rassemblés par leurs soins, et qu'elles débitent pour en consacrer le produit à de bonnes œuvres. Il est rare qu'une véritable infortune, devenue publique, n'obtienne de toutes les classes de la population des consolations et des secours.

Nous eûmes à nous rappeler ces dispositions réellement bienveillantes pour ne pas rudoyer les mendiants qui assiégeaient notre logis le jour de notre arrivée à Valencia, et au moment où nous nous préparions à jouir des douceurs du sommeil.

COMTE HENRY DE LA VAULX

La surface de notre planète ne suffit plus à nos explorateurs ; il leur faut les chemins de l'air. Le comte de la Vaulx est un des Français qui ont le plus contribué, par leurs entreprises hardies, à l'éclosion et au développement de la science aéronautique. Le nombre de ses ascensions et de ses traversées est considérable et très varié. Il a plané de France en Russie, puis à travers les Alpes et sur la mer, en une série d'itinéraires qui dépassent le total de seize mille kilomètres. Son admiration va surtout aux beautés grandioses et incomparables de l'océan atmosphérique, et il garde un culte exclusif pour le ballon sphérique, plus simple et plus facile que le « ballon-automobile ».

DE TOULON A PORT-VENDRES
A TRAVERS LA MÉDITERRANÉE [1]

Le 9 octobre, le *Méditerranéen 1* est presque gonflé ; le départ va pouvoir s'exécuter, quand tout à coup survient une tempête épouvantable.

---

[1] *Seize mille kilomètres en ballon*, par le comte Henry DE LA VAULX. (Hachette et Cie, éditeurs.)

Notre hangard, balancé par le vent, menaçait de s'écrouler; des rafales secouaient, en les faisant grincer, les planches et les poutres. A un moment, un craquement sourd se fit entendre : nous crûmes que c'était l'échafaudage entier qui tombait. Un des contreforts de l'immense édifice venait de céder et de se briser, déterminant dans toute la charpente un mouvement de torsion. Nous étions là, muets d'épouvante, impuissants contre cette force brutale.

Et la tempête ne s'apaisait pas. Elle continuait à faire rage, et nous regardions, hébétés, la mer qui roulait en hurlant à quelques mètres de nous; je voyais déjà dans mon imagination le hangard s'effondrer au milieu des flots, anéantissant dans sa chute toutes nos espérances. Ce furent pour nous des heures d'horribles angoisses.

Enfin, à l'aube, le ciel reprend sa sérénité, et un grand calme succéda au fracas inquiétant de la nuit. Nous nous remettons au travail, bouchons les trous que la chute de boulons et de tuiles avait occasionnés dans notre ballon. Nous allions, Mallet, Castillon et moi, à travers les agrès qui jonchaient le sol, examinant chaque appareil, inspectant notre nacelle.

Vers 5 heures du soir, l'aérostat est complètement dressé sur son cercle. Au dehors, un murmure, confus d'abord, qui bientôt s'enfle et devient clameur, nous avertit que la foule est là, impatiente, attendant la sortie du *Méditerranéen!* Sur la plage stationnent des milliers de personnes, et autour de l'enclos réservé les gens s'écrasent; bientôt un flot humain qu'il est impossible de refouler se rue vers le hangard.

Le gaz, fabriqué dans de mauvaises conditions, n'a qu'une force ascensionnelle de huit cent quarante grammes, au lieu des onze cents sur lesquels nous comptions. Il va donc falloir laisser à terre une grande partie de nos appareils, dont la mise au point nous a coûté parfois tant de mois de travail.

Tout le confort est supprimé : nous abandonnons les hamacs et les matelas. Nous laissons aussi les armes et les munitions; si le hasard veut que nous débarquions sur une terre inhospitalière, nous nous défendrons avec des armes morales. Nous abandonnons aussi une grande partie des vivres et une caisse contenant cent kilogrammes d'huile destinée au filage en cas de mauvais temps. Notre ami, l'électricien Morin, n'hésite pas à nous conseiller de laisser à terre tout l'appareil électrique qu'il avait installé avec un si grand soin : sa pile, son tableau de distribution, son phare, son projecteur, sa colonne de signaux de nuit. Nous emportons seulement une pile Renard, qui assurera l'éclairage intérieur de la nacelle.

Le croiseur *Du Chayla*, qui vient d'apparaître au large et qui doit nous convoyer, nous offrira le secours de ses puissants projecteurs pour éclairer notre marche.

Nous renonçons à emporter aussi les bouées d'acétylène destinées à jalonner notre route; nous laissons les compensateurs, le déviateur à maxima, et nous gardons cinq cents kilos de lest disponible en sable et en vivres. Ces cinq cents kilos nous permettront de rester pendant cinq jours sur l'eau, si « l'étanchéité » de l'aérostat est telle que nous l'espérons.

Pour nous rendre compte de la direction du vent, nous lançons des ballons pilotes et nous allumons des fusées. Le moment est venu, nous faisons nos adieux aux amis et montons à bord. La foule se tient à deux mètres à peine de notre nacelle. Soudain, dans la nuit, un commandement s'éleva :

« Levez les mains! Lâchez tout! »

Le ballon monte brusquement jusqu'à six mètres du sol environ, retenu captif par le gros équilibreur. Je jette deux sacs de lest. Mallet fait mettre à la mer le gros équilibreur, qui, au passage de chaque vague, se soulève doucement en des ondulations de reptile; on dirait un énorme boa nageant entre deux eaux. Il est 11 heures 10. Hervé dispose dans le gréement ses instruments destinés aux observations, tandis que nous percevons encore faiblement la rumeur de la foule massée aux Sablettes.

« Allons, dis-je, il s'agit maintenant de se partager le travail. Castillon et moi, nous allons veiller à l'avant de la nacelle. »

Tapissier approuve d'un signe de tête et vérifie au moyen du compas la route, qui est exactement le sud 5° ouest.

La nuit est très obscure, et le ballon glisse sans bruit au-dessus des flots.

Nous sommes bientôt à cinquante mètres du croiseur, et il ne nous voit toujours pas. Tapissier crie d'une voix de stentor :

« *Du Chayla*, route au sud 5° ouest! »

Aussitôt le croiseur évolue rapidement, et le faisceau lumineux d'un de ses puissants projecteurs électriques vient frapper le ballon.

Le petit dialogue suivant s'engage alors entre le *Du Chayla* et le *Méditerranéen* :

« Ohé! du ballon, tout va bien?

— Oui, tout va bien.

— Notre lumière ne vous gêne pas?
— Au contraire,... merci. »

Et l'on n'entend plus que l'hélice du croiseur qui fouette les vagues de son bruit régulier et sec.

Nous marchons, attentifs à notre manœuvre; c'est à peine si nous échangeons quelques mots.

Toulon a disparu. Le temps est doux.

Tapissier tire son chronomètre

« Minuit dix, voilà déjà une heure que nous naviguons.
— Déjà!... fait Castillon. Comme le temps passe! »

Et, en effet, nous sommes tous si intéressés par notre manœuvre, que nous ne pensons plus à l'heure.

Nous avançons, mais si lentement!... Peu à peu, la mer change de ton... De noire elle devient mauve, et au loin une ligne grisâtre barre l'horizon.

C'est l'aurore.

« Il fait faim ici, » fait remarquer Castillon.

Hier soir, avant le départ, nous n'avons dîné que d'une tasse de bouillon avalée à la hâte, comme en quelque buffet de province... Aussi ne sommes-nous pas fâchés de goûter un peu à nos provisions. Castillon est un fin gourmet qui cultive la gastronomie, même en ballon. C'est un record. Certain panier de raisin obtient un succès unanime. Ce qui est un peu ennuyeux, c'est que pour avoir la moindre bouteille de vin ou d'eau, il faut se livrer à un vrai travail de désarrimage.

Soudain je me souviens que nos pigeons n'ont rien mangé. Ne faut-il pas aussi prendre soin de ces jolis messagers ailés, qui n'attendent que le moment de porter de nos nouvelles à nos familles?

Castillon lève les bras, atteint un des paniers de pigeons;

mais le poids est plus lourd qu'il ne le supposait; le panier lui échappe et tombe à la mer.

Pauvres petits pigeons! les voilà noyés.

Tous les officiers et tout l'équipage du *Du Chayla* sont sur la dunette ou sur le pont, suivant nos évolutions avec des jumelles.

Un vapeur venant du sud et faisant route vers Marseille passe à portée des signaux. Le *Du Chayla* lui fait savoir que tout va bien à bord du ballon. Je demande au commandant Serpette la longitude et la latitude; Tapissier fait de son côté les relèvements et obtient les mêmes résultats.

A 11 heures 20, déjeuner : veau froid, jambon, fromage, raisin; le tout arrosé de vin blanc et d'eau de Saint-Galmier. Nous mangeons avec nos doigts, car notre batterie de cuisine, si bien préparée par Castillon, a été laissée à terre.

Avant que la nuit arrive tout à fait, nous sonnons la cloche pour attirer l'attention du *Du Chayla*, qui s'approche aussitôt de nous.

Je demande au commandant Serpette s'il peut, pour la nuit, braquer son projecteur, non pas sur le haut du ballon, mais sur la nacelle et les appareils à la traîne.

« Rien de plus facile, répond-il. Mais est-ce que la lumière ne va pas vous incommoder? J'ai eu peur de vous gêner la nuit dernière.

— Non, répondis-je, la lumière ne nous gêne pas; mais, de temps à autre, cessez d'éclairer l'aérostat pour que nous puissions inspecter l'horizon.

— Avez-vous encore de la lumière à votre bord pour que nous puissions vous retrouver?

— Oui.

— Bonsoir!...

— Bonne nuit! »

Cette conversation d'un ballon à un navire est assurément la première qui se soit tenue sur mer.

Après le dîner, Castillon et Tapissier, qui ne font pas partie de la ligue contre l'abus du tabac, grillent chacun une cigarette; ce que les vieux aéronautes auraient considéré comme une imprudence est admis ici : on fume comme dans un compartiment de chemin de fer.

Notre aérostat, éclairé par le jet de lumière du croiseur, présente au milieu de la nuit brumeuse un aspect féerique. La sphère du ballon, grossie par l'ombre, semble une boule lumineuse qui roule à la surface des flots, quelque astre tombé des nues qui tourbillonne au milieu d'un cercle de feu avant de disparaître dans l'abîme.

Nous observons la mer.

Distinctement, nous percevons les ordres que le commandant, du haut de la dunette, donne à son équipage et à son mécanicien.

« Activez!... »

Un grondement sourd de flots battus, un sifflement aigu, et le croiseur fend la lame, obliquant sur la gauche vers un point grisâtre qui tache au loin l'immensité.

Nous restons seuls au milieu de la Méditerranée,... et nous avançons insensiblement.

« Nous avons l'air de suivre un enterrement, dit Castillon.

— Pourvu que ce ne soit pas le nôtre!... »

Et nous éclatons de rire.

Bientôt nous voyons revenir le croiseur, dont la coque noire semble voler sur les flots.

JULES LEGRAS

La Sibérie, que M. J. Legras a étudiée durant plusieurs voyages, est la région du globe la plus variée. Entre les forêts noyées de Tobolsk et la steppe kirghise privée d'eau potable, entre le Minousinsk si fertile et les terres médiocres de Tomsk, entre les grasses vallées des Bouriates et les plaines marécageuses de l'Amour, les différences sont si grandes, que les habitants n'ont guère de rapport entre eux au point de vue du caractère et des coutumes.

Courant presque toujours sous la même latitude, de Pétersbourg vers les mers du Japon, M. Legras a fait en radeau une très intéressante descente du grand fleuve oriental.

LE BASSIN DE L'AMOUR [1]

A Tchita, je suis délivré du fatigant *tarantass*, et je commence la navigation en radeau sur l'Amour. La ville, vue de loin, est fort jolie. Agée de cinquante ans à

[1] *En Sibérie*, par Jules Legras. (Armand Colin, éditeur.)

peine, elle est logée au fond d'un grand cirque de montagnes boisées. De près, elle est moins attrayante. Bâtie en échiquier, sur du sable, elle est si large et si vide, qu'on s'y sent mal à l'aise. C'est en ce moment une ville morte, écrasée par la chaleur; les innombrables chiens, assis sur le pas des portes, s'ennuient et bâillent de n'avoir pas même une occasion d'aboyer aux passants; ils n'ont même plus le passe-temps de mordre leurs puces, car il semble bien qu'ils les aient toutes passées aux hommes.

Le 24 août, nous nous mettons en route.

... Le radeau vraiment princier est double. Sur la moitié antérieure se trouve une construction comprenant quatre pièces séparées par un corridor central; l'autre moitié comprend la cuisine, dont le toit sert de poste de vigie au timonier, et deux réduits, l'un pour l'équipage, l'autre pour nous. On n'a rien oublié! Nous avons huit cosaques pour manœuvrer les énormes rames d'avant et d'arrière, et un sous-officier pour les commander; puis encore un vieux pilote, ivrogne et bavard, toujours perché sur le toit de la cuisine; enfin le cuisinier et le valet de chambre de Serge Mikhaïlovitch.

Adieu vat! Nous partons, emportés par un courant qui fait de huit à dix kilomètres à l'heure. Les rives filent avec une étonnante rapidité; elles sont rongées, ravagées par une épouvantable inondation. Avec d'infinis méandres, la rivière s'allonge entre les rives boisées, le plus souvent montagneuses, sur lesquelles on voit perpétuellement, au-dessus de la berge ou à flanc de montagne, tantôt la route de Strétensk, tantôt la voie future du chemin de fer, à laquelle on travaille sans relâche. A tout instant on aperçoit des feux, des fumées, ici une nuée de mouches rouges qui sont des moujicks, là des Chinois que l'on distingue à la jumelle, plus loin des Italiens et aussi, m'assure-t-on, des Japonais et des Coréens.

Au crépuscule tombant, nous faisons halte au village cosaque de Kroutchina, fort éprouvé par l'inondation. Huit maisons sur dix s'en sont allées au fil de l'eau, et les jardins potagers ont été recouverts d'un mètre de sable. Enfin, le pont en bois de la grande route a été enlevé par les eaux, transporté à plus d'un kilomètre en aval et déposé au milieu des champs. C'est une effrayante image de la dévastation brutale et instantanée.

25 août. — Nous nous réveillons en plein brouillard, et l'on n'a pas osé lancer le radeau dans une aventure. Longtemps nous avons épié une éclaircie. Enfin la brise se lève, et nous larguons nos amarres; nous glissons toujours dans la paix du courant, dans le silence que troublent à peine, de temps à autre, le clapotis d'un tourbillon et les ordres brefs du pilote. Vers 6 heures du soir, l'un d'entre nous croit tout à coup remarquer une fumée dans le lointain, entre les arbres; on la jurerait semblable au panache d'un paquebot, si l'on ne savait que les paquebots ne peuvent remonter jusqu'ici. Après quelques détours, une perspective droite s'ouvre devant nous, et, tout là-bas, nous apercevons en effet la coque d'un bateau à vapeur. Ce bateau s'appelle le *Leia;* il appartient à un riche marchand dont la femme et le fils se rendent à Irkoustk.

26 août. — Vers 10 heures, à un tournant où le courant nous entraînait avec une belle rapidité, nous avons aperçu des hommes qui, d'un îlot, nous ont fait des signes d'appel. Le général Doukhov-Skoï a exigé que l'on stoppât pour s'informer; malgré la résistance du capitaine, peu soucieux de perdre son temps pour des particuliers, nous sommes revenus en arrière, nous avons jeté l'ancre, et nous avons opéré le transbordement d'une vingtaine de naufragés. Ils avaient été jetés sur cet îlot, tandis que les marchandises éparpillées hors de leur radeau étaient allées s'échouer, deux kilomètres plus bas, sur la rive droite. Ils étaient là, prisonniers, dans un lieu désert, à la merci du hasard. Une fois en sûreté à notre bord, les naufragés, parmi lesquels se trouvaient plusieurs dames, ont pris une attitude nouvelle : la joie chez eux était si bruyante, si naïve, que, à table, on eût dit une troupe de collégiens en vacances. Mais a bien ri qui a ri le dernier. Le capitaine, en homme avisé, leur a fait payer les billets de passage!

27 août. — Ce matin nous avons atteint Strétensk, le point extrême où s'arrête, à la remonte, la navigation de l'Amour. La ville a beaucoup souffert de l'inondation, qui a détruit le môle et plusieurs entrepôts de marchandises. L'hôtel *Voxal*, situé sur la berge, repose lamentablement sur des étais, une partie du sol qui le portait ayant été minée par les eaux furieuses. Après quelques visites d'affaires, je rentre à bord, où déjeune avec nous un célèbre pianiste polonais, Konski. Il a reçu jadis, en qualité d'enfant prodige, quelques indications de Beethoven. Il a de petits yeux, un front déprimé, une rosette multicolore grosse comme une noix; au doigt, une énorme améthyste d'archevêque; avec cela une bonne humeur vaniteuse et bavarde, vraiment surprenante chez un homme de cet âge. Puis aussi, quelle énergie! En compagnie de sa femme, il vient d'entreprendre une tournée d'Asie, et il la termine par la Sibérie, sans s'effrayer de deux mille kilomètres en tarantass.

28 *août*. — Hier soir, par grande pluie et dans l'obscurité la plus profonde, nous avons abordé à Oust-Kara, à quelques verstes des célèbres mines de Kara, où tant de forçats politiques ont été internés. C'est avec une vive curiosité que j'ai, ce matin, interrogé du regard les

Forçats russes employés à la construction du chemin de fer de Mandchourie.

croupes boisées derrière lesquelles se cache la *katorga* (bagne) illustre; mais la pluie embrumait l'horizon et rendait la berge impraticable. Aussi bien, de l'ancien bagne, ne reste-t-il plus que des souvenirs : ici, un bâtiment de prison désaffectée; là-bas, des bâtiments vides, une fabrique de cuir, et six exilés que gardent deux geôliers et un surveillant. L'un des prisonniers est fou, et les autres s'occupent surtout d'agriculture. La raison qui a fait déserter Kara est la crise de l'argent. L'administration des Domaines n'a plus trouvé ici son compte à l'exploitation du métal blanc, elle s'en est peu à peu désintéressée. Pour les condamnés, on a trouvé d'ailleurs des lieux plus sûrs, à deux ou trois mille kilomètres vers le nord.

A Oust-Kara, l'inondation a fait de terribles ravages : on en voit les traces jusque sur l'autel d'une église qui, placée dans un creux, a été inondée; des *isbas* ont été emportées, et, à quelques kilomètres plus bas, les habitants d'un village cosaque respecté par les eaux, loin de porter secours à leurs voisins, se sont au contraire élancés dans des barques pour piller le contenu des isbas.

Tous les soirs, lorsque le général s'est retiré dans sa cabine, le capitaine commence à raconter ses anecdotes et à faire des imitations. Il est tout jeune encore, charmant compagnon, bien né et bien doué, tout pénétré de goûts artistiques : il chante des opérettes, barbouille des aquarelles et esquisse des nouvelles.

Les paysages grandioses et vides, les rochers sombres se succèdent sur les bords du grand fleuve où nous glissons.

4 septembre. — Le défilé des monts Petit-Khine-Ghâne, que nous traversons ce matin, est une des curiosités de l'Amour moyen : deux énormes éperons rocheux, subitement rapprochés, tiennent prisonnier le fleuve colossal, étalé hier sur deux kilomètres de largeur. Ces montagnes boisées, devenues brusquement si proches que l'on y reconnaît sur la pente les essences d'arbres, sont vraiment imposantes. Il règne dans ces défilés, longs de vingt-cinq lieues, une paix sombre et comme religieuse : on dirait que le fleuve paresseux, mais remuant, s'est recueilli pour passer par cette longue épreuve.

En ce moment, il est 11 heures du soir ou minuit; la nuit est très sombre, et nous sommes à l'ancre au milieu d'un bras inconnu du fleuve débordé. L'eau, qui monte toujours, bruit et clapote sous notre quille avec une violence inquiétante. Après avoir marché longtemps sous un rayon de lune projeté en travers des flots, notre pilote s'est égaré, et nous avons failli échouer.

Le fleuve Amour, à Kabarowsk.

Le 7 septembre, nous atteignons Khabarowsk, où nous prenons le train pour le port russe de Vladivostok. Notre navigation en radeau est donc terminée. J'écris ces lignes dans une petite station du chemin de fer oussourien, perdu dans la forêt; je suis installé dans le bureau d'un très aimable ingénieur. La nuit est splendide sous le clair de lune. Dans le bureau, une pendule bat à coups pressés, et le télégraphe ticote sans se lasser sur une table voisine de la mienne. Le jeune cuisinier chinois de l'ingénieur va et vient doucement, sans bruit, comme un chat, et me met le couvert, tandis que, sur le lit, derrière un paravent, ronfle discrètement, à paisibles intervalles, mon guide charmant.

Nous avons quitté Khabarowsk en *drezina*. C'est une sorte de cycle sur rails. La *drezina* se compose d'un siège posé sur quatre roues de wagon ; en arrière de ce siège se trouve une manivelle double actionnant, au moyen d'une chaîne de bicyclette, deux pignons à multiplication. Deux ouvriers, debout sur un marchepied, tournent cette manivelle, et la machine s'élance. On éprouve d'abord un sentiment très étrange. Ces petits rails sibériens, tout minces, tout chétifs, sont déjà bossués et tordus ; en outre, tous les dix ou quinze mètres, des bâtons, destinés à marquer le futur niveau du ballast, font saillie entre les traverses. Il semble à chaque instant que ces bâtons vont culbuter la *drezina*. Puis ce sont les courbes, les descentes, puis les côtes qui vous inquiètent. J'éprouve, durant le premier quart d'heure, une appréhension délicieuse qui me fait courir dans le dos de petits frissons de joie enfantine. Puis je m'habitue à ces inégalités de la voie, comme on s'habitue sur une bicyclette aux accidents de la route. La vitesse moyenne que les hommes, fréquemment relayés, imprimemt au véhicule, est d'environ quinze à seize kilomètres à l'heure : on irait aisément plus vite, mais la prudence le défend.

LE VICOMTE DE MATHUISIEULX

NOTE DES ÉDITEURS

En groupant avec un soin minutieux les livres des explorateurs et des voyageurs français, parmi les mieux écrits, M. de Mathuisieulx avait modestement oublié les siens. S'il n'a pas estimé que ses ouvrages avaient ici leur place, nous sommes d'un avis tout opposé : nous trouvons qu'ils y doivent figurer, et nous sommes d'accord en cela avec l'Académie française, qui lui a décerné ses prix.

M. de Mathuisieulx a voyagé en explorateur sur tous les continents du globe, depuis sa première jeunesse dans les montagnes alors inconnues du Tonkin, jusqu'à l'âge mûr, à travers les déserts de l'Afrique. Avec un petit bagage qui contenait des instruments scientifiques et une croûte de pain, il a parcouru, examiné et peint les peuples les plus divers. D'abord officier dans le corps expéditionnaire de l'Indo-Chine, puis chargé de missions civiles par le Gouvernement, il a publié des livres qui font autorité, au dire de la critique. Nous donnons quelques pages de ses récits sur les montagnes tonkinoises, puis sur les hauts plateaux tripolitains.

L'EMBUSCADE DE TINK-FAISAN [1]

Je n'oublierai jamais l'impression que je ressentis lorsque notre petit vapeur, après l'embouchure du Cua-Nan-Trieu, s'engagea sur la mer dans le mystérieux silence de la baie d'Along.

A l'arrivée du *Météore*, l'œil fixement dardé sur l'avant, un pilote chinois maniait fiévreusement à droite et à rebours la roue du gouvernail, attentif à faufiler son bateau au milieu des étroits corridors de mer et à lui faire doubler des tournants aussi brusques que des coulisses de théâtre. Sur un côté de ce féerique décor, le soleil embrasait la roche; le flot se laissait traverser par des ombres intenses dans une vigoureuse harmonie de bleus foncés, d'émeraudes et d'ors ternis.

Sur nos têtes surplombaient de hautes falaises, arrêtées brusquement au bas par la ligne dentelée de l'onde. Souvent la bordure de la mer se trouvait interrompue de points noirs, où l'on reconnaissait bientôt, en approchant, des entrées de cavernes à fleur d'eau. La chaloupe les frôlait de si près, ces cavernes, qu'on pouvait en entrevoir l'intérieur, généralement très évasé.

Tout autour de nous, on eût dit une basilique immense où la majesté du silence en imposait tellement, qu'on eût fait volontiers signe à l'hélice de taire ses trépidations, devenues trop tapageuses sur la dalle humide de ces nefs sonores. Au loin, une pléiade d'îlots à perte de vue, le long de la côte, me semblait une émeute de géants soudainement

[1] *Dans la brousse*, par H. M. DE MATHUISIEULX. (Maison Alfred Mame et fils, Tours.)

pétrifiés. Un bloc perforé, sous la voûte duquel nous passâmes, revêtait l'aspect d'un arc triomphal surmonté d'un clocher sans fin. Une autre roche, amincie à la base, rappelait un champignon pantagruélique. Ici dormait un lion informe, enroulé sur lui-même; là-bas, une vieille bonzesse décharnée se prosternait; plus loin sortait des flots une main mutilée, qu'on eût prise pour celle d'un Titan en détresse ayant perdu pied. Je restai frappé de la ressemblance d'un récif avec le buste de Gambetta.

Ce bal immobile me laissait l'appréhension de voir toutes ces formes s'animer pour nous écraser. Quel effet devait produire la coquille de noix sur laquelle nous naviguions, aperçue du sommet de ces colosses!

Eh bien, cet archipel, si calme en apparence, est un nid inépuisable de pirates chinois. Ils y fourmillent, les bandits de mer, et jamais les jonques de commerce ne s'aventurent là qu'en grand nombre. Malheur à l'armateur retardataire! C'est par milliers que surgissent de chacune de ces îles des barques de corsaires pour lui courir sus.

Débarqué à Akoy, je trouvai un pays d'un tout autre aspect que le Delta.

Les maisons, barricadées solidement derrière de puissantes palanques, indiquent qu'on se trouve sur la frontière de Chine, en pays ravagé par les « Célestes ». La population diffère essentiellement de celle de la plaine. Les habitants, qu'on appelle « Thos », loin de faire cause commune avec les pillards, comme les riverains du fleuve Rouge, exècrent les pirates et compensent ainsi les difficultés que suscitent aux Français les obstacles du sol; car on est ici en pleine région montagneuse. Il y a néanmoins bon nombre de commerçants chinois dans les gros villages.

Dès le premier jour, je suis descendu dans le bourg d'Akoy, agglomération de cases tassées de l'autre côté de la rivière, et entourée d'une enceinte de piques effilées. L'indigène se rapproche du type annamite, mais porte la queue comme les Chinois, au lieu du chignon retroussé. On dirait une rue de Canton, avec ses écrivains publics installés sur le trottoir, sous un parasol, avec ses forgerons encombrant la chaussée de leurs fourneaux portatifs. Je croisai une procession, au milieu de laquelle quatre Thos portaient une jeune fille dans une petite caisse laquée en rouge : c'était un mariage.

C'est une sotte manie que nous avons en France de rire des coutumes chinoises ; elles sont souvent plus logiques que les nôtres. Pour n'en citer qu'un exemple, les Célestes payent leurs médecins au moyen d'un abonnement annuel, et ce traitement est suspendu du jour où le client tombe malade ; il ne recommence qu'après que les soins du docteur ont complètement rétabli la santé de l'abonné. Cela n'est-il pas plus normal que notre usage d'enrichir à nos dépens les Diafoirus, ô Molière ! Comme le dit M. de Vogüé, les gens des antipodes ne sont pas sous nos pieds, car la terre est ronde, et personne n'est dessous. Si nous voulons démontrer notre supériorité, il faut choisir d'autres arguments que notre deuil noir au lieu du deuil blanc des Célestes, ou que notre habitude de monter à cheval par la gauche au lieu de la leur par la droite. Je sais bon nombre de bizarreries dans nos mœurs qui feraient pouffer de rire les fils de Han.

En flânant un matin sur les rives du Long-Akoy, je hélai un batelier chinois pour qu'il me passât ; mais celui-ci continua sa route en me bravant d'un sourire tranquille.

Quelques heures après, je me trouvai nez à nez avec mon batelier sur le gravier du rivage. Je lui réitérai ma demande, qu'il ne pouvait éluder cette fois. Il remit son sampan à l'eau, et j'y entrai. Il faut que je lui joue un tour, pensai-je, et au beau milieu de la rivière je lui donnai un coup d'épaule qui le renversa tout habillé dans l'eau.

Pirates chinois venus en parlementaires.

« Ça t'apprendra! » fis-je en me retournant triomphalement vers lui.

J'espérais jouir de sa colère... Il nageait paisiblement, en souriant toujours du même sourire décevant, et je dus ramer moi-même. Dépité, j'ajoutai :

« Es-tu content?

— Pas content, content quand même, » me répondit-il sans qu'une fibre changeât dans sa physionomie.

A quelque temps de là, le poste reçut une nouvelle qui affola tout le monde de joie. Pour des raisons politiques, il était interdit depuis quelque temps aux militaires de sortir des forts. Les pirates, admirablement informés, en profitaient pour venir jusqu'aux environs incendier les villages et enlever les habitants pour les vendre en Chine. Peu de nuits se passaient sans que nous n'entendissions des coups de fusil dans l'obscurité, car les brigands évitent soigneusement la lune. La hardiesse des pirates était devenue telle, que le gouvernement rendit toute liberté à l'armée.

Peu après mon arrivée je dus pousser, avec mon lieutenant et un détachement de tirailleurs, une pointe militaire contre les pirates chinois qui infestaient les montagnes de la frontière.

Nous attendîmes la nuit pour gagner silencieusement la montagne. C'est en se tenant les uns les autres, comme des aveugles, que les Européens peuvent cheminer dans le Tartare des nuits d'Orient. Les indigènes, au contraire, y marchent, avec leur merveilleux instinct, comme en pleine lumière.

Le jour commençait à poindre lorsque nous pénétrâmes dans le massif forestier du Buy-Ngnoc. Les villages devinrent de plus en plus rares; quelques-uns, tout récemment bâtis, avaient dû être évacués par la population dépouillée. Vers 9 heures, les sentiers devinrent affreux; nous gravîmes des chemins naturels serpentant dans les ravins. L'atmosphère limpide de ces solitudes transmettait clairement les cris éloignés des fauves. Nous passions sous des tunnels de verdure et des voûtes de rochers. Mes yeux s'agrandissaient pour contempler la végétation géante des banians; souvent cet arbre colossal replongeait ses branches en terre, comme de gros câbles d'étai.

Nous déployâmes notre déjeuner sur la pelouse d'une

clairière et nous le mangeâmes de bon appétit, en compagnie de deux sergents d'infanterie de marine. Quand nous

A la poursuite des pirates.

reprîmes l'ascension, il ne se trouva même plus de sentier naturel. Il fallait remonter le torrent avec de l'eau jusqu'au ventre. Les troupiers plaisantaient sur les difficultés d'escalader les roches glissantes et de traverser les touffes de bambous, où les sacs s'accrochaient. Nous avancions à l'aveuglette, sous la conduite d'un guide dont les prouesses contre les Chinois étaient connues loin à la ronde. Ce guide, nommé Paô, portait sur sa poitrine deux décorations françaises.

Puis la marche fut ralentie encore, à cause des tirailleurs indigènes, dont les pieds nus s'écorchaient. Afin de gêner les pirates, les habitants du hameau perdu où nous nous rendions plantent au ras du sol des éclats de bambous qu'ils empoisonnent en les trempant dans de l'urine de buffle. De telles piqûres occasionnent des plaies interminables. Ainsi les précautions de ceux que nous allions secourir se retournaient contre nous.

Nous rencontrâmes les vestiges récents d'un bivouac de l'ennemi : épluchures de patates et de carottes, os de porcs et de volailles, arêtes de poissons et traces de feux.

Enfin, au fond d'une grande cuvette qui couronne les hauteurs, apparaît Tink-Faïsan!... Nous descendons les flancs boisés du creux, et les notables, après avoir hissé le pavillon tricolore, accourent au-devant de nous. Bonne nouvelle! L'ennemi a passé là pour descendre à Dam-Ha et y repassera bientôt, puisque rien ne peut lui faire soupçonner notre présence.

Nous pénétrons un à un dans la place, par un labyrinthe de palanques et un grand nombre de portes de bois dur. Mon cœur se serre au souvenir de la misère que nous vîmes dans ce petit hameau de cent habitants. Des ruelles fangeuses, nauséabondes; des cabanes enfoncées dans des cloaques, où hommes et animaux grouillaient ensemble, nus et transis de froid! Les rizières sont rares en montagne, et encore n'y peut-on cultiver que les plus rapprochées du refuge. Par bonheur, Tink-Faïsan est imprenable. Les Chinois ont jadis tenté de s'en emparer par ruse, mais l'espion fut découvert et paya de sa tête son hypocrisie. Seulement, comme les habitants n'ont pas d'armes et que le sentier passe sous le village, au bas des coteaux, les bandes pillardes défilent impunément à quelque cent mètres du hameau.

Tout à coup un Tho rentre tout essoufflé, un vieux fusil à pierre dans sa main.

« Les pirates! les pirates! » s'écrie-t-il.

Vite l'effectif est partagé en deux sections égales. Le premier groupe court barrer le sentier, du côté où nous étions arrivés; le second se tient à l'écart, de façon à laisser l'ennemi s'engager sur le sentier et le prendre à revers. Bientôt les Chinois apparaissent sur la crête de la cuvette et descendent les coteaux sans nous apercevoir. Blottis dans les broussailles, nous les regardons défiler à trente pas. Une longue procession d'hommes armés, de femmes garrottées, de buffles volés, trottine sans bruit; c'est un « monôme » de chapeaux coniques et de cornes. Les palanquins des chefs ferment le convoi.

Au moment opportun, nos fusils crépitent. Les Chinois tombent comme des mouches. Par bonheur, les femmes prisonnières sont à l'avant-garde, qui se heurte au même instant contre l'autre groupe; celui-ci se garde de tirer, mais se jette à la baïonnette sur les gardiens des captifs.

En dix minutes tout est terminé. Le reste de la bande chinoise s'échappe dans les coteaux des bois voisins, ayant perdu un tiers de son effectif et tout le produit de ses rapines. Comme la nuit tombe, il est impossible de les chercher au milieu d'un aussi inextricable fouillis. D'ailleurs, les instructions que nous avons reçues au départ nous l'interdisent. Mais il n'est pas facile d'arrêter le soldat français quand il est emporté par sa fougue, et le clairon sonne plusieurs fois le ralliement avant que tous se décident à rentrer.

A TRAVERS LA TRIPOLITAINE [1]

Le 23 avril 1901, à la pointe du jour, j'éprouvai une de ces émotions qui laissent un souvenir inaltérable dans la mémoire du voyageur : notre paquebot arrivait devant les côtes de Tripolitaine, dont tant de géographes, d'archéologues et de naturalistes ont inutilement rêvé l'exploration. J'allais enfin débarquer dans le nid séculaire de la piraterie barbaresque, j'allais fouler dans quelques instants le seul grand port méditerranéen d'Afrique qui ait conservé toute son originalité médiévale, toute sa couleur arabe, grâce à l'esprit jaloux et inquiet de son maître, le gouvernement turc!

L'aurore se lève radieuse et limpide. Le port de Tripoli nous apparaît comme une mosaïque blanche, enchâssée dans la verdure de son oasis, le long des flots scintillants.

Dans l'embarcation de l'hôtel *Minerva*, je me laisse emporter tout joyeux sur le clapotis de la houle, vers la ville grossissante. Au fond de l'anse sonore, entre la pointe

[1] *A travers la Tripolitaine*, par H. M. DE MATHUISIEULX. (Hachette et Cie, éditeurs.)

Tripoli. — Vue générale. (Phot. Lehnert et Landrock, Tunis.)

orientale qui se dentelle de palmiers, et la pointe occidentale, qui s'égrène en un interminable chapelet de roches luisantes d'écume salée et rutilantes de soleil, je reconnais sans peine les principales constructions décrites par mes prédécesseurs : la trop fameuse citadelle, qu'occupe aujourd'hui le gouverneur ottoman ; le vieux fort espagnol, surmonté d'un phare récent qui le fait ressembler à un chan-

Tripoli. — Le marché au pain.

delier ; d'autres donjons croulants, hérissés de vieux canons rouillés. Au-dessus des remparts baignés par l'eau, mon regard fouille le détail de la gradation des terrasses et des coupoles qui trempent leur badigeon d'eau vive dans l'azur flamboyant du ciel.

Mais tout cela n'est qu'un mirage lointain. La désillusion commence dès le quai boueux et puant de la douane ; quand je franchis les remparts sous une sombre voûte, mon enthousiasme achève de tomber. Des ruelles tortueuses et raboteuses m'attristent, avec leur population déguenillée et leurs monceaux d'immondices. Je me trouve dans un encombrement de légumes et de gamins vautrés, qui oblige à un véritable *steeple-chase*, tandis que la tête se cogne aux auvents trop bas et que les pieds roulent sur les pastèques. Le passage de chameaux largement chargés réduit le promeneur à un continuel jeu des quatre coins contre la muraille. Nulle part, dans ce dédale de maisons basses, la vue ne perce au delà de quelques pas. Le ciel lui-même n'apparaît que par bandes étroites, coupées par les arcades qui relient un bord à l'autre et consolident toutes les masures.

Cependant j'avance en examinant avec un intérêt croissant la foule la plus bigarrée qu'on puisse imaginer : Arabes, Berbères, Juifs, Maltais, Turcs, nègres, toutes les nuances de peau et toutes les formes de visage se mêlent en variétés infinies, dans cet unique débouché des caravanes soudanaises. Une multitude de chevelures rases ou longues, blondes ou noires, lisses ou crépues, surgit inopinément après la porte de la Marine, sous les coiffures les plus diverses et les plus multicolores : turbans, chéchias, mouchoirs, calottes et disques de paille. Au quartier marchand, les artères sont protégées des rayons solaires par des panneaux de bois. Dans cette pénombre, la lumière s'infiltre par les disjonctions des planches et se livre à toutes sortes de jeux bizarres. Lorsque les fusées lumineuses tombent sur une étoffe aux couleurs vives ou sur un objet de métal poli, elles éclatent en incandescences de forge qui aveuglent le regard. Je m'attarde à m'apitoyer sur les nègres, dont les torses nus ploient sous d'énormes charges et dont les visages en sueur ont des reflets de bronze. Pas un qui ressemble à l'autre. Les nez aquilins font suite aux nez camards, les lèvres minces à celles qui rappellent les *pneus* de bicyclettes; les pommettes évasées contrastent avec les faces ovales, les statures solides avec les squelettes vivants. C'est que ces hommes viennent de régions plus éloignées les unes des autres que Paris n'est de Tripoli, et appartiennent à des races aussi différentes entre elles que les Français des Arabes.

Les costumes amples ou serrés, volumineux ou sommaires, les physionomies guerrières ou timides, errent devant les boutiques emplies d'une quantité de petites industries locales, entre les maisons repliées sur leur cour centrale, et tout cela révèle une vie intense, spéciale à ce coin d'Afrique. Quand j'arrive à l'hôtel Minerva, où une bande de curieux en burnous et de marmots en chemise m'a suivi, la vision féerique du mouillage est irrévocablement dissipée, mais pour faire place à la certitude que je récolterai dans les remparts tripolitains une ample moisson d'impressions inconnues et d'un réalisme plus captivant que toutes les fantaisies de l'imagination.

GARIANA

Sur le massif des montagnes de Gariana, la citadelle turque se dresse fièrement et semble regarder avec amour la belle oasis qui s'étend à ses pieds, dans la vallée profonde.

Le kaïmakan a fait dresser le couvert du déjeuner sous les arbres du ravin, et nous y descendons par des sentiers de chèvre. C'est une volupté de l'œil que de voir d'en haut un pareil amas de verdure. Que d'exquises fraîcheurs on devine sous ce providentiel ombrage! Les palmes des dattiers s'en élancent comme des poissons volants ; les plus hautes branches des orangers brandissent triomphalement leurs fruits d'or, et les grenadiers agitent avec coquetterie leur floraison rutilante.

Malgré le soleil ardent de midi, nous trouvons une ombre douce au bord du ruisseau, dont les cascatelles invisibles bruissent sur la roche. Notre couvert est mis sous un vaste citronnier qui s'étale avec les airs protecteurs d'un parasol. A travers la cohue de branches, les serviteurs vont et viennent ; les fourneaux improvisés fument dans l'herbe ; la graisse chante dans les casseroles ; les feuilles et les fleurs se détachent sous le chassé-croisé des oiseaux et tombent sur nos épaules.

On éprouve une sensation désagréable lorsqu'on voit, pour la première fois, les Turcs manger sans couteaux ni fourchettes. Les phalanges des mains disparaissent dans le plat commun, déchiquètent la viande et en ressortent ruisselantes de jus. Je prends cependant mon courage à dix doigts, et je fais comme mes commensaux. De notre table, les mets passent au tapis des convives subalternes et se vident rapidement sous les nombreuses mains qui y pianotent avec agilité. Nous absorbons très vite un mouton entier gonflé de riz au raisin et des gâteaux à la graisse.

Après le repas, tout le monde se met en prière, pêle-mêle, à l'endroit où chacun se trouve. Un commandant a pour voisin le cuisinier de son bataillon. Le colonel s'incline avec ferveur entre deux soldats qui viennent de laver la vaisselle. Tous se prosternent individuellement, se relèvent, tendent les bras en croix et s'agenouillent. Séparés les uns des autres par des touffes de buissons ou des troncs d'arbres, ils sont éparpillés dans la pénombre, et cela produit une amusante oscillation de silhouettes, dont les plus éloignées paraissent toutes petites dans la perspective profonde du sous-bois.

FIN

TABLE

Préface	7
Élisée Reclus. — La vie exotique	13
Colonel Baratier. — La mort d'un héros	19
Gaston Deschamps. — La douane de Chio	35
— Arrivée à Athènes	42
René Millet. — Salonique	50
Vicomte d'Ollone. — Entrée dans le pays des Lolos (Chine)	59
Louis Bertrand. — Cherchell	71
— Timgad	75
— L'ancienne Constantine	78
— Le musée de Carthage	84
— L'enchantement de la mer Morte	89
Son A. R. le duc d'Orléans. — Chasses et chasseurs arctiques	98
— La chasse à l'ours	99
Le baron Hulot. — Le char	106
— Les cow-boys	108
Louis Gentil. — Le caractère des Marocains	116
L'abbé Hermeline. — Au berceau de Shakespeare	124
Mme I. Massieu. — Le christianisme en Indo-Chine française	141
Capitaine Azan. — Le combat de Sidi-Daoud (Maroc)	147
R. P. Girod. — Sur les bords du Song-Chay (Tonkin)	158
Fernand Foureau. — Visite au puits de Tadjenout	176
— Installation dans l'Aïr	179
Capitaine Lenfant. — Passage du rapide d'Ourou (Niger)	190
Harry Alis. — Un mariage égyptien	200
— Tartarin sur le Nil	204

TABLE

Gaston de Ségur. — Le tatouage des Maoris.		210
— Huit jours de coach		212
C. de Varigny. — Éruption du volcan Kilauéa (Sandwich).		216
Vicomte du Bourg de Bozas. — La perte du fleuve Ouebb (Abyssinie)		226
— Carnet du vicomte du Bourg.		228
— Au long de l'Omo		236
G. Claretie. — Le haschich.		243
E. Cotteau. — Bénarès.		
Prince Henri d'Orléans. — Une battue dans le Népaul		
— Les missionnaires français au Thibet.		
— Sur la rivière Noire		293
Grenard. — Mort de Dutreuil de Rhins.		301
Baron E. de Mandat-Grancey. — Une chasse à la vipère		309
— La vie au ranch.		312
Achille Raffray. — Chasse à l'hippopotame.		317
Félicien Challaye. — La maison japonaise.		323
Abbé Chevillard. — La forêt vierge.		333
G. de la Salle. — De Paris en Mandchourie		339
Gabriel Bonvalot. — Dans le Pamir		347
Mme J. de Tallenay. — De Puerto-Cabello à Valencia		357
Comte de la Vaulx. — De Toulon à Port-Vendres. A travers la Méditerranée.		365
Jules Legras. — Le bassin de l'amour.		373
Vicomte de Mathuisieulx. — L'embuscade de Tink-Faïsan.		381
— L'arrivée à Tripoli.		390
— Gariana		395

35800. — Tours, impr. Mame.

BIBLIOTHÈQUE ILLUSTRÉE

FORMAT IN-4° — 1re Série

A L'ASSAUT DE L'ASIE, par G. Saint-Yves; 125 gravures.
ANGLETERRE (L'), depuis son origine jusqu'à nos jours, par E. de Moussac.
ANNÉE FRANÇAISE (L'), UN HÉROS PAR JOUR, par Charles Ponsonailhe; 65 gravures.
A TRAVERS L'HISTOIRE NATURELLE, Bêtes curieuses et plantes étranges, par Henri Coupin; 157 gravures.
AUX INDES ET EN AUSTRALIE, dans le yacht le *Sunbeam*, par lady Brassey; ouvrage traduit de l'anglais par Gaston Bonnefont; 200 gravures.
AUX PAYS DE LA PRIÈRE, par Henri Guerlin; 135 gravures.
AVENTURES DE ROBINSON CRUSOÉ (LES), par Daniel de Foë; 89 gravures.
CHEVALIERS DE RHODES ET DE MALTE (LES) (Hospitaliers de Saint-Jean de Jérusalem). Chroniques et Récits, par P.-A. Farochon; 38 gravures.
CHRISTOPHE COLOMB, par Mgr Ricard, prélat de la maison de Sa Sainteté; illustrations de Baldo; 33 gravures.
DON QUICHOTTE DE LA MANCHE (L'INGÉNIEUX CHEVALIER), par Miguel Cervantes; 52 gravures.
ÉCOLES PROFESSIONNELLES (LES), par Alexis Lemaistre; 72 gravures.
ÉPOPÉE IMPÉRIALE (L'), par Jules Mazé; 92 gravures.
EXPLORATEURS ET TERRES LOINTAINES, par M. de Mathuisieulx.
FABIOLA OU L'ÉGLISE DES CATACOMBES, par Son Em. le cardinal Wiseman, archevêque de Westminster; traduit de l'anglais par M. Richard Viot, et précédé d'une introduction par Léon Gautier; 10 grandes compositions hors texte par Joseph Blanc, gravées par Méaulle; 75 gravures dans le texte.
FABLES DE LA FONTAINE, illustrées par Vimar; 160 gravures.
FEMMES ILLUSTRES DE LA FRANCE (LES), par Oscar Havard; 76 gravures.
HISTOIRE DE FRANCE, par Émile Keller; 74 gravures.
HISTOIRE DES CROISADES, abrégée à l'usage de la jeunesse, par M. Michaud, de l'Académie française, et M. Poujoulat; 55 gravures.
JEANNE D'ARC, par Marius Sepet; 52 gravures.
LOUIS XIV ET SON TEMPS, par A. Gabourd; 61 gravures.
MARINE D'AUJOURD'HUI (LA), par G. Contesse; 150 gravures.
MARINE D'AUTREFOIS (LA), par Georges Contesse; orné de 80 gravures, avec une lettre-préface du vice-amiral Miot.
MONTCALM ET LÉVIS, Guerre du Canada (1756-1760), par l'abbé H.-R. Casgrain; orné de 72 gravures.
NOS ORIGINES NATIONALES, par Henri Guerlin; 83 gravures et 6 cartes. Ouvrage couronné par l'Académie française.
OCÉANIE (L'), par G. Saint-Yves; 92 gravures et 2 cartes.
RECORD DU TOUR DU MONDE (LE), roman d'aventures, par Léon Berthaut. Illustrations de A. Robida.
ROBINSON SUISSE (LE), histoire d'une famille suisse naufragée, par J. R. Wyss, traduit de l'allemand par Frédéric Muller; 65 gravures.
ROMAN DE L'OUVRIÈRE, par Charles de Vitis; 87 gravures.
ROME ET SES PONTIFES, Histoire, Traditions, Monuments, par Mgr C. Chevalier; 45 gravures.
SAINTS PAR LES GRANDS MAITRES (LES), Hagiographie et iconographie du saint de chaque jour, par Charles Ponsonailhe; orné de 147 gravures.
SECRET DU VALLON D'ENFER (LE), par Pierre d'Alban; 22 gravures.

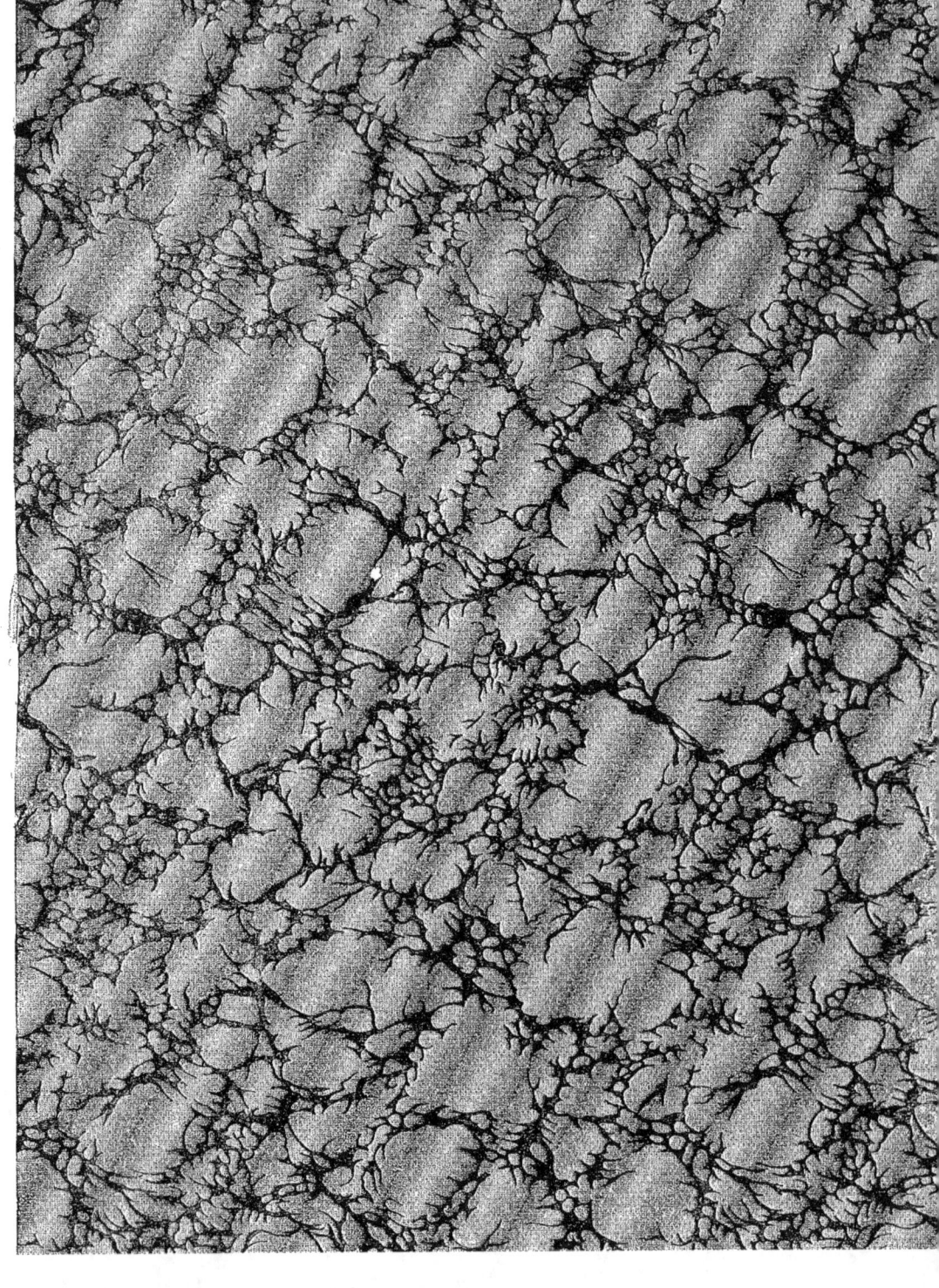

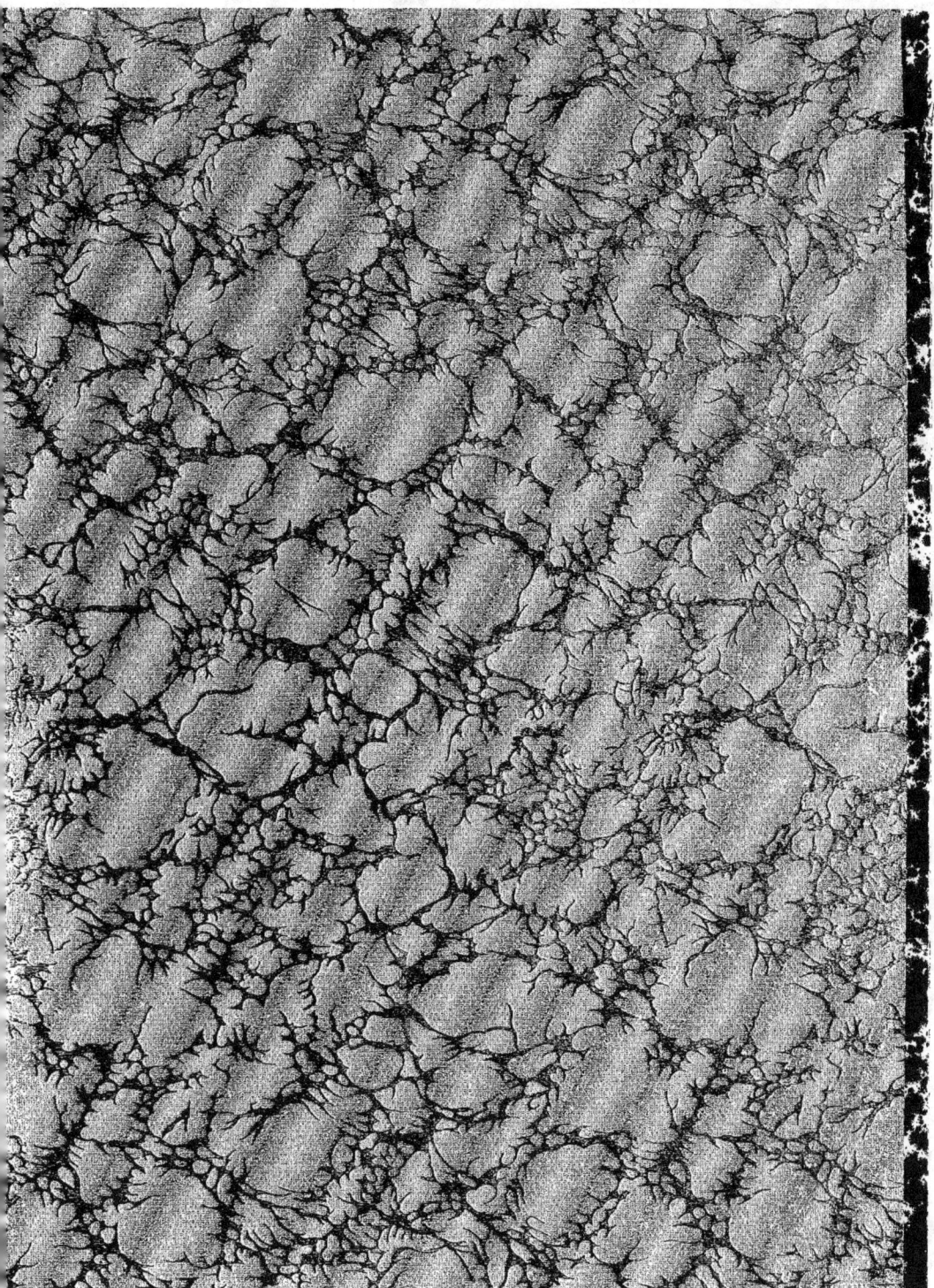

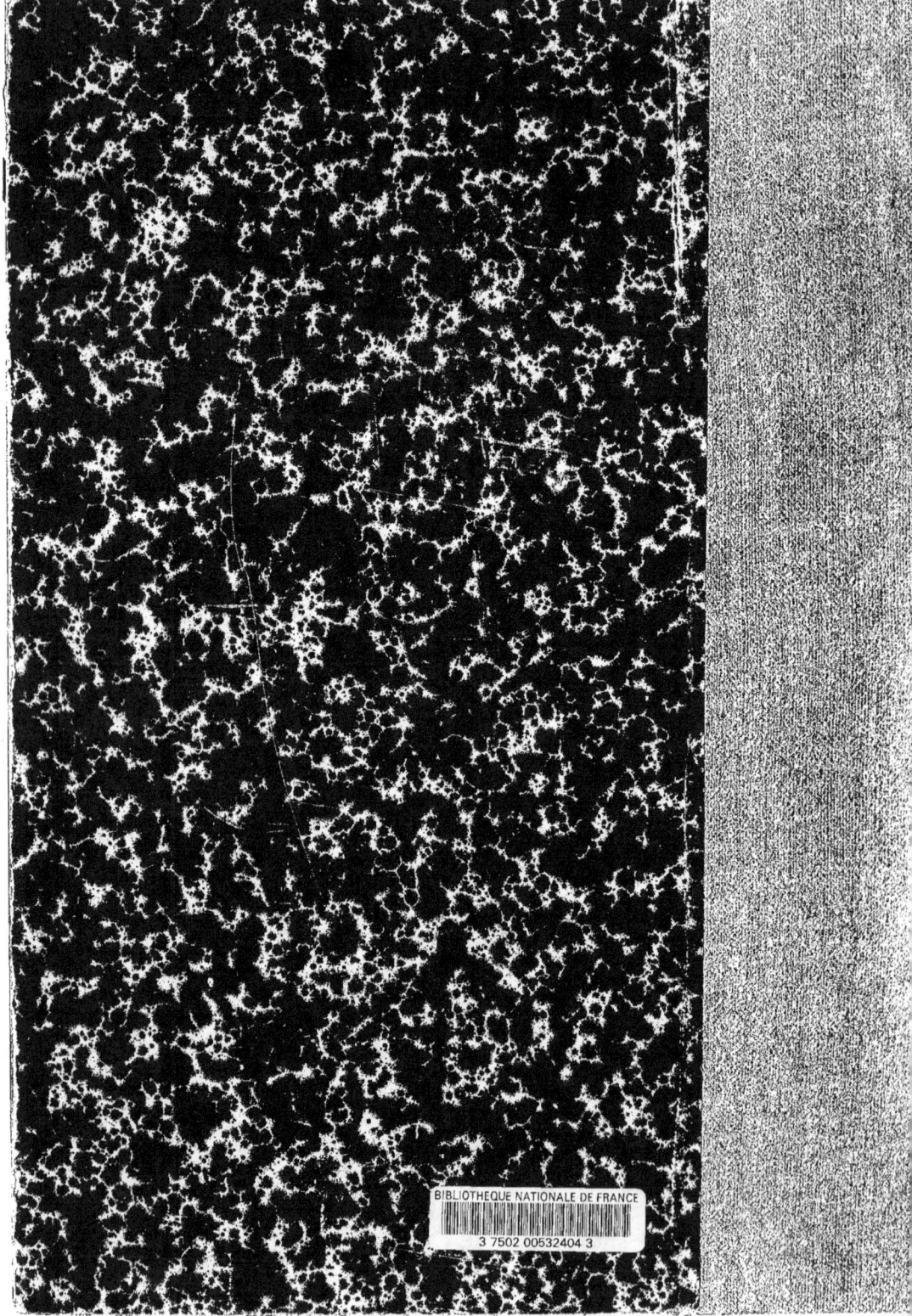

www.ingramcontent.com/pod-product-compliance
Lightning Source LLC
Chambersburg PA
CBHW052124230426
43671CB00009B/1108